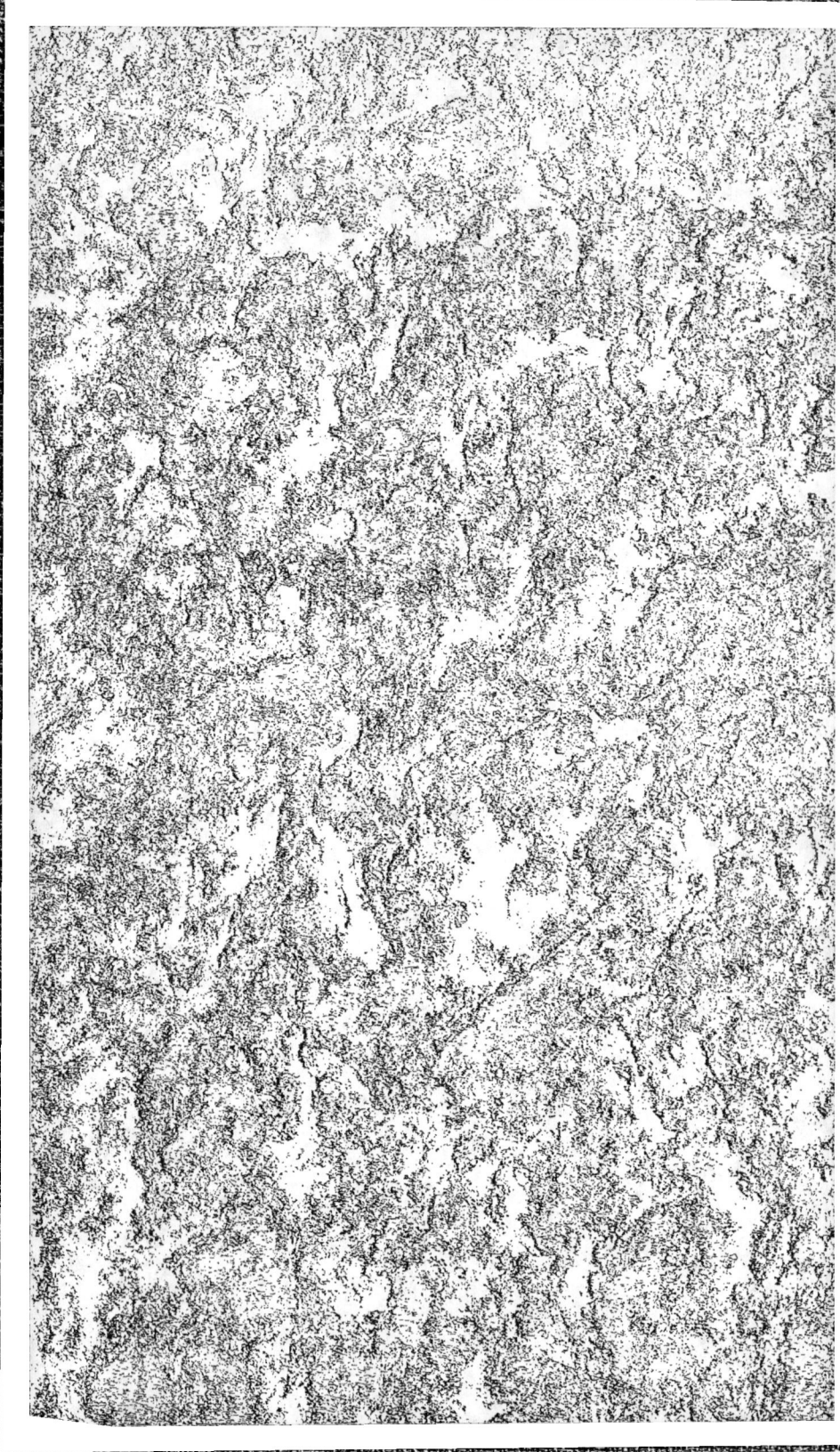

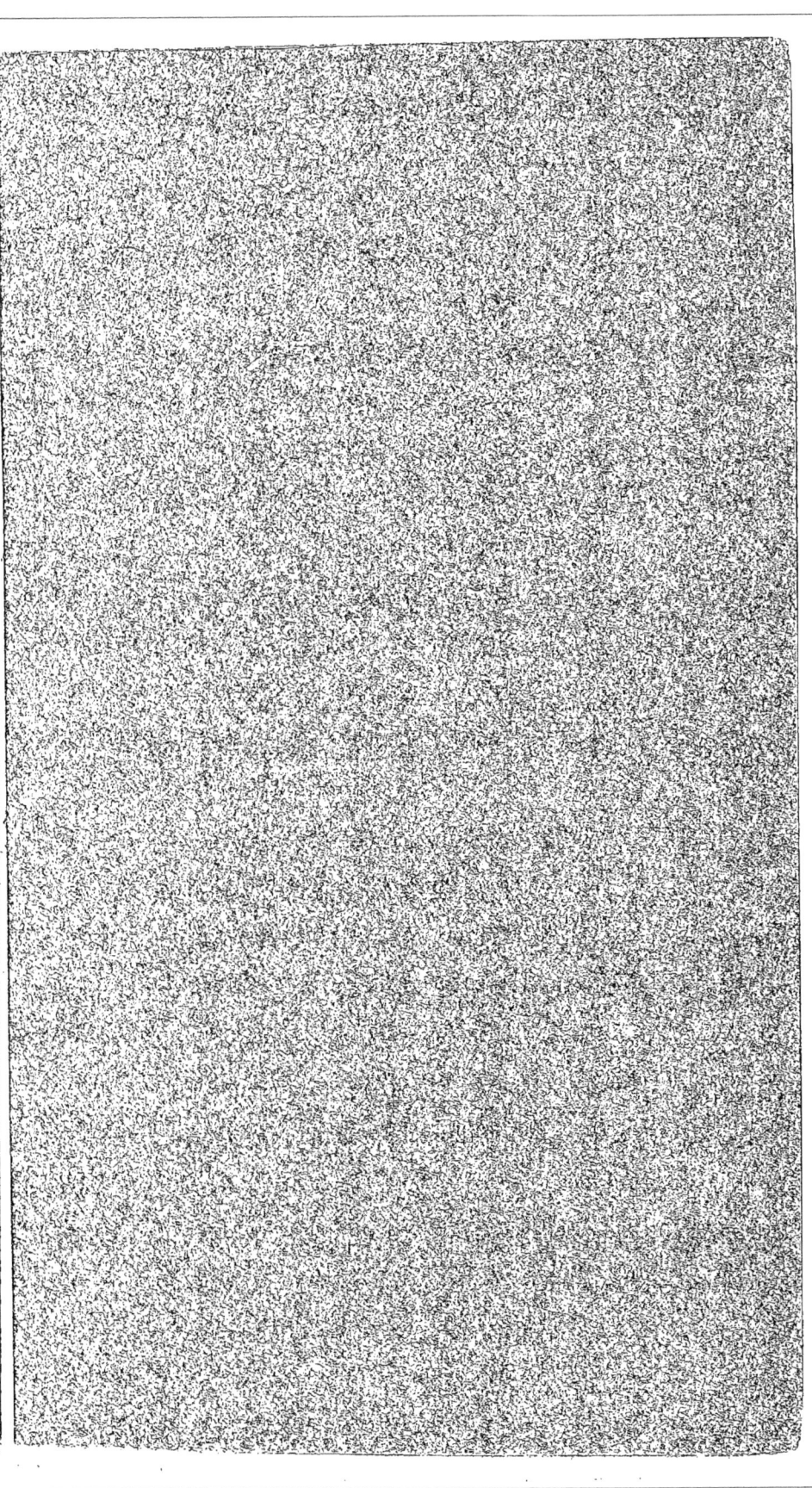

APERÇU

HISTORIQUE ET STATISTIQUE

SUR

LA RÉGENCE D'ALGER.

APERÇU
HISTORIQUE ET STATISTIQUE

SUR

LA RÉGENCE D'ALGER,

INTITULÉ EN ARABE LE MIROIR,

PAR

SIDY HAMDAN-BEN-OTHMAN KHOJA,

FILS DE L'ANCIEN SECRÉTAIRE-D'ÉTAT (MAKATAGY) DE LA RÉGENCE D'ALGER,

TRADUIT DE L'ARABE

Par H.... D....., ORIENTAL.

> Quand c'est l'égoïsme qui renverse la tyrannie, il ne sait que se partager la dépouille des tyrans.
> *(Benjamin Constant.)*

Tome Premier.

PARIS,
IMPRIMERIE DE GOETSCHY FILS ET COMPAGNIE,
RUE LOUIS-LE-GRAND, N° 35.

1833

PRÉFACE.

Les calamités du seizième siècle se renouvelleraient-elles au dix-neuvième ? Tout ce qui s'est passé à Alger, depuis trois ans, m'impose un devoir sacré, qui est de faire connaître l'état réel de ce pays, avant et après l'invasion, afin d'attirer l'attention des hommes d'état sur cette partie du globe ; et afin de leur apporter nos connaissances et de les éclairer sur quelques points que sans doute ils ignorent. Puissent-ils montrer quelque sympathie pour les Algériens, en voyant leur situation ?

Je voudrais aussi, par le récit des maux que souffrent mes compatriotes, relever le courage abattu de quelques infortunés. Dans la question d'Alger il me serait difficile d'apercevoir un beau côté pour les natifs. Je cherche vainement des consolations pour ces peuples. Leurs intérêts sont méconnus ; leurs espérances sont trompées ; pour eux point d'indulgence et point de justice ! Enfin je me demande pourquoi mon pays doit être ébranlé dans tous ses fondemens et frappé dans tous ses principes de vitalité ? ? Cependant j'examine dans quelle situation se trouvent les autres états qui nous environnent, et aucun d'eux ne me paraît condamné à subir des conséquences semblables à celles qui nous sont destinées. Je vois la Grèce secourue et constituée solidement après avoir été distraite de l'empire Ottoman. Je vois le peuple belge démembré de la Hollande, à cause de quelque différence dans leurs principes politiques et religieux. Je vois tous les peuples libres s'intéresser aux Polonais et au rétablissement de leur nationalité, et je vois aussi le gouvernement anglais immortaliser sa gloire par l'affranchissement des Nègres, et le parlement britannique sacrifier un demi-milliard pour favoriser cet affranchissement, et quand je reviens porter les yeux sur le pays d'Alger, je vois ses malheureux habitans placés sous le joug de l'arbitraire, de l'extermination et de tous les fléaux de la guerre, et toutes ces horreurs commises au nom de la France libre.

Quoique plusieurs écrivains aient publié des ouvrages sur Alger, cependant la plupart d'entre eux n'ont saisi cette question que sous le rapport des avantages matériels du pays, sans parler de quelle manière MM. les gouverneurs ont débuté pour arriver à obtenir ces avantages. C'est de quoi je me suis occupé dans mon ouvrage et je pense que l'autorité française a agi dans un sens entièrement opposé aux principes libéraux et aux bienfaits que l'on avait droit d'espérer de son gouvernement. M. Pichon a fait une exception aux principes de ces écrivains.

La connaissance que j'ai des localités de ce pays et ma position sociale dans la ville d'Alger, m'ont mis à même de tracer un tableau fidèle, quoique ce tableau demandât des observations sur l'humanité en général.

La question d'Alger est d'une nature grave puisqu'il s'agit de la vitalité d'une nation entière, laquelle est composée de dix millions d'individus, qui, malheureusement, sont décimés chaque jour par la guerre et dont le pays depuis trois ans est gouverné par le despotisme.

Voulant remplir dans cette circonstance la tâche importante d'historien véridique; laquelle tâche aucuns des écrivains sur la régence d'Alger, n'a encore eu la hardiesse de montrer. Ne voulant rien cacher, n'ayant nullement la prétention d'écrire mieux qu'un autre, mais étant convaincu que la France possède des hommes qui, pour découvrir la vérité, ne négligeront aucun moyen qui leur sera présenté pour méditer sur les conséquences des abus de la politique; et persuadé que ces hommes estimables s'occuperont principalement de la gloire de la nation française afin de remédier aux actes qui sont contraires à cette gloire. Que la France, pour mériter l'éloge de la postérité, doit y apporter une attention sévère. Je m'adresse surtout à ces hommes qui mettent leur bonheur à contribuer à la félicité de leurs semblables et à multiplier les rapports sociaux.

La véritable civilisation ne s'exerce pas seulement par des mots, et ne peut être mise en pratique que par des personnes expérimentées et ayant observé les hommes par rapport à leurs intérêts.

D'ailleurs, je suis étranger, je ne voudrais pas m'exposer à la critique des gens du monde ou des curieux. D'autant plus que j'ai pour devoir une cause impérieuse, et qui a rapport au bien-être de l'humanité. Je n'ai pas la tête calme, au contraire les malheurs de mon pays m'inquiètent continuellement ; en les traçant j'ai été souvent obligé d'arrêter ma plume et de laisser couler mes larmes, quoique mon ouvrage soit un récit historique il est écrit pour être lu par des personnes indulgentes et sensibles.

Un philosophe a dit : « *Toute phrase ingénieusement tournée prouve à la fois l'esprit et le défaut de sentiment ; l'homme agité d'une passion, tout entier à ce qu'il sent, ne s'occupe point de la manière dont il le dit; l'expression la plus simple est d'abord celle qu'il saisit.* »

Il y a donc un autre sujet qui occupe les gens du monde. C'est la différence qui existe dans les religions, dans les usages et dans les lois. Le lecteur ne doit pas s'étonner de la variété des mœurs et usages des différentes contrées qui forment la régence d'Alger, comme le pays du *Sahara*, celui de *Talle* et les pays des montagnes et les grandes villes. Que l'on parcourre une partie de la Suisse, de l'Italie, de la Hongrie et de l'Allemagne, et l'on rencontrera aussi dans ces pays une variété remarquable, même sous le rapport des lois.

Chaque peuple en particulier ne croit-il pas posséder les meilleurs usages et les meilleures lois? Or s'il n'est rien de plus ridicule que de semblables prétentions, même aux yeux des gens du monde, qu'ils fassent quelque retour sur eux-mêmes ils verront que sous d'autres noms c'est d'eux-mêmes qu'ils se moquent.

Malheureusement c'est toujours d'après une semblable différence de mœurs et de coutume qu'est fondée la méprise respective des nations, chose qui ne devrait pas être, car la civilisation ne consiste pas dans la manière de se mettre sur une chaise ou sur un sopha; ou bien de s'habiller de telle ou telle manière; car les uns sont des élégans de salons quelquefois dangereux pour les mœurs ou la société; et les autres ne sont proprement dit que des *hommes* à qui les tailleurs sont quelquefois indispensables pour donner de la tournure. Ce n'est certainement pas cette civilisation que l'on aurait l'intention d'introduire en Afrique. Les orientaux entendent par civilisation, suivre la morale universelle, être juste envers le faible comme envers le fort, contribuer au bonheur de l'humanité qui forme une seule et grande famille. Mais pour arriver à commander aux passions humaines et accomplir ses devoirs, il faut employer une partie du tems à bien connaître les causes qui attirent aux uns le blâme public et méritent aux autres l'éloge de leurs concitoyens; de même pour la grandeur et la décadence des nations afin de suivre le bien et d'éviter le mal.

Ce langage philosophique sera bien compris par les hommes d'expérience et ayant l'habitude des affaires; c'est à ces hommes que je dédie cet ouvrage.

APERÇU

HISTORIQUE ET STATISTIQUE

SUR

LA RÉGENCE D'ALGER.

La régence d'Alger est habitée par 10 millions d'âmes; elle se compose de ses villes et villages, de ses ports de mer et de son intérieur. Cependant la partie la plus étendue, qui forme sa base et la source de ses richesses, se trouve au-delà des villes qui paraissent proprement dit la composer. Cette partie (l'intérieur) est habitée par un peuple que l'on appelle Bedouins.

LIVRE PREMIER.

CHAPITRE PREMIER.

Des Bedouins (1) et de leur origine.

Les Bedouins se divisent en deux classes, ou pour mieux dire, en deux peuples distincts. Ceux qui habitent la plaine, sont de vrais Arabes qui tirent leur origine de l'Orient et descendent de différentes tribus arabes. Cette classe parle la langue arabe. Ceux qui habitent les montagnes ou les lieux escarpés, sont les vrais Barabers ou Kabaïls, dont le langage est différent de celui

---

(1) Bedouins tire son étymologie du mot arabe *Bedewe* qui veut dire : l'opposé de celui qui habite les villes. On peut aussi le définir par campagnard, puisqu'il habite la campagne et qu'aussi il campe et change de lieu.

des Arabes. La distinction est notable entre les deux langues. Par exemple, en arabe, pour exprimer le mot *homme*, on dit *Rajoul*, et en *barbare*, *Argaz*; et en parlant d'une pierre, on dit en arabe *Hajar*, et en *barbare*, *Adghagh*, etc.

Quand *Benyomié* eut conquis l'Afrique, il observa que ces peuples étaient ignorans, fanatiques, belliqueux, braves, mais entêtés; vivant sans soucis, s'occupant peu de l'avenir, et faisant de leurs montagnes escarpées des forts contre toute espèce d'attaque; enfin il remarqua qu'ils vivaient d'une manière très-frugale, et usaient de vêtemens fort simples, ne connaissant aucune espèce de luxe ni aucun avantage social.

Ce conquérant, ménageant leurs habitudes, se contenta de voir qu'ils consentaient à devenir Musulmans, ou plutôt à porter ce nom, et dans son intérêt comme dans le leur, il ne crut devoir leur imposer aucune autre loi. Comme auparavant, il laissa vivre ces hommes avec tous leurs préjugés et leurs abus; il laissa subsister la loi qui défendait que la femme fût admise dans aucun héritage; et il consentit aussi qu'il ne fût infligé aucun châtiment à celui qui enfreindrait les lois ou usages, attendu que dans des cas semblables ils avaient pour habitude de suivre la loi du plus fort. Cette conduite que les vainqueurs musulmans crurent devoir tenir dans les premiers temps, leur laissa concevoir l'espérance que par la suite des tems, ces peuples s'identifieraient avec eux à force de les fréquenter, et c'est pourquoi on a laissé dans chaque tribu un homme éclairé à qui l'on donne le nom de marabout, et qui est obligé de motiver les dispositions qu'il veut leur faire adopter dans leur intérêt, et dans le but d'arriver à un bonheur commun.

Lorsque les Sarrazins ont voulu conquérir l'Espagne, ils se sont servis de ces *Barabers* comme d'un instrument utile à leurs projets. Ils leur ont fait croire que mourir pour la religion était un sacrifice bien vu de Dieu. Ils ont fait naître une haine fanatique et religieuse contre tous ceux qui ne croient pas à l'islamisme, mais en même temps ils firent apercevoir à ces peuples tous-les avantages que procuraient la guerre, la conquête et le pillage des biens des peuples leurs ennemis. Ces principes étant compatibles avec les mœurs des vaincus, il a été facile aux Musulmans de rester parmi eux jusqu'à ce jour, et de conserver le fruit de leurs conquêtes. Quant aux principes de guerre ou de paix, à l'accomplissement des traités, ils n'en ont aucune idée, d'autant plus qu'il n'y a dans leur voisinage aucun peuple de la religion de Moïse ou du Christ. Ils n'ont pas même connaissance de la vraie signification de ce passage de l'Alkoran qui dit : « *O peuples croyans! remplissez vos promesses, observez fidèlement vos engagemens vis-à-vis de ceux avec qui vous en avez contracté.* » Ils ignorent aussi ces paroles de notre prophéte : « *Toute inimitié doit cesser après une paix; on doit dés-lors respecter les biens de l'ennemi, et lui accorder les mêmes priviléges qu'à nos co-religionnaires.* » Ils n'ont enfin aucune considération pour tout autre principe ayant pour but la conservation de l'espèce humaine, l'amélioration de son propre sort, et de ce qu'on appelle vulgairement en Europe la liberté des peuples ou les droits sociaux.

On voit que, par ces principes qui sont adhérens à la morale, et qui forment la base de nos institutions, on a fait bien des miracles et des prosélytes lors de leur fondation. C'est par cette union et par cette politique que les conquérans se sont rendus maîtres d'une grande partie du globe, ainsi que nous l'apprennent les historiens de tous les siècles.

Quoique les souverains successeurs n'aient point mis en pratique des principes si bien établis, et qu'ils se soient rendus maîtres absolus des peuples, néanmoins, on ne peut contester la vérité de nos institutions religieuses. Aussi en s'écartant de ces principes, ces souverains ont-ils souvent échoué dans leurs projets, sans atteindre le but gouvernemental vers lequel ils dirigeaient leurs vues.

Depuis lors ces Kabaïls, vivant dans cette profonde ignorance, ont conservé des idées erronées et fanatiques. Cependant un des traits caractéristiques de leurs mœurs, est l'esprit national proprement dit de chaque tribu. Car si l'une de ces tribus devient l'objet d'une agression de la part d'une tribu voisine, qui sans motif vient l'attaquer, toutes les autres prennent fait et cause pour elle, quand même elles devraient périr et succomber dans cette lutte. Aussi la guerre parmi ces peuples est-elle fréquente, et c'est dans ces occasions qu'ils s'accoutument au carnage, qu'ils acquièrent du courage, et que leurs héros se distinguent. Chez eux, le droit de parenté est religieusement respecté, et à l'étranger qui s'unit à eux par les liens du mariage, il est accordé un appui, une protection inviolables. C'est toujours par l'intervention du marabout que la paix se rétablit. Quoiqu'ils n'aient pas de loi pour régler leurs différends, pour mettre un frein à leurs passions, et qu'ils ne veuillent se soumettre à aucun souverain, cependant l'obéissance qu'ils montrent à leur marabout est inexplicable, si l'on considère la description faite ci-dessus de leur caractère. Quant aux vieillards, ils n'ont presque aucune influence en comparaison du marabout. A ce sujet, voici une esquisse de leurs assemblées où ils discutent leurs intérêts communs :

Cette assemblée se compose de tous les hommes de la tribu, jeunes ou vieux. Les vieillards commencent à prendre la parole, ils soumettent leurs projets et en exposent les avantages; si on n'admet pas ces projets à l'unanimité, ou s'il se trouve un seul opposant, celui-ci jette un cri au milieu de l'assemblée, et ce cri, qu'ils appellent le cri d'alarme, se prononce en leur langue *wik!* Puis à la suite de cette exclamation, il dit à haute voix : « Voyez cet homme qui veut nous déshonorer et nous faire passer pour des lâches ! » Aussitôt ces paroles prononcées, l'agitation est au comble, et l'assemblée se disperse.

Les marabouts qui demeurent parmi les Kabaïls, prêchent la morale et l'expliquent autant qu'il leur est possible pour l'entendement de ce peuple. Ils instruisent ces Kabaïls à faire leurs prières; ils leurs prêchent la morale, et cette conduite leur mérite la soumission la plus absolue et la plus respectueuse. Ils pensent que leurs prières seront écoutées de leur dieu, et ils croient en sa sainteté et en sa toute-puissance. Ainsi de la malédiction ou de la bénédiction du marabout dépend le bonheur imaginaire du Kabaïl. L'homme qui désire une chose, c'est en faisant des dons et en s'adressant au marabout qu'il espère voir combler ses vœux. Celui que le malheur poursuit, que les souffrances tourmentent, celui-là a manqué de foi, et est le coupable que Dieu punit.

Marabout tire son étymologie du mot arabe *Rapata* qui signifie lié ou engagé ; c'est-à-dire qu'il a pris avec Dieu l'engagement de n'agir que pour le bien-être de l'humanité. Aussi, même après leur mort, ces marabouts sont-ils l'objet éternel de la vénération des Kabaïls ; leur corps est enfermé dans un tombeau, on élève un monument pour l'entourer, et ce lieu devient sacré et inviolable, et peut même servir d'asile à tout criminel. Enfin cette place est tellement vénérée, que le fils n'oserait en arracher l'assassin de son père s'il y était réfugié. On accorde donc au marabout mort peut-être plus de respect encore que s'il était vivant. Ces tombeaux sont très-nombreux dans la régence d'Alger, et la plupart ont été occupés par l'armée française après son invasion. Cette profanation a produit un très mauvais effet dans l'esprit de la basse classe. Si quelques-uns des descendans des marabouts n'ont pas suivi l'exemple de leur père, s'ils ont négligé leurs principes, cependant le peuple les regarde avec respect, et ils sont appelés parmi lui Monseigneur, et non par le nom qu'ils portent. Ainsi on les désigne par le nom du membre de la famille qui a acquis le plus de réputation.

L'existence de ces marabouts dans la société africaine est un bienfait; seulement, par l'ascendant qu'ils ont sur les peuples, ils font mettre bas les armes aux partis ennemis, et empêchent que le sang en soit répandu. Leur pouvoir est miraculeux sur les esprits ignorans et bornés des Kabaïls. Il semble que Dieu lui-même les guide et leur commande, et la crédulité de ces peuples envers eux est poussée jusqu'à l'aveuglement. De nos jours, le marabout qui jouit du plus grand crédit, et qui est presque regardé par les Kabaïls comme un être divin, porte le nom de *Sidy Ally Ben Issa.* Il habite *Carrouma*, il est le disciple du célèbre Marabout nommé *Sidy Mehemed Ben Abdérahman.* Ce dernier, de son vivant, a eu la plus grande réputation de sainteté que l'on puisse concevoir, même à Alger et parmi les Kabaïls qui habitent cette ville. Ce personnage extraordinaire est mort vers la fin du XVIIIe siècle On l'avait enterré dans le *Hammah.* Les Kabaïls pendant une nuit ont enlevé son corps qu'ils ont transporté sur la montagne de Jarjera, pour être ensuite enterré dans le village de *Carrouma* tout près de *Filessa.* Néanmoins l'endroit où son corps était auparavant est toujours respecté. Près de ce lieu on a l'habitude de faire des aumômes aux pauvres;

on leur distribue du pain et de l'argent, et par cette bonne œuvre, tous les assistans espèrent voir exaucer dans le ciel leurs prières. Cette espèce d'adoration est inconcevable, d'autant que les principes de la religion musulmane n'admettent pas qu'aucun être terrestre puisse être divinisé. Nous croyons que la sainte volonté est une sur la terre et aux cieux ; et que Dieu qui se trouve partout ne peut être fixé dans un seul lieu ; que la charité qui est faite envers nos semblables, est une preuve que nous obéissons à cette croyance, et qu'avant de mériter la grâce divine, il faut suivre les commandemens qui nous ont été octroyés. De même, nous croyons que nos actions en bien ou en mal seront récompensées un jour. Ainsi donc la croyance populaire qui existe envers les marabouts est fondée sur l'ignorance, sur de faux principes, sur des préjugés qu'il serait difficile de réformer, mais qui sont bien connus de nos hommes instruits et des chefs du gouvernement turc. C'est par politique que ces derniers conservent ou laissent subsister ces principes erronés, et qu'ils respectent eux-mêmes les lieux qui sont regardés comme sacrés par les Kabaïls. Ces ménagemens leur ont fait obtenir ce que l'armée française a détruit depuis son arrivée sur le sol algérien ; car au lieu de suivre ces mêmes principes, elle a voulu en établir de nouveaux tout-à-fait en opposition avec les mœurs et les coutumes des habitans.

Pour revenir à ce marabout *Ben Issa*, et faire connaître toute l'influence qu'il exerce sur l'esprit des Algériens, il suffit de dire que c'est le même qui, après l'invasion des Français, s'est offert pour traiter de la paix entre ces derniers et les Kabaïls. La puissance de cet homme se fait sentir jusque dans le royaume de Tunis. Il a dans chaque kabaïlat, ville ou village, dans toute l'étendue de la régence, un représentant dans les mosquées chargé de recevoir tous les dons qui lui sont destinés. Ce même représentant perçoit des dîmes sur les récoltes, et toutes ces provenances sont distribuées à la classe indigente, et servent à entretenir les lieux consacrés à l'hospitalité. Partout où il y a un représentant collecteur, il existe une maison ouverte à l'hospitalité où l'on nourrit et loge gratuitément les voyageurs, ainsi que les animaux qui les servent et les accompagnent. Au bout de chaque année, ce qui n'a pas été dépensé dans cet établissement est envoyé au marabout principal. Moi-même, je me suis trouvé avec ce marabout ; il m'a paru un homme simple, sans présomption, ayant un excellent jugement, animé de sentimens philanthropiques, sans préventions, et ne possédant pas une grande fortune, car après avoir distribué ses aumônes, à peine lui reste-t-il de quoi vivre. On aperçoit devant sa porte une grande quantité d'écuelles pour offrir les alimens à ses convives; on y voit aussi des sacs d'orge et de la paille pour les bêtes de somme qui composent leur suite. Il exerce cette hospitalité envers toute personne qui se présente chez lui. A cette époque, il voulut me charger de vendre pour son compte un jardin qu'il possède à Alger; mais je le détournai de cette idée afin qu'il pût, par son influence, servir la cause française, et peut-être, par sa médiation, engager le bey de Constantine à conclure une paix honorable; M. le duc de Rovigo cherchait dans ces vues à se l'attacher et à devenir son ami, car lui-même voulait bien lui reconnaître quelque crédit.

Le marabout qui connaît le but de sa religion sait employer avec fruit et intelligence les moyens qu'il a en son pouvoir. Il ne dira pas aux Kabaïls: Vous devez obéir aux lois, vous devez écouter et suivre la morale; il leur dira : Malédiction contre celui qui ne fait pas telle chose ! de cette manière, il les fait obéir et obtient d'eux tout ce qu'il désire, en employant même des termes absolus, mais paraissant être l'expression des ordres du Très-Haut. Cependant ils agissent avec modération et politique; ils ne se permettent jamais la plus simple innovation et ne font rien qui puisse heurter l'amour-propre ni les usages du peuple. Ces marabouts conservent, par cette conduite, une influence illimitée.

CHAPITRE II.

Mœurs et usages des Barabers.

Les hommes se couvrent d'une étoffe de laine. Leur habillement a la forme d'un sac troué au milieu pour pouvoir y passer la tête; deux autres trous, pratiqués dans chaque coin, laissent une issue à leurs mains. Cette espèce de sac a une aune à peu près de largeur, et descend jusqu'à la moitié de la jambe; le tissu est en laine noire et fabriqué par les femmes. Comme cette laine est mal lavée, lorsqu'elle est mouillée par la pluie, elle répand une odeur insupportable, et alors ce vêtement devient aussi très-lourd. Il tient lieu tout à la fois de chemise, de pantalon, etc. Cependant, les plus riches d'entre eux ajoutent un autre habit par-dessus, qu'ils appellent *Bournous* Il est toujours de la même étoffe et d'une forme connue en Europe. Ce vêtement se raccommode et dure jusqu'à ce qu'il tombe en lambeaux ; ordinairement un seul suffit pour toute la vie d'un homme ; jamais il ne quitte le corps ; il se mouille et sèche sur le dos de celui qui le porte, soit par l'effet de l'air, soit par la chaleur du feu.

Les femmes s'enveloppent dans un *haïk* que l'on attache avec des épingles, l'étoffe dont il est fait est aussi tissue par elles-mêmes : à l'extrémité cet habit est bordé d'une autre étoffe de couleur rouge ou bleue, d'une largeur de quatre doigts à peu près. Cette laine coloriée vient d'Alger ; les femmes riches se couvrent la tête avec un morceau de linge ou un mouchoir de coton. Les enfans sont entièrement nus, ainsi que je les ai vus moi-même ; ce n'est qu'en hiver ou quand ils arrivent à l'âge de puberté qu'on les couvre. Celui qui se couvre la tête avec un bonnet, que personne à Alger n'oserait porter, est considéré comme un élégant. On voit quelques-uns des élégans qui gardent ce bonnet si longtems sans le changer, qu'il devient tout noir de sueur et de poussière.

Quant à leur chaussure, les Kabaïls qui sont riches portent une espèce de cothurne comme les Romains, attachée avec du cuir. J'ai vu ces Barabers chez eux et à Alger, en hiver comme en été, ôter leur habillement carré pour s'en servir comme d'un coussin lorsqu'ils vont se coucher; ceux qui ont des bournous, s'en couvrent et s'étendent sur une natte quand ils en trouvent. La plupart d'entre eux couchent sur le sable, éloignés les uns des autres en été, et en hiver ils allument un grand feu avec le bois qu'ils prennent dans les forêts qui sont abondantes; ils se couchent les pieds devant ce feu, et s'endorment tranquillement dans cette position. Ils se nourrissent de pain d'orge, d'huile d'olives, de figues sèches et de châtaignes sauvages. Les riches, c'est-à-dire ceux qui possèdent deux ou trois chèvres, ont en outre du lait pour boire. Il y en a aussi qui possèdent un certain nombre de chèvres et de brebis destinées à être vendues dans les villes. Habituellement ils ne mangent ni mouton ni volaille, ce n'est que lorsqu'il leur vient quelque convive qu'ils en font usage, car la loi de l'hospitalité est religieusement observée chez eux: ce jour-là est considéré dans la tribu comme un jour de fête; les enfans en bondissent de joie, et c'est alors que le mouton est sacrifié. Ils font cuire la viande avec le *cousscoussou* (1), et ce mets préparé, on coupe des morceaux de viande d'une livre environ, et le maître de la maison le présente aux convives, de la manière suivante : Il distribue à chacun un morceau de viande; et, comme les voisins et les amis ont l'habitude de venir voir le repas, auquel ils assistent à une certaine distance, on offre aussi à ces curieux leur part du dîner, si toutefois il reste quelque chose ; mais dans tous les cas, le maître du logis pousse la politesse jusqu'à les servir avant ses propres enfans. Ils ne mangent pour dessert que des figues sèches, quand même ils auraient d'autres fruits; et comme les arbres fruitiers sont assez communs, ils en conservent les fruits aux habitans des villes, à qui ils les vendent dans les marchés. A peine connaissent-ils quelle saveur ont ces fruits?

---

(1) Mets fait avec de la semouille et du bouillon.

CHAPITRE III.

Suite des mœurs et usages des Barabers.

Dans les petits villages ou dans les hameaux, on construit les maisons avec du bois et des cannes liés ensemble. Elles ont quatre faces, et le sol est construit de la même manière; le tout est flanqué d'un mélange de terre et de fiente de bœuf pour empêcher l'eau d'y pénétrer, et sur le toit on sème une espèce de gazon que l'on appelle *diz*. La hauteur de ce bâtiment ne dépasse pas la taille d'un homme. On ramasse des herbes et des feuilles d'arbre que l'on conserve pour nourrir le bétail quand il tombe de la neige. Ces habitations servent aussi aux animaux, et la brebis, la chèvre, le mulet, la volaille, les chiens, les hommes, les femmes et les enfans, tous sont pêle-mêle dans le même lieu. Quand on allume du feu pour se chauffer, les miasmes que répandent ces êtres, mêlés avec la fumée qui n'a aucune issue, forment un brouillard épais et malsain. Pendant ma route pour me rendre à Constantine, n'étant point accoutumé à cette manière de vivre, il me fut impossible de supporter l'intérieur de ces habitations, je préférais coucher en plein air, plutôt que de me mettre au milieu de cette arche de Noë. Le maître de l'habitation chez qui je me trouvais, fut obligé de venir me garder ainsi que mes animaux, pour me défendre contre les attaques des voleurs et des bêtes sauvages. Il arrive quelquefois que les lions viennent rôder autour des habitations pour saisir quelque bétail, mais ils écartent ces bêtes féroces avec autant de sang-froid, que nous repoussons un chien, étant accoutumés à la visite de ces terribles animaux. En exceptant ce qui peut être utile à l'agriculture et à leur bétail, ils n'ont pas un seul meuble. On voit aussi chez eux un petit moulin pour le grain, quelque farine d'orge et du grain réservé pour les cas imprévus; ils ont aussi des figues sèches dans un sac, quelques ustensiles en bois et une outre pleine d'eau pour boire, qu'ils tiennent toujours suspendue.

La guerre parmi eux est assez fréquente; celui qui est vainqueur brûle l'habitation du vaincu, mais bientôt cette habitation est rebâtie, attendu la grande abondance de bois qui couvre ce pays. Les chevaux, les mulets, les ânes gravissent avec facilité les endroits les plus escarpés, les habitans y font le plus grand cas des armes à feu : ils les entretiennent avec soin, les enveloppent dans des linges, et ce sont ces armes que les voleurs convoitent le plus et prennent de préférence à toute autre chose aux indigènes qui, malgré les plus grandes précautions, s'en voient très-souvent dépouillés.

Les mosquées de ces villages sont construites dans le même genre que les habitations, avec la différence seulement qu'elles sont blanchies avec de la chaux. Ceux qui, parmi eux, connaissent les cérémonies religieuses, sont considérés comme nous considérons les savans dans nos villes.

Quant aux grands villages, ceux qui sont situés sur les montagnes escarpées, l'ennemi ne peut y arriver que très-difficilement.

On extrait de ces montagnes des pierres pour la construction des maisons. J'ai visité moi-même les montagnes de *Felaissa, Zawawa, Bany-Abas, Wad-Bejaïe* et *Bany-jennat,* où l'on trouve de grands villages qui ressemblent à nos villes. Tous les bâtimens sont construits solidement avec de la pierre et de la chaux; les toits couverts en tuiles, les mosquées avec des minarets, dans le genre de celles d'Alger. Il y a dans ces villes des manufactures d'armes à feu : on y forge même des canons de fusil incrustés avec de l'argent, comme à Alger. On y fabrique des platines; on connaît la méthode d'extraire le fer de la terre ; les habitans possèdent des mines de plomb, et du salpêtre en grande abondance; ils sont très-industrieux ; leur industrie consiste principalement dans les fabriques de bournous fins et de couvertures de laines fines dont on pourrait faire usage dans les grandes villes. On y voit des ateliers où l'on frappe la fausse monnaie; ils ont une adresse et une capacité extraordinaires pour graver sur le métal et pour imiter toute espèce de monnaie, comme par exemple celle d'Alger et les piastres d'Espagne; et s'ils ont eu quelques communications avec l'armée française, ils n'auront pas manqué d'imiter la monnaie de France, au point que les changeurs auront de la peine à reconnaître celle fabriquée par eux. C'est dans ces montagnes que l'on m'a présenté du *cousscoussou* avec du sucre dessus, et où se trouve une ville nommée *Klhha*, à laquelle on arrive avec la plus grande difficulté. N'ayant pu m'y rendre à cheval, j'ai fait le chemin à pied pour la voir; le chemin qui y conduit est tellement escarpé que, lorsque trois personnes le gravissent l'une après l'autre, on aperçoit la tête de la troisième aux pieds de la première. C'est dans ces villes fortifiées par la nature que l'on met en réserve les fortunes des habitans des plaines ainsi que leurs grains. Ils ne tiennent auprès d'eux que ce qui est nécessaire pour leur ordinaire, et l'on m'a assuré qu'ils possèdent la manière de conserver les grains pendant plus de vingt années.

Leur langage, leurs mœurs et leurs manières de vivre sont presque semblables à ceux des petits hameaux dont nous venons de parler. Si je n'avais pas été si inquiet, si tourmenté sur la situation de mon malheureux pays, sans mon âge avancé et sans les fatigues que j'ai essuyées, j'aurais pu recueillir des documens très-curieux sur cette partie de l'Afrique, lesquels auraient pu servir à la formation de l'histoire de ces pays. J'apercevais de loin des villes presque semblables aux environs de *Bejaïe* (Bougie) et à ceux des marabouts *Ben-Issa*, *Accarouma*.

Ce n'est pas une histoire détaillée que je présente ici, mais seulement une esquisse nécessaire pour se former une idée de ces pays et de ceux qui les habitent. Quoiqu'en général ils ne présentent à la vue qu'une population composée de gens nomades et presque sauvages, cependant nous pensons qu'il serait difficile à la France ou à toute autre puissance de les subjuguer; pour la France d'ailleurs cette conquête serait peu digne de sa grandeur. Elle possède assez de richesses en hommes et en argent. A quoi lui servirait de faire la guerre à ces peuples, de dépenser ses trésors, de faire répandre le sang de ses soldats, et d'aller les exposer à la mortalité occasionée par le climat? Dans quel but ferait-elle une semblable expédition? Serait-ce pour le seul plaisir de faire exterminer des hommes! ou bien dans la folle intention de posséder des déserts incultes!

CHAPITRE IV.

Des Habitans de la plaine, de leurs mœurs et usages.

Les habitans qui composent les lieux bas, ou la plaine, se divisent en deux parties. La première partie, que nous appelons *Sahara*, présente des déserts sablonneux; la seconde partie présente des petites montagnes très-peu élevées, qu'on appelle *Talle*. Tous ces habitans sont d'origine arabe et parlent cette langue, comme il a été dit dans le premier chapitre. Ce peuple est entièrement agricole. Il se loge sous des tentes formées d'un tissu de poils de chameaux ; il n'a pas de lieu fixe ; il campe dans les endroits où se trouve du pâturage pour les bestiaux ; et par l'intérêt qu'il attache à l'agriculture, pour la sûreté de ses récoltes et la garantie de ses propriétés, il consent volontiers à payer une contribution au chef de la régence. On ne voit pas beaucoup de marabouts parmi ce peuple nomade ; cependant l'origine de sa religion est pareille à celle des Kabaïls, et comme ces derniers, il a quelques préjugés qu'il serait imprudent de chercher à détruire.

Les hommes s'enveloppent dans un *haïk* assez connu en Europe ; le bout de ce vêtement est attaché à la tête par un cordon de poils à peu près dans la forme des turbans : ils portent dessous une espèce de chemise qu'ils appellent *ghandoura* et dont il a déjà été parlé dans le chapitre qui a rapport aux Kabaïls. La seule différence qui existe est dans l'étoffe, qui est en coton, au lieu d'être en laine. La plupart d'entre eux sont chaussés avec de forts souliers que l'on fabrique dans les villages. Le riche porte un mouchoir en coton ou en soie, selon sa fortune, et ce mouchoir est attaché à son *haïk* pour éviter de le perdre.

Les femmes aussi sont enveloppées dans une espèce de *haïk*, d'étoffe de coton pour l'été, et d'étoffe de laine pour l'hiver. Elles portent des ceintures de couleur, faites en laine ou en poil de chameau bien fin, qu'elles attachent autour de la taille.

Leur pain est formé de froment et d'orge, ou d'orge pur, mais jamais de froment seul, soit à cause du climat, soit par sobriété; et quoique le froment soit fort abondant chez eux, ils font, comme on le voit, une grande consommation d'orge. L'huile est fort rare; on prépare les mets avec du beurre, que l'on sale pour le conserver longtems.

Le matin, personne ne sort de chez soi avant d'avoir déjeuné avec du pain d'orge et du beurre. Les riches de ce pays ou les propriétaires (les fortunes de ce pays ne peuvent se comparer aux fortunes d'Europe) se servent d'ouvriers et de gens à gages. Quand ils engagent ou prennent à leur service un de ces hommes, ils ont l'habitude de payer ses dettes, s'il en a, ou de lui faire des avances pour l'aider dans ses besoins, comme s'ils avaient l'intention secrète de le lier à eux par ces avances qui lui sont faites. Cet homme est logé chez son propriétaire, avec sa femme et ses enfans, et de la manière qui sera détaillée plus bas.

Le propriétaire, chef de la ferme ou de l'établissement, donne à cet ouvrier une ou deux vaches, selon ses moyens ou les conventions faites entre eux, à la charge par l'ouvrier de lui fournir tant de livres de beurre. (La livre dans ce pays est plus grande qu'en Europe; elle est de 28 onces, poids de marc. En conséquence, cet homme amasse le beurre pour le livrer à la fin de chaque saison à son chef. Quelquefois, parmi ces laboureurs, il en est qui font usage du beurre qu'ils recueillent, et ils ne peuvent fournir la quantité promise ou convenue; alors ils sont obligés de former d'autres engagemens, ou bien de contracter des dettes; d'autres remplissent fidèlement leurs conventions et se trouvent encore avec quelque profit.

Ces propriétaires vivent d'une manière sobre et régulière; ils ne font usage de la viande que dans certains jours de la semaine ou les jours de marché. C'est dans ces marchés que les différentes tribus se réunissent pour vendre leurs denrées et leurs animaux. On fait deux ou trois heures de marche pour se rendre à ces marchés; c'est un usage du pays, et chaque famille vient de loin, soit pour acheter, soit pour vendre des denrées ou marchandises quelconques. On transporte à dos de mulets la laine, le beurre, le miel, la cire, et le bétail destiné aux bouchers y est également amené. Quoique le chef de la ferme possède des moutons, des agneaux, des veaux, etc., etc., il n'en tue pas pour son usage ordinaire, mais seulement quand il a chez lui quelque nouveau convive. Ce peuple est peut-être encore plus hospitalier que ne le sont les Kabaïls. Leurs mets favoris sont le couscoussou et le lait.

Le sol est tellement fertile que les épis de froment et d'orge sont quelquefois plus hauts qu'un homme. Quand on moissonne on néglige les épis qui sont courts; on laisse dans les champs beaucoup de paille avec le grain, que l'on fait manger ensuite par les bestiaux; aussi, par cette raison, le bétail y est-il toujours très-gras et le lait excellent et très-productif.

Quant à la description de leurs tentes, nous avons dit déjà qu'elles étaient faites avec un tissu de poils de chameau ; ce tissu est rayé en rouge ou en d'autres couleurs; elle est formée avec de grands pieux en bois, et sa forme est ronde ou octogone. On juge de l'opulence du propriétaire par la grandeur de ces tentes et par la quantité des pieux qui la soutiennent. (Voir le dessin de différentes formes de tentes à la fin du volume.)

Cette tente est entourée de pierres sur lesquelles on place les ustensiles ainsi que les provisions journalières. Une partie est destinée pour servir de cuisine, et là se trouvent les casseroles et marmites, toutes en terre; mais les assiettes ou écuelles sont en bois, ainsi que les vases pour contenir le beurre et le miel, que l'on conserve dans des outres. C'est dans cette cuisine que l'on élève la volaille. L'autre partie de cette tente sert pour la réunion des convives et de salon de compagnie. De l'intérieur d'une tente où je me trouvais, j'entendais le mouvement et le bruit des petits veaux et des vaches ainsi que des agneaux. Ce sont les femmes qui tirent le lait et qui ont soin du jeune bétail; elles sont aussi bergères, et les chiens sont les gardiens des troupeaux. Quand le lion s'approche, ces chiens le sentent, et par leurs hurlemens donnent l'éveil et préviennent de son arrivée; on lui donne la chasse en faisant le simulacre de vouloir le frapper : celui qui en aurait peur, en serait victime. Les chevaux et les mulets sont placés devant l'entrée de chaque tente pendant trois saisons; et en hiver, pendant les tems froids et humides, on place des couvertures de laine sur leur dos.

Ce peuple est passionné pour les chevaux. Il fait une spéculation de leur accroissement; on sépare les races, et on les conserve avec soin; la basse race sert à la production des mulets; une autre est destinée pour le labourage, mais la meilleure espèce, celle de luxe, est pour la course et pour la guerre; on ne vend les bons chevaux que rarement. Cette réunion de plusieurs tentes s'appelle dans ce pays *dewar*.

Ainsi, comme nous l'avons dit, les propriétaires ou chefs de ferme engagent des ouvriers, bergers, etc., pour les servir, et ceux-là n'ont ni terres, ni argent, ni bétail, et selon leurs besoins il leur est fait des avances. Le mari, la femme et les enfans demeurent chez ce propriétaire, chacun a pour sa part de travail autant qu'il peut en faire, et souvent on voit parmi eux qu'un homme se marie avec plusieurs femmes, pour se faire aider dans ses travaux, car une femme se procure difficilement son existence si elle n'a pas le secours et l'appui d'un mari; ils coopèrent tous, avec le chef de la ferme, à l'ensemencement des terres et à tous les travaux manuels.

Le propriétaire ou chef accorde à chaque ouvrier, pour ses peines, la cinquième partie de la récolte; et cependant lui et ses enfans n'apportent que leur travail corporel, et si ces profits ne lui suffisent pas, il contracte alors des emprunts pour son compte, mais toujours en grains, orge ou froment.

Le chef de ce *dewar*, au moment de la récolte, qui est celui où il délivre à son ouvrier le cinquième en usage, retient toutes les avances qu'il lui a faites et ne lui remet que le surplus de ce qui lui revient. Aussitôt ce partage fait, l'ouvrier se rend au marché pour vendre ses denrées, et comme toutes les récoltes se font à la même époque, voilà pourquoi il y a une époque de l'année où le grain est meilleur marché ; mais quand les marchés sont approvisionnés par les riches, alors les prix ne varient pas.

Chez ce peuple nomade, on regarde comme une des premières nécessités, pour l'homme, de posséder un cheval pour son usage, ainsi qu'une arme à feu et un sabre. Celui qui ne possède pas ces objets et ce cheval est mal vu parmi les habitans, ils ne le reçoivent pas dans leur société, car, disent-ils, il n'offre aucune garantie, soit pour l'accomplissement de ses devoirs, soit pour la défense commune.

Il y a un chef pour plusieurs *dewars*. Ce chef est nommé par le bey ou par l'aga de la contrée dont il fait partie ; ses attributions consistent à recueillir les impôts, à faire exécuter les lois, et à communiquer les dispositions de son gouvernement.

Parmi les propriétaires de ces *dewars* ou chefs de famille, on en voit quelques-uns qui paraissent opulens. J'ai été moi-même invité par un de ces propriétaires qui m'a fait présenter un *ibrik layan* en argent, c'est-à-dire un pot à eau et sa cuvette, pour me laver les mains, ainsi que cela se pratique en Orient avant le dîner ; et un grand plat en porcelaine de la Chine, pour me servir pendant le repas.

Les femmes, comme nous l'avons déjà dit, qui sont chargées de traire les animaux qui fournissent le lait, vont aussi chercher l'eau et couper le bois pour faire le feu, et dans les endroits où le bois est rare, par exemple comme dans le voisinage de Constantine, on substitue au bois une autre matière combustible. Cette matière se compose de fiente de vache et de gazon que l'on mélange et que l'on fait sécher. Ce sont les femmes qui tissent les *tentes*, les *haïks* et les *bournous*; elles battent le beurre; elles suivent les moissonneurs pour ramasser les épis; elles ont la charge de moudre le grain, de pétrir la farine, et en général elles s'occupent de tout ce qui tient au ménage. Aussi, sans cesse livrées à ces travaux, voit-on toujours ces femmes dans un état négligé et malpropre, et sujettes à des fièvres et à d'autres maladies qui proviennent des excès de fatigue auxquels elles se livrent. On emploie pour leur guérison de simples végétaux dont la vertu est connue parmi eux, car ils n'ont aucune connaissance des principes de la médecine, ni des causes des maladies, et la nature seule fait chez eux des miracles. Ils font ordinairement diète dans ces cas-là. Mais pour ce qui concerne leurs animaux, ils connaissent la science du vétérinaire aussi bien qu'en Europe.

Ils ont un moyen pour conserver le grain pendant plusieurs années sans qu'il soit altéré. Il consiste à le mettre dans des fossés, à le priver d'air et à empêcher que l'humidité ne l'atteigne. On trouve chez eux du blé qui, sans exagération, a plus de cinquante ans, et je puis affirmer la vérité de ce fait qui est assez connu en Afrique. Cependant, quand on moud ce grain conservé depuis si longtems, on remarque que la farine n'a pas la même blancheur que celle du froment frais, et l'on trouve aussi à cette farine un petit goût que tout le monde ne pourrait pas supporter, mais que ces habitans aiment beaucoup. Ils le présentent aux convives comme une chose rare, de même qu'en Europe on présente du vin vieux dans les repas. On nomme cette espèce de blé *matmoury*. Pour l'enfouir, on choisit des endroits inconnus. Ces endroits, qu'en France on nomme *silos*, sont faits d'une manière très-ingénieuse, de sorte que quand les ennemis envahissent leur territoire, ils marchent dessus sans pouvoir les découvrir, à moins qu'un traître ne révèle le lieu où ils sont établis.

On voit chez eux d'excellens cavaliers, animés de beaucoup de courage et remplis d'adresse. Il en est qui une fois à cheval, n'hésiteraient pas à lutter contre vingt ou trente personnes, dont ils sont capables de repousser les attaques; ils sont reconnus pour être vaillans et pleins d'honneur.

Leurs enfans, animés des mêmes sentimens, ne consentiraient jamais à faire la moindre bassesse, et personne, je crois, ne pourra contester cette vérité. Il y a des cavaliers qui, au grand galop, sans quitter la selle, se baissent jusqu'à terre, et dans cette position, peuvent saisir une pierre ou un autre objet quelconque.

Quant aux habitans du désert qui demeurent plus loin, je ne les ai pas visités moi-même, mais ce que j'en pourrai dire sera d'après les rapports de personnes dignes de foi.

Les propriétés de cette population consistent en chameaux, bœufs et chevaux. Les principaux d'entre eux n'ont point de troupeaux de moutons ni de chèvres; car ces animaux nuiraient à leur fuite dans le cas d'une attaque de quelque tribu ennemie, et ils se verraient obligés de les abandonner trop souvent.

Ils estiment beaucoup leurs chevaux, et en font un cas particulier, au point qu'ils leur donnent à boire du lait de chameau.

Ce peuple est assez nombreux, d'origine arabe, comme il a été dit, et gouverné par des chefs héréditaires de père en fils. On prétend que ces chefs sont descendans du prophète David. Chaque chef a sous sa juridiction à peu près dix mille tentes, sans qu'elles soient fixées dans le même lieu plus d'un mois. Ce peuple se nourrit principalement de dattes et de lait de chameau. Il échange ses productions avec le peuple agricole pour avoir de l'orge et du froment, ainsi que des étoffes qui servent pour leurs vêtemens, et des mouchoirs de soie pour leurs femmes. Ils transportent sur le dos des chameaux la laine, le beurre, etc. Leur laine est considérée comme d'une qualité supérieure, et ressemble beaucoup au mérinos. Leurs chameaux sont quasi sauvages; on les dompte difficilement, et on ne peut les assujettir aux travaux comme le font les habitans du *Talle*.

Ce peuple possède une des meilleures espèces de chevaux, et les habitans de ces contrées sont naturellement plus vigoureux et plus robustes que le peuple laboureur dont nous avons parlé plus haut. On peut dire qu'un de ces hommes en vaut dix des autres.

Il entre dans les attributions du bey de Constantine de nommer les cheikhs de Sahara. Lorsqu'il les investit de leur pouvoir, il leur fait présent d'un manteau de brocard de Lyon en or. Il met à la disposition du cheikh vingt tentes de soldats turcs, des drapeaux et un corps de musique militaire. Ce cheikh passe parmi les habitans de Sahara comme un souverain. On emploie tous les moyens possibles pour attirer ce peuple à Constantine; on l'invite à s'y rendre les jours de marché pour échanger ses produits et dans l'intérêt de ce chef-lieu. Aussi la ville de Constantine, qui, sans ces avantages, aurait peu d'importance, est-elle florissante, et jouit-elle de tous les avantages du commerce que sa centralisation lui assure. Cependant quelques-uns des cheikhs, trop fiers pour reconnaître l'autorité de ce bey, vont de préférence dans d'autres marchés de la partie occidentale, comme à Titery, et dans d'autres villes. Par leurs communications journalières, ils font profiter la province du bey de Titery, sans qu'ils soient soumis à aucune obligation. A cause de ces avantages, les beys attachent beaucoup de prix à s'allier par des liens de parenté avec les chefs de ces peuples fiers et nomades.

Haggi Ahmed, présent bey de Constantine, est le neveu d'un des principaux chefs de ces Arabes, qu'on appelle *Dawoudy Ben Ghana*.

Ibrahim Bey, celui qui a livré Bone aux Français, était bey à Constantine sous le gouvernement turc. A cette époque il forma une liaison de mariage avec un des membres de la famille du cheikh Farhat, un des chefs du *Sahara*.

Quand les Français envahirent Alger, *Mustapha Boumezrag*, bey de Titery, s'empara de *Mediah*, partie occidentale d'Alger, et se proclama pacha. Ibrahim Bey, dont nous venons de parler, s'étant lié avec ledit Mustapha, forma alors le projet, à l'aide de son beau-frère le *cheikh Farhat*, de se faire nommer bey de Constantine à la place d'*Haggi Ahmed*, de s'emparer de la ville et des richesses de ce dernier (il ignorait que ces richesses n'étaient plus à Constantine, on les avait transportées à Sahara), et il espérait avec le trésor que Haggi Ahmed possédait, trouver les ressources nécessaires pour faire la guerre aux Français. Le cheikh *Farhat* crut dans cette occasion devoir prêter toute son assistance, pensant que l'affaire de *Mediah* aurait quelque résultat favorable.

Au moment où le bey de Titery échoua dans son plan, la lutte était aussi engagée entre *Haggi Ahmed* et le cheikh Farhat qui, quoique se trouvant dans une position fâcheuse, par amour-propre ne voulut pas reculer; mais Haggi Ahmed ayant remporté la victoire sur lui, s'empara de ses richesses, de sa suite et de tout ce qui dépendait de lui. Haggi Ahmed vainqueur fut clément et généreux; il fit reconduire sous leurs tentes les femmes et les enfans qui dépendaient de ce chef, et à lui, il lui restitua toutes ses richesses, ainsi que cela se pratique parmi les peuples vaillans; à cet effet, il leur procura des chevaux et les autres animaux nécessaires pour les tranporter ainsi que leurs bagages. La paix une fois rétablie, on ne doit plus se signaler que par des bienfaits, et dans toute circonstance le sexe féminin doit être protégé et respecté; la guerre ne doit exister qu'entre les hommes! Haggi Ahmed, en les renvoyant auprès de leur chef et de leur père, adressa à Farhat une dépêche pour le rassurer contre toute espèce de crainte, lui accorder la paix, et l'inviter à se rendre près de lui. Mais ce chef, honteux de sa défaite, refusa de s'y rendre en personne; cependant, depuis il a établi avec le bey de Constantine une corresponndance; il lui a expliqué les motifs qui avaient occasioné la guerre, lui a envoyé les missives qui formaient ses rapports avec le duc de Rovigo; il lui a fait part des intelligences qui existaient avec des juifs d'Alger, il l'a mis au courant de toutes ces intelligences, ainsi que de la réponse qu'il avait faite au duc, et par laquelle il lui déclarait qu'il ne pouvait accepter ses propositions, que son honneur et sa position sociale parmi les autres chefs lui imposaient le devoir de ne favoriser personne contre sa patrie, et qu'enfin il n'était pas dans son caractère de trahir ses confrères et son pays.

Haggi Ahmed m'ayant mis dans la confidence de toutes ses correspondances avec ces personnages, c'est à ce sujet qu'il me dit : Comment se fait-il que les Français, qui passent pour avoir l'esprit subtil et intelligent, aient dans cette circonstance fait preuve du contraire? Comment font-ils pour accorder une confiance aveugle à des juifs intrigans, et à ce *Ben Kara Ally*, qui fut nommé khalifa dans la partie de l'est, et ne put occuper cette charge que pendant trois jours. Cette conduite montre aux Arabes que les Français accordent leur confiance à des hommes inhabiles et incapables, et les déconsidère aux yeux de ces mêmes Arabes et des habitans de *Sahara*. Ce peuple, outre ces faits, a naturellement de l'éloignement pour tous les Européens, à cause de la différence qui existe dans leur langage, dans leurs costumes et dans leurs mœurs; d'ailleurs les idées fanatiques de ce peuple sont un des principaux obstacles à leur rapprochement. Voilà pourquoi les Français, comme dit *Haggi Ahmed*, ne doivent pas espérer de trouver en ce peuple un appui pour qu'ils deviennent les maîtres et de lui et du pays. De plus, ajouta-t-il, l'administration des Français et leurs procédés jusqu'à ce jour, ne sont pas faits pour le séduire. Plus loin, quand je parlerai de mes voyages à Constantine, et de mes conversations avec le bey de cette province, je citerai encore quelques observations judicieuses faites par Haggi Ahmed. Je crois devoir dire qu'à l'occasion des argumens que me présentait *Haggi Ahmed*, j'ai fait tout mon possible pour le dissuader de l'opinion défavorable qu'il avait conçue. J'ai cherché à lui faire entendre que le gouvernement français n'avait que de bonnes intentions ; que parmi les actes des chefs qui lui avaient été présentés comme imparfaits et répréhensibles, la moitié était exagérée, le quart mal interprété, et que le reste, que la nation française désapprouvait, n'était nullement autorisé par son gouvernement.

L'arrivée des envoyés du *cheikh Farhat Dawoudy* fut la cause de l'événement tragique arrivé à la tribu *d'Offia*. M. Pichon a détaillé dans son ouvrage cette affreuse circonstance. Elle formera dans l'histoire des peuples de notre région une page sanglante, et peu de personnes voudront croire que ce fait a eu lieu dans le 19ᵉ siècle, époque de la liberté et de civilisation européenne! Depuis cette époque, le cheikh Farhat se tient sur ses gardes, et le bey de Constantine se défie des Français ; il en est de même de tous les autres chefs et de la population entière. Ils pensent que l'équité des Français n'est qu'apparente ; que toute tribu qui se placera sous leur protection et se montrera dévouée à leur cause, subira le sort *d'Offia*. Les Français ne souhaitent-ils notre rapprochement que pour nous exterminer et nous dépouiller, ainsi qu'ils ont fait à l'égard de cette faible tribu ? Le profit que l'on a pu tirer de son pillage est bien mince, en comparaison de la honte et du déshonneur qui a rejailli sur ceux qui sont les auteurs de ces désastres.

Ce qui m'étonne dans cette circonstance, et ce qui me rend confus en parlant de ces événemens, c'est que M. Pichon, avant moi, a déjà exposé fidèlement dans son ouvrage ces faits historiques, sans que le gouvernement français ait pris la moindre mesure pour désapprouver ces actes indignes de sa grandeur et de sa dignité. Il aurait dû prouver que ses sentimens étaient opposés à cette manière d'agir; il devait, ainsi qu'il le fit à l'occasion des réquisitions forcées de laines, désapprouver hautement, par une proclamation, de semblables malheurs causés par ses propres agens. Il devait enfin indemniser le peu d'habitans qui ont échappé a umassacre, de la perte de leurs biens, et ne pas permettre que le butin pillé fût vendu et réalisé. Cette vente se fit à *Babezoun.* On y voyait des bracelets encore attachés au poignet couppé, et des boucles d'oreilles sanglantes!! Mais au contraire, tous les actes d'oppression ont été favorisés; tous les principes d'équité se sont effacés de l'esprit des gouverneurs. En agissant ainsi, le continent deviendra inhabitable pour les Français, qui perdront à jamais tous les avantages qu'ils auraient pu acquérir.

Il fut fait aussi une expédition à Belida, ville

qui se trouve au pouvoir et sous la protection des Français, et, comme à Offia, les habitans furent pillés et massacrés. Ce lieu exposé, aux attaques continuelles des malveillans des montagnes qui l'entourent, ne présente aucun point de défense, et ne peut résister longtems. Ce fait, je le livre au jugement de la postérité !

Les habitans de Belida se soumirent aux Français, contre le gré de leurs voisins qui habitent la montagne : les Français les ont abandonnés au ressentiment de ces derniers, et les ont laissés périr sans leur procurer aucun moyen de défense.

Tous ces actes de destruction et de malheurs sont connus et se répandent chaque jour davantage dans toute l'étendue de la régence.

Le bien et le mal se font sentir sur tout ce corps continental, et semblables à une chaîne, il suffit de toucher un des anneaux pour que les autres réagissent; ainsi une sensation morale produite par les procédés des gouverneurs se répète partout et en tous lieux. Hélas! une portion de l'humanité doit-elle être seule accablée sous le poids de tous les maux imaginables !

Pour revenir à la description des tentes, quoique je n'aie pas pénétré dans l'intérieur des ces *Dewars* qui dépendent du grand et noble cheik *Dawoudy Ben Ghana*, oncle de Haggi Ahmed, bey de Constantine, cependant je puis dire qu'elles sont grandes, élevées avec splendeur et magnificence. Des chevaux superbes sont attachés devant la porte de chaque entrée. J'ai demandé le nombre de cavaliers dont on pourrait disposer, au premier signal; on m'a répondu que le cheikh Ben Ghana pouvait compter sur *dix mille cavaliers!* Je ne pense pas qu'il y ait dans ce chiffre aucune exagération, puisque la réunion de ces tentes s'élève à plus de *dix mille*. En supposant donc que chaque tente puisse équiper un seul cavalier, on trouvera facilement les dix mille hommes dont il est question. Quant à moi, j'ai la conviction qu'on pourrait au besoin doubler cette quantité, vu le grand nombre de chevaux que possèdent les habitans, et leur passion pour monter à cheval et pour faire la guerre. Il y a en outre plusieurs autres cheikhs connus de Ben Ghana qui habitent ces contrées.

Voici quelques détails sur le pays de *Sahara*. *Sahara*, ou le désert, est un pays sablonneux. On y aperçoit de tems à autre une montagne très-élevée, et cette même montagne disparaît en un clin d'œil, étant formée de sable et non d'un corps solide. Le vent fait et défait des montagnes à son gré; il forme des plaines et des collines; et il est impossible de tracer une route pour arriver ou retourner à un point de départ.

On ne trouve ni arbres, ni pierres, ni fleuves, ni rivières ; aucun signe pour se reconnaître. Cependant ce peuple a un tact particulier pour voyager ; il consulte les astres du jour et de la nuit, et il découvre les sources d'eau avec une admirable intelligence. Quelquefois ces sources sont couvertes d'un ou deux pieds de sable, quelquefois de quarante et de cent pieds ; mais ils ne manquent jamais de reconnaître l'endroit où se trouve l'eau. C'est une faculté dont il est doué.

On trouve au milieu de Sahara quelques villes, comme *Beskeré, Mezabbe, Laghwat*, etc., etc. Ces villes sont bâties sur des ruisseaux ou des sources ; elles sont sous la juridiction des cheïkhs de *Sahara*, à qui les habitans paient une contribution, et le devoir de ces chefs est de protéger les habitans de ces villes.

Les habitans de *Sahara* ne connaissent point le costume européen, excepté ceux d'entre eux qui vont dans les villes situées sur le bord de la mer, comme Alger, etc.

On voit dans ce pays beaucoup d'animaux venimeux, comme serpens, scorpions. Ces animaux sont très-dangereux, et je ne puis dire quelles sont les précautions que les habitans emploient pour s'en préserver, car ils se cachent dans le sable. On voit aussi des vipères de toutes grandeurs, et une autre espèce, petite et mince, qui s'élance comme un trait sur les individus. Aussitôt que ce reptile a touché le corps il jette du feu, et se tue lui-même après avoir donné la mort à la personne qu'il a piquée. On dit même que lorsqu'il touche une lame de fer ou d'acier il fait une marque dessus. Par exemple, dans ce pays les étriers sont larges, en forme de plaque recourbée, pour emboîter le pied, eh bien! cet animal laisse son empreinte quand il touche cette plaque.

Je ne terminerai pas ce chapitre sans répéter que cette partie, qui se trouve à l'intérieur, est la source des richesses de la régence, qu'elle est son existence politique, qu'elle forme à elle seule la majeure partie, et que c'est sur ses habitans qu'elle doit compter davantage.

J'arrive donc à des détails moins importans, quoique des écrivains illustres aient voulu faire croire que la partie du littoral était la plus importante et la plus riche. Je démontrerai dans le chapitre suivant la fausseté de leur assertion, et je prouverai non-seulement d'une manière logique, mais aussi d'une manière géométrique, qu'ils ont commis de grandes erreurs en parlant de choses qu'ils connaissaient à peine. Ce ne sera jamais avec de belles phrases de rhétorique que l'on pourra convaincre les hommes raisonnables, dont le jugement est sain. Un océan ne pourra se former sur Montmartre; les châteaux en Espagne seront toujours des chimères, et malgré tout ce qu'a pu dire un personnage qui, sans doute, a plus de mérite comme homme d'épée que comme écrivain, je disputerai, quoique natif d'Orient, des droits qui ne sont pas fondés, et je combattrai ses opinions par des argumens que je crois incontestables.

CHAPITRE V.

De la Mitidja, et des mœurs et usages de ses habitans.

La Mitidja, qui a un peu dérangé le cerveau de cet illustre écrivain, et qui lui a fait rêver que cette contrée était la terre promise ; la Mitidja, dont ce général a voulu former une île au milieu de ce vaste continent, et qui lui a inspiré tant d'autres projets chimériques, est un pays marécageux et malsain ; une plaine dont le sol ne vaut pas les autres terrains de la régence, et où règne continuellement une fièvre intermittente avec laquelle vivent presque toujours les habitans qui déjà sont acclimatés.

L'illustre général et ses partisans sont donc entièrement dans l'erreur, et je me vois obligé de contrarier leur système qui me paraît impraticable. On croit pouvoir assainir cette plaine, on s'imagine avoir découvert des aquéducs, tels que les Romains avaient l'usage d'en établir, et ces aquéducs déjà disposés pour dessécher les terres.

Je dois déclarer que, possesseur de père en fils d'une assez grande partie de cette plaine, comme les familles *Aboughandoura*, Abouharawa, et *Nasseph Khoja*, il n'est nullement à ma connaissance qu'il y existe des aquéducs semblables à ceux des Romains. Moi-même je possède de ces espèces de canaux aux environs de mes fermes, et il serait plus simple de les appeler des égouts, puisqu'ils sont faits seulement pour assainir et servir d'écoulement aux eaux croupissantes et nuisibles à la santé et pour rendre les alentours des habitations supportables. Toutes les fois que l'on voudra faire des comparaisons semblables à celles de quelques écrivains systématiques, qui mettent en parallèle un sol marécageux comme celui de Mitidja avec celui d'Amérique, on s'exposera à être contredit; ne fallait-il pas mieux penser à certaines contrées de la Lombardie ou au sol malsain des environs de Rome, pour que la comparaison fût juste et présentable ? C'est donc consciencieusement que je dois démentir ce qui a été dit sur ces pays, quand même il devrait y avoir désenchantement pour certaines personnes qui espèrent des avantages si grands de la colonisation.

Les habitans de la régence, ou les indigènes, proprement dits, doivent mieux connaître leur pays que des étrangers qui sont venus le visiter et le parcourir une ou deux fois, et dont les assertions statistiques et topographiques peuvent être mises en doute. Il y a des personnes qui prétendent connaître une province, un royaume, montagne par montagne, pierre par pierre, et qui cependant ont à peine aperçu ces lieux en passant sur un point ; comme si je disais que je connais très-bien la France pour l'avoir parcourue en diligence de Marseille à Lyon, à Paris, à Calais et retour, et cela en différentes fois. En conscience je ne pourrais établir une relation descriptive sur de telles données, et je laisse aux lecteurs le soin de former leur jugement sur les observations qui seraient contraires à la vraisemblance.

Les habitans du pays de la Mitidja ne sont pas favorisés de la nature ; ils ont en partage la paresse, la lâcheté, la trahison, la haine et l'intrigue. Ils n'ont pour unique ressource que les gages qui leur sont accordés par les Algériens pour soigner leurs fermes et leurs troupeaux, et la vente du lait qu'ils font à Alger. Lorsqu'on veut qualifier un individu du titre de fainéant, de misérable, l'on dit vulgairement : Il est de *Mitidja*.

Le blé de ce pays est inférieur à l'autre, d'une couleur noirâtre et contenant moins d'amidon que tout autre blé. On ne peut le conserver plus d'un an, car il est susceptible de se gâter, quand même la semence viendrait d'un autre lieu. Ce vice tient à l'air atmosphérique du pays; les agriculteurs disent que cette couleur noirâtre provient de l'abondance de la rosée qui tombe sur le blé avant d'être formé (ce qui, en terme agricole, s'appelle niellé), chose qu'on ne voit pas dans tout le reste de la régence. Je parle avec connaissance de cause, car, comme je viens de le dire, je suis un des propriétaires de la Mitidja. Chaque année je *sème* dans cette plaine, pour mon compte, environ cent soixante charges de chameaux en froment, et cent à cent-vingt charges d'orge.

Je visite chaque année cette plaine au printemps, je craindrais la fièvre dans toute autre saison; et même à cette époque j'ai le soin de prendre avec moi de l'eau de Cologne et d'autres préservatifs contre le mauvais air; je fais aussi une provision d'eau que j'apporte d'Alger pour ma boisson. Cette plaine est comme un marais durant l'hiver; pendant l'été et l'automne la fièvre y séjourne continuellement, au point qu'il est fort difficile de s'en préserver. Je ne m'attache donc à cette plaine qu'à cause de sa proximité de la ville et parce qu'elle a des fermes et du bétail tout près d'Alger où je cultivais le coton, branche productive que les Arabes ne connaissent pas. Lors de l'invasion des Français j'ai perdu cette culture et beaucoup d'autres avantages que j'ai été forcé d'abandonner. Cette plaine n'est principalement occupée que par les habitans d'Alger. Les habitans de Mitidja ne tirent leurs vivres que de *Wajer* et *Meliana*; quand leurs récoltes sont insuffisantes, ils sont tous obligés de recourir aux pays de la partie occidentale. Après l'arrivée des Français, le prix des denrées a beaucoup augmenté et les ressources de ce pays ont été de beaucoup diminuées; les routes ne sont plus sûres, et les habitans de l'ouest ne les fréquentent plus autant qu'auparavant. Ce mal que je signale s'est fait sentir principalement cette année, après la détention du marabout le plus influent du pays, celui de *Coléah*, qui protégeait les voyageurs et engageait les populations éloignées à apporter leurs denrées, en les préservant de toute espèce d'insulte. L'arrestation de ce marabout est devenue une calamité pour le pays, d'autant plus qu'elle est illégale et que son innocence est universellement connue. Son emprisonnement semble devoir durer toujours. Un impôt forcé *d'un million* pèse sur lui, et cet acte arbitraire a tellement exaspéré tous les habitans de la régence, qu'ils sont moins que jamais disposés à s'unir aux Français, qu'ils regardent comme leurs oppresseurs. Les parens de ce marabout ont vendu tout ce qu'ils possédaient : bestiaux, chevaux, terres, semences, et à peine ont-ils pu ramasser dix mille francs! Malgré le paiement de cette somme et l'impossibilité dans laquelle ils se trouvent de ne pouvoir payer davantage, l'emprisonnement de leur chef et de leur père continue toujours. Voilà le motif pour lequel j'ai dit que les habitans de Mitidja avaient beaucoup souffert dans cette circonstance, et que leur agriculture et leurs autres moyens d'existence ont été interrompus, car ce chef est le protecteur des agriculteurs de cette plaine et en fait lui-même partie. Combien ces habitans doivent être attachés aux Français! Leur moyen d'existence est limité à vendre des œufs et de la volaille. Ce peuple est-il assez malheureux? Car dans cette plaine il est à la merci des Arabes de la montagne, à cause de la position topographique du pays. On n'y rencontre guère de chevaux; ceux que les habitans possèdent leur servent de monture et pour transporter leurs denrées et labourer la terre ; quand ils arrivent à Alger, on les reconnaît facilement pour appartenir à cette contrée, vu leur état de maigreur et de fatigue, car non-seulement ils manquent de nourriture, mais encore celle qu'ils prennent leur est peu profitable et même nuisible. Par toutes ces considérations, il doit me paraître étonnant que le duc de Rovigo ait voulu exiger de ces malheureux habitans des impôts comme ceux qu'on était dans l'usage de leur imposer sous le gouvernement des Turcs. Il disent à cette occasion : « Nous payions les contributions aux Turcs, leur attribution était de tranquilliser le pays, d'assurer les routes et de nous protéger, etc.... Faites-en autant, et nous les paierons!!!»

Dans les pays musulmans le paiement des impôts est considéré comme un devoir religieux, puisque les fonds qui en proviennent doivent être destinés au bien-être de la société en général; c'est-à-dire que le chef de l'état n'est que le caissier proprement dit de la communauté. Il perçoit les impôts pour les appliquer au besoin des malheureux, des veuves, des orphelins, des magistrats, des routes, et enfin à la charge par lui de les employer pour la conservation et l'amélioration de l'espèce humaine. Pour que le paiement de cet impôt soit légal, il faut que ce chef de l'état professe la religion musulmane, car s'il ne suivait pas cette religion, les habitans seraient obligés, d'après leur conscience, de faire eux mêmes une distribution, ce premier paiement ne leur paraissant pas valable, attendu qu'il aurait été fait à une personne qui, d'après leurs lois, n'avait pas le droit de le recevoir; ainsi donc si ce paiement est forcé, ils le considèrent comme une piraterie ou vol, et nul vol ne peut être regardé comme un acte légal. Toutes les personnes connaissant la législation musulmane ne peuvent nier ces principes. On doit voir par ces détails que s'ils se sont abstenus de faire ces mêmes observations au duc de Rovigo, c'est qu'ils craignaient son ressentiment et de se voir exposés à subir le sort de la tribu d'Offia. Car une des conséquences de ce massacre est que tous les habitans se sont exilés et ont pris la fuite; ils ont transporté leurs richesses sur les montagnes les plus voisines et se sont mis à l'abri de toute espèce d'agression. Il n'est donc resté que les gens faibles et malheureux, et ceux-ci n'ont pu cultiver leurs terres; ainsi privés d'un de leurs principaux moyens d'existence (l'agriculture), il sera difficile d'exiger d'eux le paiement de contributions. Et quand même ils paieraient des contributions, ils ne peuvent compter sur la sûreté des routes, ni sur la protection qui leur fut promise. Ils seront comme les habitans de Bélida, qui, après s'être soumis aux Français et s'être exposés par cette raison à la vengeance des habitans des montagnes qui les entourent, et qui sont plus forts qu'eux, n'ont obtenu de ces mêmes Français aucune protection, ni aucun moyen pour élever des fortifications qui auraient pu les protéger et les défendre ; au lieu de ces secours auxquels ils devaient s'attendre, on les a persécutés pour le paiement de leurs impôts. C'est alors qu'ils ont abandonné le pays et se sont vus forcés d'établir des relations avec les habitans des montagnes.

Quant à la description de leur manière de vivre et de leurs vêtemens, ils se nourrissent et s'habillent à peu près comme le peuple dont nous avons parlé précédemment, proportionnellement à leurs moyens pécuniaires. Je ne consacrerai pas un chapitre à la description de leurs mœurs et de leurs usages, quoiqu'un personnage excité sans doute par quelque intérêt personnel ait pris la peine de peindre ce pays et sa population sous des dehors mensongers. Je m'abstiens, pour le moment, de combattre ces erreurs historiques, qui cependant trompent le lecteur, mais ont eu pour résultat de faire obtenir un rang supérieur à leur auteur qui espère toujours voir se réaliser les plans qu'il a formés. Plus tard, si les circonstances me le permettent, je reviendrai sur mes pas et traiterai cette matière.

Belida.

Les habitans de Belida ont quelque analogie avec ceux de Mitidja ; cependant ils sont plus civilisés. On fabrique chez eux de la toile pour serviettes que l'on apporte à Alger ; malgré cela ils sont pauvres, et ne connaissent ni commerce ni industrie. Leur climat est malsain.

CHAPITRE VI.

Des Habitans de la partie occidentale.

Cette contrée est moins fertile et moins étendue que la province de Constantine.

Telmessan (1) est une des principales villes de

---

(1) Cette ville est aussi remarquable sous le rapport de la littérature. Dans les tems anciens et même modernes, elle a fourni des auteurs très-célèbres en Afrique. Au XIVe siècle *Abou-Hamou Moussa-el-Zaiany*, comme souverain, a composé un ouvrage intitulé ; *Selwan-el-Motah*, extrait de celui qui appartenait à Eben Daffar, avec des notes et augmentations. Cet ouvrage traite des principes gouvernementaux et de l'économie politique. El-Makry est aussi très-célèbre pour avoir composé Nafh-Eteb ou histoire de la décadence de l'empire des Sarrazins et dynastie de Bany-Omeaë ; ainsi que Sidy-Mehemet El-Senoussy et beaucoup d'autres qui ont traité de l'histoire, de la théologie, de la poésie, de la logique, de la métaphysique, etc., etc.

cette province. On voit encore à Telmessan de grands monumens et de très-beaux fragmens d'architecture. Cette ville au VIIe siècle était la capitale de la province, formait un gouvernement séparé et est plus ancienne qu'Alger. Elle était la résidence souveraine de la dynastie *Abd-el-Momin*. On voit encore de la monnaie portant son nom, entre autres des pièces en or fin, de la dimension d'un demi-souverain anglais, ou d'un sequin vénitien de l'ancienne république. Cette ville de Telmessan, la plus grande de la régence, tombait en ruine; on commence à la rebâtir, et actuellement elle est assez peuplée. Le peuple qui l'habite est divisé en deux classes : il se compose de Turcs et d'Arabes ou indigènes.

Comme la fondation d'Alger a été sous la protection de la Porte-Ottomane, il était de principe reconnu que les gouverneurs seraient toujours des Turcs, et que le système militaire serait également turc, et que les Arabes ne seraient point admis dans leur milice. Cette démarcation entre les deux peuples de Telmessan a fait naître parmi eux une haine qui dure encore de nos jours, et souvent il leur est arrivé de se battre au milieu de la ville. Quand les Français sont entrés à Alger, il s'engagea une lutte entre les deux partis. C'est alors que, dans la crainte d'une entière anarchie, on invoqua la souveraineté de l'empereur de *Maroc*, pour terminer cette guerre civile. Cet empereur accepta leur soumission en sa faveur, mais au lieu de les protéger et de rétablir l'ordre, il fit peser sur eux une opression plus forte que celle qui existait auparavant. Il a fait déporter vingt des principaux habitans à *Fez* afin d'extorquer leurs richesses, et ensuite il les a fait mettre en liberté.

Quand ils virent que l'empereur de Maroc les opprimait, et que d'un autre côté les Français à Alger gouvernaient d'une manière inique, se voyant placés entre deux feux, ils se hâtèrent de rétablir la paix entre eux. Leurs intérêts réclamaient l'union, et ils ont oublié des haines fâcheuses et mal fondées. C'est à cette époque que la France fit faire des représentations à l'empereur de Maroc par M. de Mornay, qui fut chargé d'une mission l'année dernière, afin d'obtenir l'évacuation de cette province occupée par les troupes de l'empereur de Maroc. Au moment de cette évacuation, ils ont formé un gouvernement indépendant, composé de personnes expérimentées, connaissant toutes les vicissitudes humaines; en deux mots ils ont établi chez eux une espèce de république, puisqu'ils sont gouvernés par une assemblée composée de plusieurs notables du pays.

J'ai reçu le détail de ces événemens par la voie

de *Mestaghanem*, qui est aussi une ville de la partie occidentale du royaume d'Alger, dans le voisinage d'Oran. Ils m'ont été confirmés par des Algériens qui habitent Tetuan et d'autres villes de l'empire de Maroc, ayant été forcés de quitter leur patrie, à cause des vexations que leur faisaient subir les Français.

Comme nous l'avons déjà dit, les habitans de Telmessan proviennent des Turcs, des Sarrazins et des Arabes. Ils sont robustes et bien faits; ils sont opiniâtres, vaniteux; ils aiment la gloire et sont courageux; cependant ils sont doux et sociables, commerçans, cultivateurs de leur sol. Leur pays possède plusieurs manufactures de laine; on y fabrique une espèce de drap ordinaire à l'usage de la troupe, comme aussi des ceintures de la largeur de quatre pouces, bien tissées et qui se transportent sur tout le continent. Le climat de Telmessan est plus salubre que celui des pays voisins. Sa situation topographique rend ce pays florissant et riche. Sous un gouvernement juste, il vaudrait mieux qu'Alger. Telmessan pourrait être un entrepôt de marchandises pour toute la partie occidentale et le sud-ouest de l'Afrique. L'empire de Maroc impose les objets d'industrie et de commerce européen d'un droit de dix pour cent. On pourrait donc introduire toutes sortes de marchandises par voie de terre, sans payer de droits; et on pourrait aussi ouvrir un nouveau débouché avec l'empire de Maroc et tout l'intérieur de l'Afrique.

Mediah.

Les habitans de Mediah sont courageux et opiniâtres. Ils n'ont point de penchant pour l'industrie. Leur climat a une température assez régulière, mais presque toujours froide; ils recueillent des fruits excellens, et le climat est très-sain.

Melianah.

Les habitans de Melianah sont d'un caractère un peu entêté. Leur sol est très-fertile et ils sont cultivateurs; leurs fruits sont excellens. Ils n'exercent aucune industrie ni aucun métier, si ce n'est qu'ils font sécher les fruits et font une espèce de pâte avec du jus de raisin et des noyaux d'amandes, qui se conserve toute l'année. Leur climat est salubre.

Oran.

Cette ville n'a été au pouvoir des Algériens qu'en l'an 1790. C'est le bey Kara Mehemmed qui l'a conquise sur les Espagnols. Oran est peuplé par les habitans de Maasker, et aussi de Marocains, Bany-Mezabes et Barabers. Sa position géographique rend ses habitans commerçans, à cause des avantages qu'elle offre et que son bey accorde au commerce. Le bey a pour système gouvernemental de percevoir des négocians le cinq pour cent en nature de marchandise. Il vend ces marchandises aux habitans, lesquels lui paient la valeur à échange, soit en numéraire, soit en grains et bétail, comme bœufs et moutons. De cette manière, il est lui-même commerçant. L'argent circule, l'agriculture est favorisée, et le pays prospère.

Maasker.

Ses habitans sont d'origine turque, arabe, barabère, et on voit beaucoup de Cologhlas parmi eux. Leurs mœurs et usages se rapprochent beaucoup de ceux de Telmessan, ils sont agriculteurs et ils s'occupent principalement de l'accroissement de différentes races de chevaux et d'autre bétail. Ils font le commerce avec les *Beny-Mezabes.* On fabrique dans ce pays les fameux bournous, noirs, dont la couleur est naturelle, et le tissu fort et imperméable ; on en fait usage dans toute la régence d'Alger, on l'exporte en Egypte et en Turquie, et les bournous fins se vendent jusqu'à cent francs pièce. Les Français mêmes sont devenus amateurs de ces bournous.

Maasker est une ville moins considérable que

celle de *Telmessan*. Lorsque Oran était au pouvoir des Espagnols, *Maasker* était le lieu de la résidence du bey; alors cette province était riche, il y avait même du luxe dans la ville de Maasker, on le voit à ses maisons et à son architecture; elle est plus moderne que *Telmessan*. Quant aux autres villes et villages, il me paraît inutile d'en parler, elles sont dans le même genre, plus ou moins belles, selon leur position.

On regarde la province de *Titery* comme la moitié de celle de *Telmessan* que nous venons de décrire en donnant ses limites. Le bey de Titery réside à *Mediah*, c'est le pays le plus prenable de toute la régence, et tous les Turcs le savent aussi bien que moi. On dit en proverbe, que le bey de Titery est moins fort et moins riche que *Amin Beny Mezabbe*. Les *Beny Mezabbes* sont les habitans de Mezabbe, dont nous avons déjà parlé dans la section de Sahara; ils viennent à Alger comme ouvriers ou journaliers, et se livrent aux états les plus médiocres; on les emploie, par exemple, pour le service des bains, dans les moulins, pour vendre la viande, le charbon, et on pourrait les comparer, à Paris, aux habitans du Limousin et de la Savoie.

Pour la sûreté publique, la police a établi un *Amin Beny Mezabbe* ou chef responsable de la classe ouvrière.

Titery ne doit pas être considéré comme un pays très montagneux, qui serait impraticable pour l'artillerie ou la cavalerie ; et si l'on a présenté la campagne de Titery comme les campagnes d'Austerlitz ou de Wagram, c'était sans doute pour se faire un mérite aux yeux de la nation française.

Quant à l'échec éprouvé à *Mediah* par le général Berthezène, on ne pourra jamais dire que cet échec a été occasioné par les forces de *Titery*; c'est la réunion d'autres peuplades de *Barabers* de la partie occidentale qui, augmentant les forces que l'on présumait devoir exister dans cette contrée, ont trompé le général Berthezène dans ses calculs : il ne s'attendait pas à rencontrer autant de forces réunies, et il a échoué dans son entreprise. Cependant ceux qui lui avaient conseillé de faire cette campagne, pour ne pas être blâmés du général, ont fait croire que cette réunion avait eu lieu par les intrigues des Turcs qui étaient restés à Alger. C'est alors qu'on a persécuté les Turcs, et ces malheureux ont été arrachés des bras de leurs femmes et de leurs enfans par la force armée, pour être exilés ou jetés dans les prisons.

Parmi ces infortunés se trouvait mon gendre. Je m'adressai au général Berthezène afin de connaître les motifs de son arrestation, et celui-ci s'excusa en me répondant que c'était par arrêt du grand-prévôt, qui alors était aga, que mon gendre avait été privé de sa liberté. M'étant ensuite adressé au grand-prévôt, à peine cet homme daigna-t-il répondre à mes questions; il me dit seulement: « Il faut partir, il faut conduire les femmes à *Tetuan* ou ailleurs. » Lui ayant fait observer que je ne consentirais pas au départ de mes filles. « Eh bien, qu'il divorce! » me répondit-il.

Nous ne connaissons pas de divorce forcé sous les gouvernemens les plus arbitraires, mais l'administration française a établi cette loi en Afrique: cependant elle n'existe pas en France, dans tous les cas elle ne pourrait jamais exister de cette manière.

Dans cette circonstance je fus obligé de protester contre cette mesure, et de me rendre chez le cady afin de faire maintenir le mariage de mes filles et de trouver le moyen de me soumettre à cet acte de violence, du moins en apparence.

Toutes ces vexations désespèrent les Algériens. Ce système de l'administration française fait fuir les habitans et recule la civilisation de plus d'un siècle. Pour moi je suis convaincu que tous ces faits se passent à l'insu du gouvernement français, car autrement s'il connaissait toutes ces mesures inhumaines et anti-constitutionnelles, sans en punir les auteurs, on pourrait dire qu'il encourage le crime et favorise les abus ; dans ce cas sa conduite serait donc bien opposée aux principes libéraux et à l'opinion que je me suis formée du peuple français.

Les limites de cette province commencent à Melianah (est) et vont jusqu'à *Wejda* (ouest); son étendue forme à peu près le quart de celle de Constantine. Ces détails, je les tiens d'un ancien bey, qui le fut d'abord d'*Oran*, ensuite de Constantine. Quant aux autres villes qui dépendent de *Mediah,* je puis me dispenser de les décrire, n'ayant rien à dire qui puisse être ni curieux ni intéressant.

Voilà donc les détails descriptifs, statistiques, géographiques et chronologiques du peuple qui forme la partie orientale et la partie occidentale de la régence d'Alger, ainsi que la division des provinces qui la composent. Il me reste à parler de la capitale et de l'organisation du gouvernement turc, des moyens par lesquels il est parvenu à obtenir la soumission de ce peuple, et du système qu'il a établi pour conquérir le cœur de tous les hommes, car à l'aide de sa politique, soi-disant barbare, il s'est soutenu pendant trois siècles, dans le voisinage de l'Europe.

CHAPITRE VII.

Sur Alger.

Alger est habité par différentes classes d'hommes; originairement il fut peuplé par les Sarazins, ceux qui se sont sauvés d'Espagne, à l'époque où les Espagnols commettaient tant de noyades au détroit de Gibraltar, que le nombre des victimes est évalué à trois millions (1). C'est alors que les Turcs vinrent les secourir. L'histoire nous fait assez connaître cette époque désastreuse. Une grande partie de la population de la ville

---

(1) Voir l'ouvrage intitulé : *Conversation Malaguêna.*

d'Alger est donc formée de Sarazins et de Turcs. Les enfans qui proviennent de mariages entre ces deux peuples sont appelés Kologhlas. Il y a aussi dans la ville des Arabes et des Kabaïls, qui suivent les mêmes usages et la même civilisation que les Sarazins et les Turcs. Les années ont fait oublier les origines premières, et aujourd'hui tous ceux qui habitent Alger sont appelés Algériens.

Cette population a des qualités, les unes spéciales, les autres générales; et le climat influe tant sur le caractère de l'homme! Mais, en général, ces peuples sont courageux, sociaux, fidèles à leurs promesses, obligeans, sobres dans leur manière de vivre, propres dans leur ménage, industrieux et commerçans. S'ils accordent leur confiance à quelqu'un, ce sera pour toujours; et de même, si on trompe leur bonne foi, ils se méfieront éternellement de l'individu qui les aura trompés. La plupart de leurs transactions se font sans actes, sans avoir besoin de témoins, et ils exécutent fidèlement leurs obligations.

Quand se font les mariages, ou lorsqu'il y a quelque fête de famille, ces habitans se prêtent mutuellement des objets de parure ou des bijoux de valeur, et quelquefois les bijoux prêtés excèdent la valeur de dix et quinze mille francs. Dans ces circonstances, on s'en rapporte à la bonne foi, et on n'exige aucune preuve qui constate qu'il a été prêté quelque objet. Une vieille femme, même pauvre, si on la connaît, on aura confiance en elle. On ne se rappelle pas qu'aucune contestation à ce sujet soit arrivée. De même, il était d'usage dans quelques familles riches (lesquelles ont été en grande partie expulsées d'Alger par l'arbitraire du régime français) d'avoir des bijoux et de riches toilettes destinés à être prêtés aux orphelins lors de leur mariage, et aux pauvres qui n'ont pas le moyen de se procurer ces parures. Les familles considèrent ce procédé comme un acte de charité, et dans notre croyance, la charité ne s'exerce pas seulement en faisant l'aumône à un pauvre, en donnant un franc ou mille à un individu, mais aussi cette charité s'exerce dans tout ce qui peut être agréable à son prochain et produire dans son âme une sensation de joie et de contentement. Ces parures sont donc destinées uniquement à des usages locaux, comme nous l'avons détaillé ci-dessus, et leur valeur forme à ce sujet comme une espèce de *main-morte*.

Les Algériens sont naturellement pacifiques et soumis à l'autorité, quand même celle-ci abuserait de ses pouvoirs. L'épreuve à laquelle ils ont été mis par les Français en est un exemple. Que n'ont-ils pas eu à souffrir de la part de messieurs les proconsuls, depuis Bour-

mont 1ᵉʳ jusqu'à celui qui maintenant régit Alger !
Cependant il faut en excepter le général Berthezène.

Les Algériens ont de la franchise et de la sincérité ; ils ne connaissent ni la rancune ni la haine ; ils sont généreux dans leurs actions ; ils respectent leurs voisins comme s'ils étaient leurs parens. Quoique chez les Musulmans les femmes se cachent au regard des hommes étrangers à leur famille, parmi la classe indigente, toutes les familles n'ayant pas la faculté de loger seules, plusieurs de ces familles se réunissent alors dans la même maison, chacune d'elles ayant son appartement séparé et les hommes ne communiquant pas avec les femmes.

L'architecture orientale et la division locale des maisons diffèrent de celles de la France. Généralement il règne un ordre admirable, et les hommes même les plus immoraux n'oseraient pas violer les usages ; ce serait un sacrilége. Si c'est là leur caractère général, il y a quelques exceptions. Il est aussi quelques individus qui ont une espèce de philosophie qu'ils s'imaginent être attachée à la religion, qui consiste à dépenser d'une manière imprévoyante leur fortune, sans songer à l'avenir. Mais la religion ou la loi ne se mêle pas de ces sortes de choses ; elle recommande d'avoir des possessions légales, de faire le bien autant qu'il sera possible ;

et comme on ne peut faire du bien qu'en ayant de la fortune, en conséquence c'est recommander d'être actif et industrieux.

Il y a aussi chez les Algériens une qualité admirable ; ils sont fidèles, ils ne connaissent ni vol, ni trahison, ni assassinat, ni aucun crime. Généralement ils sont hommes d'honneur et ne violent jamais leurs engagemens. Quoiqu'ils soient mes compatriotes, il faut bien leur rendre cette justice. A la rigueur, les Français pourront bien trouver à me contredire, cependant ils n'ont qu'à se louer des Algériens, tandis que les Français n'ont pas accompli la centième partie de ce qu'ils ont promis dans leurs proclamations et capitulations. La plupart des Français n'ont pas même rempli leurs devoirs sociaux, comme appartenant à une nation civilisée, vis-à-vis leurs semblables, ce qu'on appelle droit public. En mettant le pied sur le territoire algérien, les Français ont oublié tout réglement de politesse et d'honnêteté, et cependant les Algériens n'ont rien changé dans leur manière d'être. Ils se sont montrés si résignés à leur malheureux sort, que M. Clauzel a qualifié cette résignation de fatalisme oriental.

Les Français laissent leurs maisons ouvertes toute la nuit, courent les rues dans l'obscurité et ans armes, et on n'a pas connaissance qu'ils aient éprouvé rien de désagréable, et de semblable à ce qui a été exercé contre eux par les Italiens et les Espagnols, et partout où ils ont porté la guerre. A Alger, malgré cette oppression, les Français n'ont pas à se plaindre des habitans pour cause de fanatisme ou de différence de religion. Car le fond de notre religion est seulement une morale pure, notre loi n'est fondée que sur des principes de droit des gens, et les Algériens mettent en pratique ces principes.

Quant à leurs facultés intellectuelles, les Algériens ont l'imagination féconde, l'intelligence bien organisée : ils saisissent une idée d'une manière étonnante. Pour eux rien n'est difficile, soit en ouvrage de main-d'œuvre ou de mécanisme, soit pour ce qui a rapport au génie. Ils fabriquent différentes qualités d'étoffes de soie et des ceintures qu'ils exportent dans l'empire de Maroc, à Tunis et à Tripoli, et dans toute l'Asie. Ils ont également des fabriques d'habillemens brodés en soie, qui font l'admiration des Orientaux, et plusieurs autres états qu'ils perfectionnent. Pour la plupart de ces professions, c'est Alger qui fournit des ouvriers à Tunis et à d'autres villes.

Les Algériens cultivent aussi les sciences et les belles-lettres, et on trouve parmi eux des poètes, des littérateurs, des professeurs d'histoire et des législateurs.

Physiquement parlant, ils sont assez bien. Le mélange de la race turque et de la race sarazine a fait de la race mixte une race supérieure, et pour cette cause on ne trouve pas à Alger d'hommes infirmes ni ayant des maladies chroniques, telles que gouttes rhumatismes, etc., on ne voit pas non plus de maladies rebutantes ou maladies de peau, et ce n'est que tout récemment que le mal syphilitique est connu; on l'appelle *Parisse*; on le traite par un régime très sévère, et au bout de deux mois on peut être guéri radicalement.

CHAPITRE VIII.

Du gouvernement turc, de son organisation et de son origine.

C'est en l'an 1530, lorsque les Espagnols chassèrent de leur pays les Sarazins en les persécutant, que la *Porte-Ottomane* envoya Khaïr Edin pacha au secours des Musulmans, et mit une flottille à sa disposition pour empêcher les actes de cruauté qui se commettaient envers eux.

Cet envoyé turc aborda donc le rivage d'Espagne afin de ramasser les malheureux Sarazins que l'on poursuivait, et dans le but de les conduire à *Gelgel*, à *Bouggi* ou dans d'autres lieux voisins. A cette époque, à Alger, il n'y avait que le fort du Fanal, formant comme une île, qui fût au pouvoir des Européens, le reste formant une espèce de village était au pouvoir des Musulmans. Peu avant cet événement, l'empereur de Maroc avait fait établir dans cet endroit une mosquée et un minaret pour connaître les heures du jour; il avait aussi fondé un collége pour cultiver les sciences, et fait bâtir des lieux d'aisance séparés de ces établissemens, pour donner une idée de salubrité. C'est la même mosquée qui existe encore aujourd'hui, connue sous le nom de *Jameh el Kebir*. Les murs qu'on y voit encore ont été élevés dans ces temps-là; la Casauba aussi est un ancien monument. Il y avait alors quelques maisons qui entouraient la mosquée de la Casauba, le reste était désert et servait aux Bédouins et aux Barabers pour tenir leur marché à des jours fixes de chaque semaine. Ces lieux reçurent leur désignation spéciale: par exemple, *Soug-el-Jomaha* signifie le marché du vendredi, *Soug-el-Semen* signifie le marché du beurre, *Soug-el-Ketan* signifie le marché du lin; ces mêmes noms existent encore aujourd'hui pour la ville d'Alger.

Pour revenir au gouvernement turc, quand ces peuples virent que ce chef musulman venait au secours des Sarazins pour empêcher qu'ils ne fussent tués ou noyés par les Espagnols, c'est alors qu'ils l'accueillirent avec reconnaissance et enthousiasme, et qu'ils désignèrent la Casauba pour être sa résidence. Bientôt après, un gouvernement basé sur des principes modérés et conciliateurs s'établit à Alger pour lier les intérêts des indigènes et des Sarazins. La présence des Sarazins à Alger a beaucoup contribué à l'organisation du gouvernement, comme aussi à l'avancement de la civilisation. On établit trois pouvoirs, l'un civil, l'autre judiciaire, et le troisième souverain. A la tête du pouvoir civil, on plaça *Schekh-el-Medina*, assisté d'un conseil municipal. Ses attributions avaient pour but d'établir la sûreté et la salubrité publiques, et d'obtenir tous les avantages profitables à la ville. Il était aussi chargé de percevoir les impôts. A cette époque, on taxait les boutiques, et chacune d'elles payait à peu près six sous par mois, monnaie de France. On avait établi une contribution sur les Juifs riches, pour leur sûreté personnelle, pour la garantie de leur culte, proportionnellement à leur fortune, et conforme à la loi du pays. Parmi les familles qui s'enfuyaient d'Espagne, il se trouva plusieurs Juifs qui, voyant l'existence d'un gouvernement modéré, et la sûreté de leurs personnes, se sont fixés dans ce lieu de préférence à tout autre.

Afin de créer des revenus à l'état, on avait aussi établi une douane, avec des droits d'entrée et de sortie. Je dirai plus loin de quelle manière ces revenus étaient administrés. Seulement le droit fixé par cette douane était de cinq pour cent, pour les Musulmans comme pour les Européens.

Le pouvoir judiciaire formait deux tribunaux. Il était composé de deux *cady* et de deux *muphty*, l'un *maliky* et l'autre *hanaphy*. J'expliquerai plus tard la distinction qui existe entre ces deux fonctions. La présidence fut donnée au hanaphy, parce que le chef de l'état était un envoyé de la Porte-Ottomane, et que la Porte-Ottomane est hanaphy, et sa cour considérée comme une cour suprême. Ce pouvoir législatif décidait des causes criminelles, correctionnelles, pénales, civiles et gouvernementales; il jugeait aussi les contestations qui pouvaient exister entre le chef de l'état et un individu quelconque. Ces tribunaux, indépendans du pouvoir souverain, jugeaient en dernier ressort.

Enfin, le pouvoir souverain, qui devait veiller à l'exécution des jugemens rendus par le pouvoir judiciaire et législatif, selon les principes fondamentaux de nos lois et de nos institutions, qui malheureusement sont peu connus en Europe, avait en outre pour attributions d'être dépositaire des revenus publics, et responsable de son administration qui comprenait, savoir : l'entretien des établissemens, les tribunaux, les employés du gouvernement, l'entretien des pauvres, des veuves et des orphelins que l'état doit supporter sans distinction de culte; enfin les fortifications, les ponts et chaussées, les forêts, etc.

Le chapitre gouvernemental de notre loi assigne au souverain tous les revenus publics, revenus qui proviennent de l'agriculture, ainsi que je l'expliquerai plus bas.

Voilà quelle a été l'origine de la régence d'Alger.

Les indigènes expliquèrent ainsi à ce souverain turc quel était le caractère du peuple *Barabère ;* ils lui firent voir son côté faible, c'est-à-dire le prévinrent qu'il accorde aux Marabouts une telle confiance, que malheur est à celui qui les contrarie à cet égard. Ils tueraient leurs amis, leurs parens mêmes, s'ils apprenaient qu'ils méprisent les marabouts, vivans ou morts. Dès-lors non seulement les Turcs s'imposèrent la loi de respecter aussi ces marabouts, mais encore ils leur accordèrent de plus grands et de plus amples priviléges. Aussi les lieux qu'ils habitent, et leurs tombeaux quand ils sont morts, sont inviolables, et la rigueur des lois ne peut atteindre celui qui s'y serait réfugié. C'est là un des moyens que les Turcs ont employés pour s'attacher les Arabes et les Barabers. Un autre moyen encore employé par eux a été de se montrer les défenseurs de la religion, de ne rien faire qui ne fût approuvé par les lois, et de n'agir que pour et par ces mêmes lois. Un troisième moyen, qui est accidentel, est que, comme les Turcs doivent faire leur prière régulièrement, les Barabers se sont figuré que ces Turcs eux-mêmes étaient des marabouts ou des saints. Voilà pourquoi ils leur ont accordé une soumission volontaire et une confiance aveugle.

Si l'une des tribus de Kabaïls s'avisait de troubler l'ordre public, d'autres tribus se joignaient aux Turcs pour les combattre. Ces derniers usaient peu de leur puissance guerrière et suivaient de préférence une ligne de modération pour arriver au but qu'ils se proposaient d'atteindre; ce qui le prouve, c'est que lorsqu'ils soumettaient une tribu ennemie et que cette tribu mettait bas les armes, ils l'accueillaient avec bienveillance, lui restituaient ce qu'on lui avait pris pendant la guerre et même la valeur des objets détruits, dans le but d'attirer à eux par la reconnaissance ceux qu'ils venaient de vaincre. Ils leur donnaient cette marque de confiance, les engageaient à vivre tranquilles, et leur disaient que cette attaque n'avait point été dirigée contre eux pour les exterminer, mais seulement pour les corriger et les rendre tels qu'ils devaient être. Quoique ces Barabers soient sans instruction, cependant la modération et la reconnaissance produisent sur eux un meilleur effet que la force et la violence.

De même que j'ai dit que certaines tribus se joignent quelquefois aux Turcs pour soumettre les tribus en révolte, de même je dois dire que les Kabaïls des environs de *Bejaia*, (ou Bougie), ainsi que ceux des montagnes voisines de cette contrée, n'ont pas voulu souffrir que d'autres Kabaïls vinssent sur leur territoire pour aider les Turcs à rétablir l'ordre. C'étaient les grands du pays et leurs chefs qui se chargeaient de la sûreté des routes qui dépendaient de leurs provinces, mais ils mettaient pour condition que chaque personne ou chaque caravane qui traversait leur territoire prît un marabout comme sauvegarde et comme protecteur, prétendant que sans un marabout ils ne pouvaient les garantir des accidens qui pourraient survenir pendant le voyage. La nécessité a fait admettre cette mesure comme chose indispensable, et les Turcs l'ont aussi adoptée pour que la sûreté des routes fût conservée. Ce réglement existe encore de nos jours, et même les garnisons turques qui, chaque année, doivent se rendre au fort de *Bejaia* sont obligées de se faire accompagner par un marabout, ou de faire ce voyage par mer.

Les résultats de cette politique et de cette modération ont été l'obéissance des Arabes et des Kabaïls, et la sûreté des routes. Un autre moyen que les Turcs ont encore employé pour se les attacher a été la justice et l'impartialité, qui sont la base de tous les gouvernemens, qui par ce moyen ne peuvent manquer d'obtenir une puissance morale et durable. Une fois l'influence établie sur les esprits, les corps suivent naturellement, car les véritables conquêtes sont celles des cœurs et non pas celles des corps.

Comme je désire vivement le bonheur de ma patrie, j'ai cru devoir communiquer ces principes au général Boyer, afin de lui montrer quels moyens il faut employer pour soumettre les tribus de l'intérieur. C'est par cette conduite que les Turcs ont subjugué ce vaste continent, depuis *Wjada*, partie occidentale, jusqu'à *Kaff*, ouest de Tunis. Je l'ai prié de dire au général Clauzel de ne pas s'écarter de ces principes, si toutefois la France a l'intention de tirer quelque avantage d'Alger, en y répandant les sciences et la civilisation. Je lui ai bien recommandé de ne pas se servir de moyens de violence, mais au contraire de suivre les principes déjà établis parmi ces peuples, qui n'ont point assez de connaissances pour changer leurs habitudes contre des lois européennes auxquelles ils ne se soumettront jamais par la force; l'application seul du système déjà existant peut amener un heureux résultat.

Mais la soif des richesses dont les Français à Alger paraissent possédés, leur ôte toute prudence et toute sagesse; ils deviennent sourds et aveugles !

Ce système mis en pratique depuis si longtemps n'est plus une théorie, les faits doivent attester la validité et la solidité des anciens principes que nous cherchons à faire prévaloir. Mais je le dis encore, l'avidité des Français pour les richesses est telle à Alger que, pour me servir d'expressions métaphoriques, je comparerai cette population européenne à un géant pressé par la soif, et la ville à un petit bassin d'eau salée: plus le géant boit de cette eau, plus il éprouve le besoin de boire; mais le bassin se trouve à sec, et la soif existe toujours.

Pour appuyer les bons effets que produisent toujours l'équité et la modération, je prouverai que depuis l'établissement des Turcs à Alger, on a envahi onze fois Tunis, et que jamais les principes de la guerre et du droit des gens n'ont été violés (1), c'est-à-dire que ces guerres n'ont jamais été que des guerres du pouvoir, contre le pouvoir.

---

(1) Il faut en excepter la dernière invasion à Tunis. Les Algériens ont abusé de ces principes. On verra les détails de cette invasion au chapitre 15 de ce volume.

Le vainqueur faisait son entrée triomphante dans la ville de Tunis, il déposait le souverain, et son successeur nommé, il stipulait avec lui des traités avantageux à Alger et humilians pour les vaincus; mais jamais les vainqueurs n'ont eu l'absurde prétention de s'emparer de Tunis, ni d'enlever à ses habitans les biens qu'ils tiennent de leurs pères, ou qui proviennent de leurs travaux; ils ont toujours respecté les propriétés, meubles et immeubles, et l'ordre social n'a pas été troublé un seul instant par eux. Aussitôt les traités stipulés, on évacuait le pays, comme cela se pratique parmi tous les peuples civilisés. Aucune nation ne peut faire usage de sa puissance envers un peuple faible, sans dépasser les bornes posées d'après les principes du droit des gens.

J'appelle à l'appui de ces argumens les événemens récens qui sont déjà inscrits dans les pages de l'histoire; je veux parler ici des invasions faites par les Algériens dans la régence de Tunis.

J'espère que les lecteurs de cet ouvrage, avant de m'accuser de partialité et d'aigreur contre les Français, examineront la véracité des faits avancés; je laisse au jugement des hommes éclairés et des philosophes à mettre en parallèle les actes des gouverneurs français et ceux des gouverneurs turcs, la violence des uns et la modération des autres, et à établir lequel des deux gouvernemens a adopté les meilleurs principes.

Pour revenir aux détails du système gouvernemental des Turcs et à l'organisation des peuples voisins de la ville d'Alger, comme *Mitidja, Beni Sulaïman*, etc., je rappellerai que ces habitans ont demandé au pacha, ou au chef de la régence qu'un Turc fût nommé pour recevoir les impôts et résider avec eux, comme témoin et rapporteur de leurs actes d'obéissance vis-à-vis du pacha. Ce fut sur cette demande que celui-ci nomma le Çaïd ou gouverneur de cette contrée. Le pacha, par politique, accordait toujours plus de crédit au peuple qu'à son propre agent, par la raison qu'un sultan ou un roi peut se passer d'un agent ou d'un gouverneur, mais qu'il ne peut être ce qu'il est s'il ne commande pas à un peuple qui seul constitue l'existence de son gouvernement. Ainsi donc le pacha a toujours été plus disposé à soutenir son peuple que son agent, à moins que ce dernier n'appelât une partie de ce peuple en témoignage pour justifier de sa conduite et de ses faits. Voilà comment les Turcs ont su propager leur influence; peu à peu les Turcs ont civilisé ces Kabaïls en les admettant à faire partie des armemens de leurs corsaires, sur lesquels on les voyait combattre avec courage et intrépidité, dans la persuasion où ils sont qu'ils meurent martyrs de leur religion.

Parmi ces Kabaïls on trouve des hommes intelligens, qui embrassent l'état de marin. On cite des exemples merveilleux de leurs dispositions naturelles; il en est qui dès le premier voyage qu'ils feront sur mer s'empareront du gouvernail, sans connaître les principes élémentaires de la navigation; pour leur direction, comme ils connaissent parfaitement les montagnes et leurs sommets, ils s'en forment une idée assez exacte pour distinguer un point d'un autre. Par suite des promotions qui ont lieu parmi eux, ils peuvent, de matelots, être élevés au grade de capitaine; et lorsqu'ils quittent le service, ils viennent à Alger, où ils changent d'état et d'existence, et passent de la simplicité au luxe; alors ils abandonnent à jamais leurs montagnes pour se fixer parmi les habitans de la ville, dont ils adoptent bientôt les habitudes et les coutumes. Juge de lui-même, et voyant ce changement de situation, le Bédouin ou l'Arabe s'attache de plus en plus aux Turcs, dont les intérêts sont devenus les mêmes que les siens.

Après l'invasion des Français, les Kabaïls ou Bédouins, persécutés de toutes manières, devaient et doivent encore regretter le gouvernement turc, sous lequel ils pouvaient obtenir beaucoup d'avantages qui n'existent plus pour eux maintenant. On ne saurait exprimer quel a été leur désappointement, en voyant quels étaient les bienfaits de la civilisation et de la liberté françaises.

CHAPITRE IX.

De la manière d'armer les corsaires à Alger, et de la distribution des prises ; de l'organisation militaire et du divan.

L'idée d'armer des corsaires à Alger naquit du désir de la vengeance. Les résultats de semblables dispositions devaient porter l'empreinte de la violence et de la fureur plutôt contre les Espagnols, dont ces peuples avaient à se plaindre, que contre toute autre nation étrangère. Ces mêmes corsaires leur ont servi plus tard dans leurs querelles religieuses.

Ils armaient de petits bâtimens semblables à

ceux des Espagnols; ils exploraient la côte ; faisaient une espèce de trafic, et capturaient les bâtimens espagnols pour les conduire à Alger. Ordinairement cette course ne durait que cinq ou six jours au plus, et quoique les capitaines de ces corsaires ne fussent pas instruits dans l'art de la navigation, comme nous l'avons déjà dit, cependant ils savaient que le nord est la côte d'Espagne, et le sud la côte d'Afrique; et le sommet des montagnes était leur boussole pour diriger leur marche et atteindre leur but.

D'après le système maritime établi par la régence, et dans l'intention d'encourager les aspirans qui parcouraient cette carrière, ils pouvaient être élevés jusqu'au grade d'amiral; ils faisaient partie des conseils pour délibérer sur la paix ou sur la guerre avec telle ou telle nation, et le dey n'avait dans ce conseil que sa voix délibérative.

Wakil-el-Kharge était le titre qu'on donnait à celui qui occupait le ministère de la marine. Il n'avait d'autre attribution à Alger, que d'être comptable des munitions de guerre de la régence, et contrôleur des travaux de l'arsenal.

Lorsque des prises étaient faites, à leur arrivée à Alger elles étaient vendues aux habitans de la ville, et la valeur était distribuée immédiatement aux ayans-droit. Le trésor public, d'après le réglement de notre loi fondamentale, avait la cinquième partie pour son contingent; qui n'était jamais tel qu'il devait être, attendu que les objets de valeur étaient enlevés avant de constater les prises. Souvent le gouvernement s'apercevait de ces soustractions, mais il fermait les yeux, pour ne pas décourager ces malheureux qui exposaient leur vie, les uns par fanatisme, les autres par l'espoir d'obtenir du butin.

Le gouvernement turc, en favorisant les habitans dans leurs projets de fortune, en les protégeant dans la voie des richesses, savait très-bien que par cette raison il s'enrichirait lui-même; et bien que ses revenus fussent médiocres au commencement de la fondation de la régence, en agissant ainsi, il n'ignorait pas qu'il travaillait pour l'avenir, et qu'il recueillerait plus tard d'une manière légale les fruits de son industrie et de sa politique, tels que les droits de douane et autres.

Lors de l'origine de la régence, la milice fut composée de Turcs et de leurs enfans nés de femmes arabes, parce qu'ils avaient formé des liaisons de mariage avec les indigènes.

Les Turcs sont sobres et animés de sentimens nobles et bienveillans. Aussitôt qu'un d'entre eux avait acquis quelque fortune, il faisait un voyage en Turquie pour revoir son pays natal, et emportait avec lui de superbes vêtemens, afin de déployer aux yeux de ses compatriotes des insignes de richesse et de luxe, et aussi dans l'intention de les séduire; car peut-être lui-même était-il né d'un ouvrier ou d'un cultivateur. Quand il revenait à Alger, où se trouvait sa famille, il amenait avec lui quelques habitans de son pays, qu'il présentait au defter (lieu où l'on enregistre la milice), et sur sa garantie ils étaient admis à faire partie de la milice. C'est aussi ce Turc qui se chargeait d'instruire ces nouveaux soldats et de leur faire connaître quels étaient leurs nouveaux devoirs. Il leur apprenait qu'ils pouvaient espérer un jour de parvenir au grade le plus élevé, et que, comme lui, après les fatigues de la guerre, ils pourraient jouir d'un doux repos, vivre tranquilles et dans l'aisance au milieu de la société, et qu'ils formeraient à leur tour des liaisons de mariage avec les indigènes.

Il était bien rare de trouver parmi ces soldats un voleur ou un assassin. Ils se faisaient une loi de respecter les usages du pays pour se faire aimer et estimer par les habitans de la régence; ceux qui avaient quelques défauts cherchaient à s'en corriger, ou les cachaient soigneusement, par les motifs que je viens d'exposer, et parce que de leur bonne conduite dépendait leur avenir.

Soutenu de cette éducation, encouragé par son intérêt personnel, et quelquefois favorisé par le hasard, un soldat turc, après avoir fait une campagne, pouvait être employé dans la marine. Ce métier offrait beaucoup de chances de péril et de fortune. Les uns mouraient ou devenaient esclaves; les autres acquéraient des grades et de la richesse. Dans le chapitre qui traitera de leur art militaire, je ferai connaître les grades auxquels ils pouvaient être appelés.

Le dey se vit, à une certaine époque, dans la nécessité de faire bâtir une maison pour sa résidence, outre la Casauba qui lui servait d'habitation. Il fit élever des fortifications pour défendre la ville, et construire des casernes pour les troupes. Tant de dépenses le forcèrent alors à n'accorder à chaque soldat que 18 francs de paie pour deux mois (ou six sous par jour) et quatre pains chaque jour (chacun de ces pains est du poids de neuf onces à peu près). Ce pain contenait, par économie, deux tiers de froment et un tiers d'orge.

Lors de son entrée dans le corps militaire, on donnait à chaque soldat un costume très-commun, un fusil, un tagan, un peu de poudre et un morceau de plomb sans être fondu en balles; mais comme dans ce tems-là on faisait des prises considérables, ces provisions étaient suffisantes pour le soldat qui entrait en campagne.

Quant aux soldats mariés, lorsqu'ils virent que le trésor de la régence se trouvait obéré, ils renoncèrent au pain. Plus tard, des fonds suffisans ayant été mis à la disposition du gouvernement, celui-ci, par reconnaissance, alloua à chacun de ces soldats mariés un ˒sah de blé qui pèse environ cent livres de France.

Les soldats, ou milice turque, sont logés dans les casernes, régis par les ordres de leurs chefs. Chaque chambre porte son numéro. Chaque compagnie est commandée par trois chefs : ils s'appellent, le premier *boulcabachy,* le second *odabachy*, le troisième *pach-youldach.* En l'absence de l'un, l'autre le remplace et est chargé de la discipline. Chaque fois qu'il y a une campagne ou un changement de garnison à faire, il doit se trouver avec la compagnie un *boulcabachy* et son second. Ces deux chefs seulement ont le privilége de pouvoir monter à cheval quand même la distance serait courte, et marchent avec des *shawoush* ou ordonnances devant eux. Ces soldats turcs ont des réglemens militaires qu'ils ne dépassent jamais. Chez eux, il n'est accordé aucune faveur, aucun avancement de grade avant d'avoir rempli le temps voulu par les réglemens ; et pour être nommé chef, il faut compter deux ou trois ans de service, et avoir passé par tous les grades.

Les *boulcabachys* sont ceux qui forment le divan. Le divan se compose de soixante *boulcabachys*, qui se réunissent chaque matin à la pointe du jour dans un local destiné à leurs délibérations, pour se rendre compte à eux-mêmes des actes de l'administration, c'est-à-dire pour contrôler le gouvernement, en vertu des pouvoirs qui leur sont conférés, comme formant un corps supérieur composé des chefs de l'armée.

Le dey ou pacha ne peut être investi de cette dignité que par eux et en leur présence, et même lorsqu'arrivent le *kaftan* et le firman de la Porte-Ottomane, ce sont eux qui, ayant fait l'élection, désignent la personne du souverain à l'envoyé de la Porte qui vient apporter la nomination de celui qu'ils ont déjà nommé.

A chaque *baïram* (ou fête), cette cérémonie se renouvelle de la manière suivante : On se réunit dans une salle; le dey, celui qui était nommé, se place au milieu d'eux; on propose sa réélection, et lorsque cette réélection est faite, on lui rend son diplôme; mais s'il y a quelque diversité d'opinion, on nomme un autre dey à sa place.

On ne peut faire partie du divan qu'après avoir rempli certaines conditions exigées par les réglemens; il faut avoir donné des preuves d'expérience et de capacité et avoir servi dans l'armée de terre et de mer : presque tous ceux qui en font partie sont d'un âge avancé et mariés avec des indigènes. Le chef de ce divan se nomme *Agat-el-Askar* ; il porte un sabre et une espèce de relique qui renferme les réglemens de la régence (leur charte) ; cette relique, l'aga doit toujours la porter sur lui et ne jamais s'en séparer. Il monte un cheval couvert d'ornemens, et chaque matin il va présider le divan, comme il a été dit. Le paiement des soldats n'est effectué qu'en présence de ce président ou de ce chef. Car à Alger le trésor de l'état n'est ouvert qu'en présence du khoja ou notaire de l'état et une commission spéciale, dont chaque membre tient une clef ; chacun des membres de cette commission se présente avec son registre pour constater l'entrée et la sortie des fonds du trésor. Le dey même ne peut disposer du trésor public ; il se présente comme un simple soldat pour recevoir sa paie, ou liste civile.

Il entre dans les attributions du président du divan de faire éxécuter la justice, en son local, sur la personne des Turcs qui ont manqué à la discipline ou qui ont enfreint les lois, comme aussi d'administrer la justice envers les Kologhlas, qui sont les enfans ou descendans des Turcs.

Dans les affaires du ressort des usages et réglemens militaires, les juges de toute contestation litigieuse, criminelle ou correctionnelle, s'adressent au cady pour avoir son opinion et pour l'application des lois; s'il y a quelque peine à infliger, c'est le président de ce divan qui en ordonne l'exécution, laquelle doit avoir lieu dans le local du divan, qui donne vigueur à la décision du cady.

Les Turcs ou leurs descendans ne peuvent entrer dans aucune prison, excepté dans celle du divan.

Le cady lui-même, dans différens cas, s'adresse au divan pour faire exécuter ses jugemens; car les militaires ne sont jamais jugés par les lois civiles, mais par les lois militaires.

La charge de président du divan ne dure que deux mois; chaque membre est président à son tour, par ordre d'ancienneté, et les contestations se décident à la majorité des voix.

Tout membre du divan qui se trouve investi de la dignité de président reçoit une double paie.

Tout ce qui a rapport à la haute politique extérieure ou intérieure de la régence, est décidé par le divan. Lorsqu'il y a quelque désordre dans l'intérieur, par exemple: une révolte chez une tribu, ou qu'une route est interceptée, ils prennent des informations à ce sujet et donnent leur avis sur les moyens que l'on doit prendre pour rétablir l'ordre.

De même qu'en France, le commerce immoral

des femmes publiques n'est pas reconnu par les lois, ce n'est que par un usage du pays et pour la sûreté de la société, que ce commerce est toléré ; et toutes les contestations qui naissent au sujet de ces femmes sont jugées par le divan et non par le cady.

Comme les descendans des Turcs avaient été admis, pendant un certain tems, à faire partie du divan, j'expliquerai plus tard quelle a été la cause de leur expulsion et de ce nouvel ordre de choses.

CHAPITRE X.

Du dey, de son gouvernement, et des différentes coutumes.

Le dey n'a pas d'autre autorité que celle d'ordonner l'application des lois civiles et militaires, de diriger les fortifications de la ville, d'organiser des troupes et d'entretenir une correspondance avec les différentes tribus, pour pacifier et maintenir l'ordre et les assurer contre toute oppression, en leur faisant entrevoir les avantages de la paix et les désavantages de la guerre.

Les finances publiques, l'organisation nécessaire à cette administration, et les nominations des ministres et autres chefs de sa cour entrent aussi dans ses attributions.

Dans le système politique établi par les Turcs à Alger, ils tâchent, autant que possible, de s'allier avec les *Barabers* et de favoriser l'industrie en tout genre. Chaque profession a un *amin* ou inspecteur, et le chef de tous ces *amins* se nomme *cheik-el-balad*, ou le gouverneur de la ville. Dans chaque ville il existe en outre un second gouverneur, choisi parmi les premières familles et descendant d'un marabout; ce personnage est investi du titre de *nakib-el-aschraf*, et doit, dans toutes les circonstances importantes, réunir chez lui le *cheki-el-balad* et tous les *amins*, qui dépendent de lui, à l'effet de délibérer sur les moyens qu'il sera nécessaire de prendre.

Ce sont eux qui organisent les affaires de la ville, maintiennent l'ordre dans les différentes classes industrieuses, surveillent la police locale, la salubrité, les aqueducs, les établissemens publics et de bienfaisance, ainsi que les hôpitaux, etc. C'est à eux enfin que l'autorité s'adresse en toute circonstance. Un de leurs réglemens est que tous les citoyens ne doivent pas concourir indistinctement à la formation de l'armée, attendu qu'il en est qui sont occupés de leur industrie ou chargés du soin de leur famille; de ces derniers on n'exige rien qui puisse les contrarier dans leurs affaires ou dans leurs obligations, et en cas de levée générale, seulement, ils sont soldats volontaires, pour la sûreté de leur propre pays; c'est-à-dire, ils font partie d'une troupe qui n'est pas soldée par l'état, et qui peut être comparée à la garde nationale en France.

Lors de cette organisation de la régence, les Turcs voulaient que les citoyens d'Alger fissent partie du divan, dont j'ai parlé ci-dessus; mais ces citoyens refusèrent, pour ne point avoir de responsabilité envers le gouvernement; ils déclarèrent qu'ils ne voulaient qu'être les médiateurs entre le gouverneur et les habitans de l'intérieur, et les contrôleurs des actes du gouverneur ou ses sous-conseillers d'état, dans l'espérance que par leur conduite, les Turcs s'attacheraient de plus en plus à la régence et seraient flattés de la confiance qu'on leur accordait. Ceux qui ambitionnaient quelque charge éminente observaient religieusement les réglemens et ne les enfreignaient jamais. Comme il est des soldats, formant sa milice, qui ont des liaisons de mariage avec les familles indigènes; ces soldats, lorsqu'une fois ils font partie de la société, avant d'être boulcabachys, avant de faire partie du grand divan, ont à s'occuper pendant plusieurs années d'études administratives et de connaissances gouvernementales; et pour acquérir ces nouvelles sciences, indispensables pour devenir membre du divan, ils se réunissent chez le *cheik-el-balad* et chez le *nakib-el-aschraf;* le divan étant la cour suprême du gouvernement turc, chargée de contrôler tous ses actes.

Avec l'organisation de ce système gouvernemental, les Turcs sont parvenus à établir leur influence en Afrique; car, comme nous l'avons déjà dit, la régence est peuplée de Sarazins et de Kabaïls ou Barabers, qui se sont civilisés et ont changé leur état d'existence; en adoptant les nouvelles manières de la vie citadine, ils se sont rapprochés les uns des autres par des intérêts de famille et par l'industrie et le commerce.

Le gouvernement turc a bien reconnu la force irrésistible des Kabaïls. Il était bien convaincu qu'il ne pourrait les subjuguer avec le sabre, mais bien par la douceur, l'indulgence et une bonne administration, dont les résultats heureux sont assez prouvés par la durée de leur gouvernement qui s'est étendu au-delà de trois siècles.

Le pacha ou dey a son lieutenant qui est dépositaire de la clé du trésor; ce lieutenant porte le nom de kahia. Parmi les membres du gouvernement deux d'entre eux sont appelés, l'un wakil-el-kharge, et l'autre khaznagy. C'est parmi ces personnages que l'on choisit le dey, puisque la souveraineté à Alger n'est pas héréditaire : le mérite personnel ne se transmet pas aux enfans. En quelque sorte on pourrait dire qu'ils ont adopté les principes d'une république, dont le dey n'est que le président.

A la suite de ces dignités vient l'aga. Cette charge est éminente : c'est lui qui commande toute la cavalerie, dont la plupart des soldats sont Arabes ou Kabaïls. L'aga doit donc parler arabe, afin qu'il puisse donner des ordres et diriger tout son monde.

Après l'aga vient encore le *khojet-el-kaïl*, qui est le directeur des domaines nationaux ; la direction des haras est aussi dans ses attributions, ainsi que celle des chameaux destinés au transport des troupes et des matériaux de guerre. C'est lui qui, après leur avoir fait apposer la marque de l'état, ordonne de répartir ces chevaux et chameaux entre les différentes tribus de la régence qui sont chargées de les soigner et de les conserver. En cas d'accident, pour prouver la mort de l'animal, on doit représenter le morceau de la peau sur lequel se trouve la marque. Il résulte de cette manière de faire que l'animal est soigné et que l'on donne une preuve de confiance à ces tribus, qui trouvent aussi un avantage à se servir de ces animaux pour leur usage. Ce moyen lie encore les tribus aux intérêts du gouvernement; cependant il arrive quelquefois que ces pasteurs de chevaux et de chameaux ont besoin d'argent, et alors ils vendent les petits chameaux et les poulains. Dans ce cas-là, le khojet-el-kaïl fixera le prix de l'objet vendu, toujours à un taux modéré, et, pour donner des facilités à ces pasteurs, il leur accorde souvent un ou deux ans pour se libérer. Souvent même l'animal vendu est porté à un prix inférieur, afin de les attacher à l'état, pour obtenir leur soumission volontaire, et les persuader de l'équité du gouvernement à leur égard, et de toute l'importance qu'il met à leur prospérité.

Un autre personnage, le chef des secrétaires, se nomme makatagy. C'est lui qui tient le registre de la comptabilité de l'état, et celui des réglemens militaires, où se trouvent inscrits les noms et prénoms et les différens grades de chaque individu. Il y a sous les ordres de ce premier secrétaire trois autres teneurs de registres: l'un est chargé de la comptabilité qui a rapport aux militaires et à tout ce qui les concerne, l'autre de la comptabilité générale de l'état, et le troisième tient les registres de la douane. Ces trois registres sont ensuite portés sur un grand registre principal, n'étant considérés chacun que comme un simple journal, où l'on inscrit exactement ce qui se fait pour éviter toute erreur ou omission.

La charge de makatagy, ou de premier secrétaire, est importante; elle est aussi considérée que celle de cheik-el-islam, qui est le muphty-el-hanaphy. Ce premier secrétaire, que le souverain consulte dans toutes les circonstances, doit connaître les lois fondamentales, l'histoire et le droit des gens, pour ne rien faire contrairement aux lois. On l'honore du titre d'effendi, titre qui n'est accordé qu'à la personne du dey et à celle de muphty. Quoique le rang de khaznagy soit égal à celui de ces trois personnages, cependant il ne prend pas ce titre. Tous les chefs militaires qui forment le divan doivent se lever lorsque se présente l'un de ces quatre personnages. Si en public, le khaznagy jouit de quelque respect populaire, c'est parce qu'à cause de son grade il peut être élevé un jour à la dignité de dey, pourquoi on le courtise d'avance.

Le gouvernement turc n'est parvenu à fonder son empire en Afrique que par l'équité et aidé du système politique que je viens de décrire.

Ma position à Alger m'a mis dans le cas de donner tous ces détails avec exactitude. Mon père était législateur et professeur de lois, et il a rempli la charge de makatagy ou premier secrétaire. C'est de lui que je tiens la connaissance du principe gouvernemental des Turcs, et c'est de son vivant que j'ai étudié notre législation. J'ai même occupé une chaire après sa mort.

Dans le cours de mon voyage en Europe, j'ai étudié les principes de la liberté européenne qui fait la base d'un gouvernement représentatif et républicain. J'ai trouvé que ces principes étaient semblables aux principes fondamentaux de notre législation, si ce n'est qu'il existe une différence imperceptible dans l'application ; ainsi tout homme qui aura une idée exacte des deux législations les rendra compatibles l'une avec l'autre, et je crois qu'il ne pourra pas nier cette vérité. D'ailleurs un des principes élémentaires de notre législation, est que : « Le siècle et les besoins de l'homme font naître des circonstances imprévues par les lois ; le législateur doit donc combiner cette nécessité et trouver toujours l'application de ces lois dans sa sagesse. » Mais malheureusement les principes de ces lois étant méconnus par tous les souverains, c'est pour cela que l'Europe blâme l'Orient sur sa législation

Si messieurs les libéraux connaissaient bien les principes de nos lois, et combien nos institutions sont libres, peut-être aurions-nous trouvé en eux des assistans plutôt que des adversaires, ainsi que nous le voyons maintenant.

Plus loin je donnerai une esquisse de notre législation et de ses bases fondamentales ; et quoiqu'il ne soit pas du ressort de cet ouvrage de traiter de ces principes, cependant, comme je parle de l'histoire de la régence, du système gouvernemental des Turcs, et de la politique avec laquelle ils s'y sont soutenus assez longtems, il est bon ou plutôt nécessaire de donner une idée des lois orientales; je dis orientales, parce que ces lois sont les mêmes que celles qui régissent tous les pays mahométans, ou les 130 millions d'individus de cette religion qui habitent le globe.

Pour revenir au gouvernement turc, je dirai que ce n'est que par la justice qu'une administration est tolérable. Aussi, dès qu'une province se soumettait à ses lois, il envoyait, pour défendre ses habitans contre toute attaque, une garnison ayant pour chefs un boulcabachy, un odabachy et un pach-youldach, qui représentaient le divan et remplissaient à la fois et les fonctions de chefs militaires et celles d'administrateurs. Ces trois personnages devaient s'entendre avec les chefs de la province, pour assurer les intérêts locaux, la police intérieure, l'exécution des lois et protéger l'agriculture et le commerce, etc., etc. La garnison était changée chaque année. Les vieillards qui ont rempli ces fonctions rediront toujours aux jeunes gens et à leurs successeurs : « *Nous sommes étrangers; ce n'est ni par la force ni par le glaive que nous sommes parvenus à obtenir la soumission de ce peuple et à posséder le pays: ce n'est qu'avec la modération et*

*la douceur que nous en sommes devenus maîtres ! ! !
Chez nous, nous n'étions pas hommes d'état ; ce n'est que sur cette terre que nous avons acquis nos titres et nos dignités ; ce pays est donc notre patrie ! Notre devoir et nos intérêts exigent que nous nous efforcions de contribuer à la prospérité de ces peuples, comme si nous agissions pour nous-mêmes.*

L'un des devoirs du dey est encore de chercher à pénétrer les sentimens des habitans de la régence; de connaître la conduite de ses gouverneurs et de quelle manière s'administre la justice.

L'accomplissement de ce devoir est toujours un sujet de conférence entre le divan et le dey ; toutes les fois que le conseil se réunit. Les liaisons d'intérêt et de mariage entre les membres du divan et les habitans d'Alger rendent ces premiers compétens pour délibérer sur les avantages du pays et sur ce qui se passe dans l'administration. Leurs efforts tendent toujours à la prospérité et au salut publics ; ils agissent en un mot comme un père de famille agit envers ses enfans.

Les Turcs, je le répète, commencent par être de simples soldats ; ils s'exposent à tous les périls afin de s'enrichir et d'obtenir les charges publiques. Devenus vieux, c'est alors qu'ils se livrent au repos et jouissent d'une solde proportionnée à leurs services ; c'est alors seulement qu'ils parviennent aux principales dignités et qu'ils peuvent être élevés même à celle de dey.

A la mort du pacha régnant, d'après les réglemens établis, on réunit le divan, et celui d'entre eux qui remplit toutes les conditions nécessaires est élu et proclamé pacha. Immédiatement on le fait asseoir sur un sofa destiné au souverain, après l'avoir fait habiller avec le *kaftan* du dey qui vient de mourir ; il prête ensuite le serment requis par les lois et on célèbre son avénement. La nomination terminée on désigne un personnage qui reçoit la mission d'aller notifier à la Porte-Ottomane la mort du pacha et l'élection nouvelle qui vient d'être faite par le divan : à cette occasion, on rédige une adresse, revêtue de la signature et du sceau de tous les membres du divan, notamment du cady, du muphty et du nakib-el-aschraf. Les notables de la ville approuvent aussi ce choix et attestent la capacité de la personne nommée.

Cet ambassadeur a le titre d'aga-el-hedia. Il emporte avec lui un présent composé de quelques peaux de lions et de tigres, et de plusieurs couvertures de laine fine qui se fabriquent à Alger. Le présent, dont la valeur n'excède pas la somme de 5,000 fr, a pour objet principal d'offrir un échantillon des productions industrielles de la régence ; il est réparti entre le sultan et les membres de sa cour, qui sont : le capitan-pacha, le visir, etc., etc.

Cet ambassadeur est chargé de supplier verbalement la Porte d'accorder sa bienveillance à la régence; de lui exposer la misère du pays, et l'exiguité des finances, qui ne permet pas d'élever des fortifications; et d'obtenir de cette puissance qu'elle aidera et protégera la régence. Alors la Porte accorde presque toujours des munitions de guerre, comme canons, poudre, cordages, bois de construction, etc., etc., et quelquefois même elle a accordé des vaisseaux prêts à mettre à la voile.

Si le règne du pacha ou du dey dure une vingtaine d'années, c'est ordinairement un motif et une occasion pour renouveler cette sorte de mission, afin d'obtenir aussi un nouveau kaftan ou firman. Cet usage a duré jusqu'en l'an 1770.

Sous le règne de Mehemed Pacha, en l'an 1784 (j'étais jeune alors), j'accompagnai mon oncle qui partait pour Constantinople avec l'aga-el-hedia de ce tems-là; on prétend que le présent qui fut fait à cette époque était considérable, mais moi j'ai la certitude qu'il n'excédait pas la valeur de six mille fr. Cette ambassade eut lieu après la fameuse expédition des Espagnols; Alger avait besoin de quelques munitions de guerre, et la Porte donna en retour trois cargaisons complètes de matériaux de guerre.

Après la mort de Mehemed Pacha, dont le successeur était Mustapha Pacha, le présent qui fut adressé à la Porte fut plus considérable ; il était composé de diamans, d'horlogeries, et d'autres objets semblables, que reçoivent les deys des puissances européennes; ce présent pouvait être évalué à un million, le don de la Porte fut encore plus considérable; elle donna même des frégates. Voilà quelle est la contribution qu'Alger donne à la Porte, et la contre-valeur qu'elle reçoit du sultan à titre de secours pour conserver cette régence qui lui appartient.

Conformément à l'un des réglemens du gouvernement turc, on a constitué dans cette régence une cour dont le chef turc est investi du titre de *beït-el-mal*. Ce chef est secondé par un cady, deux notaires, des greffiers et des teneurs de registres.

Cette cour est chargée de surveiller les successions de toutes les personnes qui meurent. Les parens doivent faire leur déclaration auprès d'elle. C'est d'après les ordres du chef de cette cour que le mort peut être conduit au lieu de sépulture. Elle constate les droits des héritiers; s'ils sont absens, le cady spécial et un des supérieurs nomment d'office un procureur pour les représenter, et des tuteurs sont nommés pour représenter les mineurs. S'il existe un testament, on exécute ses dispositions après qu'il a été enregistré et reconnu valide. C'est alors que l'on donne l'ordre de faire conduire dans un corbillard le corps du mort jusqu'à sa dernière demeure, et que les notaires se présentent dans l'habitation du défunt pour dresser un inventaire de tous les objets qui se trouvent chez lui. Les objets de valeur, qui pourraient s'égarer, sont transportés dans un lieu de sûreté, jusqu'à ce que les héritiers ou leurs ayans-cause se soient réunis ; et si le mort est étranger, inconnu, ou bien si ses parens sont absens, cette cour les représente ; elle fait vendre tout ce qui concerne la succession à une enchère publique *ad hoc*, et la valeur est conservée comme un dépôt sacré, après avoir prélevé les frais qui ne doivent pas dépasser sept pour cent pour les honoraires du greffier, du notaire, les frais de la vente publique, etc. La somme est déposée dans la caisse publique, et le chiffre en est porté dans deux ou trois registres. Personne enfin n'en peut disposer qu'en vertu d'une autorisation légale.

Si la personne décédée ne laisse aucun héritier présent ou absent, après les frais que son enterrement a causés, et après avoir payé ses dettes, s'il en a, on remplit ses dernières volontés, si elles n'excèdent pas la portion dont les lois lui permettent de disposer ; car il ne peut disposer que du tiers de ses biens; et cela quand même il laisserait des parens, les deux autres tiers appartiennent aux domaines nationaux. Les fonds recueillis par cette caisse publique sont employés, savoir : à l'enterrement des pauvres et des étrangers sans asile, au soulagement des indigens, au traitement des professeurs publics qui consacrent leur tems à éclairer la société et à répandre les connaissances au milieu d'elle. Ils sont aussi destinés à soutenir les auteurs et les étudians sans fortune, etc.

Il est des Turcs tellement attachés à la régence, que beaucoup de ceux-ci ne se marient pas exprès pour laisser leur fortune à la caisse de beït-el-mal. Voilà pourquoi la recette de cette caisse était si considérable de leur tems.

Aussitôt qu'il y avait dans cette caisse 50,000 fr., cette somme était versée dans celle du trésor public, à cause de l'énorme dépense de l'état et de ses faibles revenus. Cet usage a été conservé jusqu'au moment de l'invasion des Français.

Les réglemens de cet établissement de beït-el-mal sont basés sur les principes fondamentaux de nos lois, et quelquefois il est fait des emprunts d'une caisse à l'autre, sans que l'ordre établi soit en rien dérangé.

A l'époque de la peste, cette administration de beït-el-mal avait beaucoup plus d'activité qu'aucune autre. Elle seule constatait le nombre des décès et évitait la confusion qui aurait pu provenir d'une grande mortalité ; elle seule aussi reconnaissait les successions vacantes, soignait les héritages, etc.

Lors de l'invasion des Français, ils s'emparèrent de cette caisse de beït-el-mal qui contenait des sommes considérables ; une partie provenant de dépôts faits par les particuliers, fut enlevée en même tems : aussi a-t-on trouvé dans cette caisse un grand déficit.

Par suite de cette invasion, et depuis l'expulsion des riches, les revenus de beït-el-mal ont beaucoup diminué. Comment cette administration pourrait-elle espérer de toucher ses revenus accoutumés, puisque la succession de chaque personne qui meurt à présent, qu'elle laisse des héritiers ou non, suffit à peine pour couvrir les frais de son enterrement ? Je crois même que celui qui occupe actuellement la charge de chef de beït-el-mal, et qui est un Algérien, fournit des sommes considérables de ses propres deniers, pour l'enterrement des pauvres, à titre d'avance pour la caisse, comme ses prédécesseurs avaient l'habitude de le faire. Mais il est à croire que ce chef agit dans la seule intention de faire un acte de charité, car ses actions ont toujours été celles d'un homme bienfaisant et charitable.

Nous ferons remarquer que l'on ne peut jamais disposer des fonds qui se trouvent dans la caisse de beït-el-mal à titre de dépôts, attendu qu'ils appartiennent à différens particuliers. Sous l'administration des Turcs, ces dépôts ont toujours été considérés comme sacrés et inviolables.

Comme habitant d'Alger, et connaissant le mouvement de la caisse de beït-el-mal, je puis affirmer tout ce qui est dit ci-dessus.

Les revenus de la ville d'Alger ne sont pas considérables par les motifs que je viens de donner, mais les actes arbitraires ne pourront avoir d'effet hors de la ville, puisque l'autorité française ne s'étend pas au-delà de ses murs.

A l'époque de sa fondation, le gouvernement turc n'avait pas de grandes ressources, et même l'un des pachas ou deys s'est trouvé dans la nécessité, pour payer ses soldats, de donner différens objets, tels que munitions de guerre, etc., qu'il racheta lorsque les fonds furent rentrés au trésor.

Dans un tems, la cinquième partie du montant des prises, qui était allouée à l'état, ne pouvait plus suffire aux besoins journaliers de la régence ; c'est pour ce motif que l'on ne put qu'avec peine trouver une personne qui voulût bien accepter la souveraineté. On a vu même le trône vacant jusqu'au moment où le sultan crut nécessaire d'envoyer un pacha qu'il avait investi de ce titre de souverain. Cette vacance a duré assez longtems.

Quand le trésor fut dans une situation plus prospère, et que ces difficultés furent levées, on a cessé de s'adresser à Constantinople pour demander des chefs, et le sultan a consenti aux désirs des Algériens.

Lorsque *Telmessan* et *Constantine* ont été réunies aux autres provinces pour faire partie de la régence (cette dernière province appartenait originairement à Tunis), le pacha d'Alger fut dans la nécessité d'organiser l'administration de ces nouvelles provinces. Et à cet effet il envoya un *bey* ou gouverneur à *Constantine* et un autre à *Masker*; à cette époque *Oran*, qui est maintenant le chef-lieu et la résidence désignée du bey, appartenait aux Espagnols; ce n'est que récemment que cette ville d'Oran leur a été prise, comme nous l'avons déjà dit.

A la même époque on nomma aussi un bey à *Mediah*, principale ville de la province de *Titery*.

Voici le réglement de ces beys :

Cette dignité vient après celle de l'*aga*, dont nous avons expliqué les attributions plus haut.

Chacun de ces beys doit se transporter à Alger

pour rendre compte de son administration ; il apporte lui-même le reliquat des recettes qu'il a perçues, car il prélève avant tout ce qui est nécessaire pour les frais et l'entretien de ses employés, pour sa cavalerie et son infanterie; de sorte que la somme qu'il verse au trésor public, une fois tous les trois ans, est à peu près le huitième de sa recette.

Les limites de chaque province sont fixées; chaque bey est responsable de son administration et de ses limites.

Les parties où se trouvent les biens des domaines nationaux ressortent et dépendent de l'administration du *khojel-el-kaïl*. Quant aux terrains des environs d'Alger qui ne font pas partie des limites de l'un de ces trois beys ni des *domaines* de l'état, ils sont sous la juridiction de l'*aga*.

Lorsqu'un bey meurt, celui qu'on nomme à sa place doit être lié par le mariage, aux cheiks des Arabes, et avoir une connaissance parfaite de leurs usages. La succession du bey décédé appartient à ses héritiers; on en excepte les munitions de guerre et tout ce qui dépend de l'administration dont il était chargé; le tout est laissé dans l'habitation qu'il occupait pour être mis à la disposition du nouveau bey, de manière que celui-ci ne soit pas obligé d'avoir des dépenses à faire pour ces objets ni de réclamer des fonds pour son établissement ; il trouve ce dépôt qui est pour lui une ressource et un commencement de richesse.

Une fois par an, le pacha est dans l'usage d'envoyer à chacun des beys une garnison de soldats. Comme le peuple de la province de Titery est pauvre et peu nombreux, la garnison n'y reste que deux mois, et retourne ensuite à Alger; à *Masker*, dans la partie occidentale, la garnison reste quatre mois; et à *Constantine*, qui forme la partie de l'est, la garnison y demeure six mois.

Dans l'une ou l'autre de ces garnisons, le soldat qui désire séjourner jusqu'au retour de la prochaine garnison, en obtient facilement la permission; et plutôt que de retourner à Alger, beaucoup de miliciens préfèrent rester dans les provinces : 1° parce que pendant leur absence leur paie s'accumule, et ils font des économies, car la vie est beaucoup moins chère à la campagne qu'à la ville; 2° parce que le bey auprès duquel ils restent a l'habitude de donner des gratifications.

Pendant les marches, on nourrit la troupe avec le *bourghol*, c'est-à-dire avec du blé que l'on fait bien cuire, sécher, et ensuite moudre pour ôter le son ; c'est une espèce de gruau ; on conserve ce blé brisé tout une année. On le prépare et on le fait cuire de la même manière que le *pilau* (mets turc assez connu en France); il est préparé seulement avec du beurre; on ne donne de la viande qu'une fois par semaine, et c'est pour cela que les soldats préfèrent tenir garnison dans les provinces pendant l'hiver, plutôt que de rester à Alger ou de servir comme corsaires.

La garnison de *Constantine* se compose de 100 tentes, celle de *Masker* de 60, celle de *Titery* de 40. Chaque tente renferme 30 soldats, commandés par un *boulcabacky*, un *oda-bachy* et un *pach-youldach*. Dans chacune de ces tentes est aussi un commissaire des vivres, qui a sous sa surveillance les vivres et la cuisine; on le nomme *tabakh*; il est assisté d'un autre employé que l'on nomme *sagha*, et qui est chargé de faire amener l'eau de différens puits et de la distribuer à la troupe.

De plus, pour chacune des tentes, il y a un domestique arabe, chargé de ramasser les bagages et de les faire transporter sur les chameaux d'un lieu à un autre. Ces cinq personnes dont je viens de parler montent à cheval, le reste va à pied, chacun muni de ses armes. Chaque camp est sous la direction d'un chef nommé *aga-el-mehale*. On prend ce chef parmi les *boulcabachys*, toujours selon les réglemens de la milice d'Alger, de manière que l'on ne peut avancer en grade qu'au fur et à mesure des décès.

Cet *aga* prend avec lui un *shawoush* du divan d'Alger, qui est chargé de transmettre ses ordres.

Lorsque les *beys* doivent faire des tournées dans toute la circonscription de leur province afin de percevoir les impôts, ils se font accompagner de leur garnison turque; alors le *shawoush* fait connaître les dispositions du bey à son *aga*.

Quand le bey donne le signal pour changer de lieu, l'*aga* donne ses ordres aux *oda-bachys;* ceux-ci, à leur tour, les transmettent à leurs subalternes, de manière qu'en un clin d'œil toutes les dispositions nécessaires sont prises.

D'après la position des tentes pour la formation du camp, la tente du bey doit être placée au milieu de la troupe, qui est entourée d'un cercle de cavalerie; celui-ci est aussi entouré par un cercle d'infanterie, qui cependant laisse l'entrée pour une allée qui conduit au milieu du camp; dans cette allée on voit une grande tente qui forme l'hôpital, où se trouvent le chirurgien, la pharmacie et un café. En face de cette tente il y en a une autre pour l'*aga-el-mehale*. Devant la tente de celui-ci sont placés d'un côté les drapeaux, de l'autre, les canons, les artilleurs et divers ustensiles de guerre.

Lorsque le pacha veut destituer un *bey*, il envoie ses ordres à l'*aga* du camp, ou à l'aga de la garnison, selon l'endroit où se trouve le bey, pour qu'il fasse cesser l'autorité de ce dernier et même pour l'arrêter jusqu'à l'arrivée de son successeur, dans la crainte de son évasion qui pourrait occasioner des troubles dans le pays.

Dans les premiers tems de la fondation du gouvernement turc, on destituait rarement les beys; ce n'est que quand les pachas ou deys devinrent avides de richesses, que l'on fut forcé de faire de nombreux changemens, qui étaient fâcheux pour le peuple aussi bien que pour le gouvernement turc.

Un des anciens usages des pachas est de faire chaque année, au printemps, une tournée. Le pacha est accompagné de son divan privé qui forme sa cour, ainsi que des membres de son grand divan de *Hanout-el-Kahïa*, à l'exception du grand *aga* de janissaires et de son lieutenant qui doivent rester dans la ville; le pacha est encore suivi des *kaïdes*, des drapeaux, d'un corps de musique complet, et de beaucoup d'autres personnes. A peu près à une demi-heure d'Alger, à côté du jardin de Mustapha Pacha (très-connu dans le pays), se trouve un lieu bien disposé et ayant une belle vue. C'est dans ce lieu que se prépare une tente magnifique destinée à recevoir le pacha et toute sa suite. A l'arrivée du pacha, le cortége fait le tour de cette tente avant de mettre pied à terre, puis les cavaliers descendent et entrent sous la tente du dey, où se trouve préparée une grande table garnie de toutes sortes de rafraîchissemens, des pâtisseries, des confitures, etc.; on se met alors un instant à table, ensuite on fait une prière pour la conservation du *sultan*, et l'on supplie Dieu d'augmenter le nombre des Arabes, de les rendre heureux, et de les tenir toujours dans un cercle limité pour leur entendement, c'est-à-dire pour qu'ils ne partagent pas le pouvoir avec les Turcs. Après cette cérémonie, les membres du grand divan et tous les autres personnages s'en retournent à Alger; seulement le pacha et sa cour restent sous cette tente afin de régler les intérêts du pays. Le *makatagy* ouvre les registres pour indiquer le tour des soldats qui doivent faire les campagnes et aller tenir garnison dans les différens endroits nécessaires; on classe et on organise chaque camp, et on désigne de même ceux qui doivent faire les campagnes sur mer; immédiatement les ordres sont donnés pour la formation des tentes et pour subvenir aux provisions de l'armée, etc., etc.

D'abord on s'occupe des troupes qui doivent partir pour *Mestaghanem;* ensuite de celles destinées pour Titery, et en dernier lieu de la garnison de Constantine. Ces garnisons doivent partir dans les premiers jours de l'été. Quand toutes ces dispositions sont prises, le pacha retourne à Alger. Cependant par la suite des temps les deys ont négligé d'accomplir cette cérémonie de la manière que nous l'indiquons, l'usage seul a été conservé pour la forme : c'est-à-dire qu'on place toujours la tente au lieu désigné, où le divan se rend le jour convenu, comme à une partie de plaisir; mais au lieu de laisser dans la tente le dey et sa cour, on y laisse seulement un gardien.

CHAPITRE XI.

Définition du droit des terres, et du mode de percevoir les contributions.

Selon notre loi, on classe les terrains de la manière suivante :

Si le pays est en la possession des Musulmans par droit de conquête et à l'aide des armes, et que les anciens habitans y soient restés après avoir pris des arrangemens avec les conquérans, ces terres prennent le titre de *kharajie*, mot qui signifie que le gouvernement n'exige pas plus que la somme convenue, quand même ces terres changeraient de possesseurs, mais sous la condition expresse que toutes les conditions stipulées en premier lieu seront fidèlement remplies. Si les propriétaires des terres ont embrassé l'islamisme de bon gré, alors on les qualifie *hoschric*.

On perçoit sur cette classe de terres la dîme ou la dixième partie de sa production. On fait entrer le montant de ces dîmes dans la caisse du trésor pour faire face au paiement de la troupe, à l'entretien des pauvres et des orphelins, aux appointemens des magistrats, etc., Et quand même le gouvernement ne réclamerait pas ces dîmes, selon notre religion nous sommes forcés, chacun de nous, de mettre ces dîmes de côté, et d'en faire la distribution d'après le mode indiqué, personne ne pouvant s'approprier cette part, comme nous l'avons déjà dit.

Les lois permettent au souverain de transiger avec le peuple pour ces dîmes, et de les remplacer par une somme quelconque. Les terrains d'Alger sont tous de la deuxième classe.

Lorsque les Turcs se furent aperçus que les collecteurs des impôts commettaient des abus, c'est-à-dire que l'état ne recevait pas exactement les sommes qui lui sont allouées, ou que les collecteurs exigeaient davantage, alors on a imaginé le moyen d'empêcher ces abus qui décourageaient les cultivateurs.

Chaque charrue traînée par deux bœufs a été taxée moyennant une charge de chameau en blé, et une autre charge en orge; et lorsque les habitans apportent le montant de leurs taxes, le receveur doit leur en délivrer un reçu.

Le chef de chaque tribu est obligé de faire le recensement du nombre des cultivateurs propriétaires de charrues, et d'en remettre une copie exacte au receveur qui, d'après ce recensement, perçoit les impôts, délivre un acquit à chaque individu, et constate les quantités reçues en nature, pour sa justification avec le receveur principal de l'état. Mais quand il est constant que les terrains n'ont rien produit, les laboureurs sont déchargés de tous ces impôts.

On emploie ordinairement par chaque charrue à peu près six charges de blé et quatre charges d'orge pour semences.

On a déjà fait connaître l'emploi de ces impôts; mais le peuple comprend aussi qu'en effectuant ce paiement, il doit être protégé par le gouvernement, que les routes doivent être sûres et gardées, et que le souverain doit professer la même religion qu'eux.

Selon notre loi, si un usurpateur ou souverain qui ne professe pas la même religion s'empare des contributions imposées par cette loi, devant celle-ci le cultivateur n'est pas quitte de son obligation, qui ne sera plus néanmoins que de la dixième partie de la quantité qui lui reste après cette usurpation.

D'après cette loi bien connue en Afrique, il doit me paraître bien étrange que le duc de Rovigo, d'après l'insinuation des Juifs et des malveillans, ait exigé le paiement des dîmes de Mitidja, dont les habitans sont on ne peut plus misérables.

Cependant les gouverneurs français avaient fait publier une proclamation par laquelle ils déclaraient aux habitans de la régence que toute contribution désormais était abolie, et que le gouvernement renonçait à toutes ces branches de revenu.

Nonobstant cette promesse, le gouvernement français ne peut recevoir légitimement les impôts tant que les routes ne seront pas sûres, et que le pays sera troublé. Il faut qu'il commence par maintenir l'ordre et qu'il le défende contre toute attaque de la part des tribus opposées et ennemies.

En dernière analyse, le gouverneur français ne professant pas la même religion que ce peuple, tout ce qu'on pourra lui donner ne sera considéré que comme un acte forcé, et les habitans ne sauraient être libérés aux yeux de la loi. Il résulte aussi de ces dispositions que les tribus de l'intérieur, apprenant que l'on a payé des contributions aux Français, s'armeront contre ceux qui les auront payées, et les accuseront de s'être soumis à ceux qui sont les ennemis de toute la régence.

Jusqu'à l'époque de l'invasion des Français, les contributions se payaient comme nous venons de le dire. Maintenant que ce peuple n'a pas un souverain légal ni apparent dans le pays, chaque propriétaire distribuera lui-même ses dîmes aux pauvres.

Le bey de Constantine, pour s'attacher ce peuple, au lieu d'exiger pour les contributions une charge de chameau en blé et une autre en orge pour chaque charrue, s'est contenté de recevoir à la place une somme de 15 francs, et il a fait affermer aux cultivateurs, moyennant la somme de 27 francs, tout l'espace de terrain qu'une charrue à deux bœufs peut labourer pendant une année.

Les *kaids* ou collecteurs d'impôts font un recensement à chaque récolte. Il arrive souvent que ces collecteurs gardent à leur profit une partie des impôts, et en abandonnent une autre partie aux cultivateurs. Il résulte de là que l'état ne perçoit pas la totalité de ses recettes. Quoique le bey ait connaissance que des arrangemens semblables ont lieu, cependant il ferme les yeux, pour ne pas décourager l'agriculteur, et afin d'attacher le peuple à sa cause et montrer sa modération.

Quant à la province de l'ouest, j'ignore sa situation actuelle, ce qu'est son agriculture, et à qui l'on paie les contributions.

La province de Titery est pauvre, surtout depuis la visite qui lui a été faite par le général Clauzel. Tous les Bédouins et Kabaïls considèrent les habitans de Titery comme leurs ennemis jurés, parce qu'ils ne se sont pas montrés hostiles aux Français. Ils les accusent d'avoir entretenu des intelligences avec eux, et de ne pas les avoir prévenus de l'arrivée de l'armée française, ce qui leur aurait donné le tems de prendre des mesures et de se défendre. Il résulte de là que toutes les tribus ou tous ceux qui se soumettent à la cause française sont obligés de se tenir sur leurs gardes pour éviter le ressentiment des Kabaïls.

En voyant la conduite des gouverneurs français en Afrique, on est vraiment tenté de croire qu'ils propagent cette mésintelligence dans l'intention de sacrifier le peuple algérien.

CHAPITRE XII.

De la décadence du gouvernement turc.

Après que le gouvernement turc eut pris consistance dans ce pays, et qu'il eût étendu son pouvoir en obtenant l'obéissance de ce peuple, une des causes de sa décadence fut d'envoyer à Smyrne des commissaires pour faire des recrutemens de soldats. Ceux-ci, au lieu de suivre l'ancien système, qui était de ne prendre pour la milice que des hommes honnêtes et ayant des répondans, enrôlaient sans faire aucun choix, et même des hommes qui avaient subi des corrections ou des condamnations. Parmi eux se trouvaient des Juifs et des Grecs qui s'étaient faits circoncire. De même qu'il ne faut qu'un grain pourri dans un tas de blé pour le gâter entièrement, de même il ne faut qu'un homme corrompu pour entraîner au mal tous ceux qu'il fréquente et qui l'entourent.

Bientôt cette milice armée et sans principes est venue à commettre des exactions envers les Bédouins et les Kabaïls. Ensuite ces misérables ont tramé des révolutions, et renversé les chefs de l'état, selon leur caprice.

La première de leurs victimes souveraines fut le dey Mustapha Pacha, père de Sidy Ibrahim, qui se trouvait à Paris il y a peu de tems. Les révoltés avaient mis à leur tête un nommé Ahmed Khoja qui avait formé ce complot, et qui était un defter-dar destitué. C'est lui qui fut la cause de la mort de ce dey, en faisant crier partout : *Nous ne voulons plus du gouvernement de Mustapha Pacha!* C'est à ce cri que les miliciens se rassemblèrent, détruisirent la puissance du dey Mustapha, et le firent mourir sans qu'ils eussent à lui reprocher la plus légère faute.

Quant aux habitans, ils ne se mêlent jamais de semblables affaires, et se soumettent à celui qui est choisi par le divan pour être leur souverain.

Un crime politique entraîne toujours d'autres crimes à sa suite : ces furieux exercèrent aussi leur cruauté sur la plupart des personnages de la cour du dey et sur ses principaux partisans. Ahmed Khoja s'empara alors du gouvernement.

Cet homme, pendant son règne, a commis une longue série de crimes. Pour récompenser la milice, il augmenta sa solde; mais il destitua et fit massacrer les beys pour s'emparer de leurs biens et de leurs richesses. Les personnes qui l'entouraient et faisaient partie de son gouvernement étaient inhabiles et dépourvues de moyens, ne connaissant pas même les usages des Arabes, et n'ayant aucune relation avec les différens cheiks. A cette époque, celui qui voulait être nommé bey n'avait qu'à s'adresser aux parens de cet Ahmed Pacha, auxquels ils promettaient de l'argent. Ces charges étaient vénales, et cette vénalité convenait aux hommes du pouvoir dont les exactions étaient au-dessus des lois. Cet ordre de choses a duré jusqu'à l'événement qui vint frapper la ville de Constantine, que le bey de Tunis voulait reconquérir. Je raconterai un peu plus loin, dans un autre chapitre, les détails de ces événemens, ainsi que ceux de l'expédition que cet Ahmed Pacha a faite contre Tunis.

Après trois années de règne, Ahmed Pacha

vit à son tour tramer contre lui un complot pour le renverser. La milice avait à sa tête un inconnu nommé *Ally Khoja*. Celui-ci, après avoir fait connaître tous les abus du pouvoir d'Ahmed, ses actes sanguinaires, les exécutions exercées sur la plupart des notables turcs, décida enfin cette milice à le remplacer. Il avait donné la mort à Mustapha Pacha, le même sort lui fut réservé ! Après lui, Ally Pacha monta sur le trône. Ce souverain n'était qu'un instrument dont se servaient les Turcs pour l'exécution de leurs projets, car il était incapable de gouverner et de se faire obéir. Peu de tems après il fut étranglé et remplacé par *Haggi Ally Pacha*. Ce dernier a montré quelque capacité, cependant il était aussi sanguinaire ; il a fait mourir beaucoup d'Arabes et quelques notables du pays, sans qu'on eût à leur imputer aucun crime.

Pendant son règne, la fortune favorisa presque toujours Haggi Pacha ; cependant il ne put, malgré ses efforts, parvenir à envahir le royaume de Tunis dont il voulait se rendre maître. Je parlerai de cette campagne un peu plus loin.

Haggi, après s'être emparé des rênes du gouvernement algérien, sentant en lui une grande supériorité de connaissances, méprisa ses ministres ainsi que leurs avis ; ceux-ci, humiliés et pleins de crainte, conçurent bientôt le projet de se débarrasser de lui. C'est pourquoi, étant un jour allé prendre un bain, la personne chargée de le préparer, à la manière orientale, étant dans le complot, ferma les portes hermétiquement, et ayant augmenté le feu d'une manière violente, Haggi Pacha fut bientôt étouffé par la vapeur, sans bruit et sans scandale. Il fut remplacé par son khaznagy, nommé *Haggi Mehemed Pacha*. Celui-ci, véritable type des anciens Turcs, homme de beaucoup de mérite, aurait régné plus longtems, sans la trahison de son aga, nommé *Omar*.

Cet Omar, comme les autres, après s'être mis d'accord avec la milice pour obtenir la souveraineté, sacrifia Haggi Mehemed Pacha. Omar aussi était sanguinaire! Il fut presque toujours contrarié par les circonstances, et c'est avec ce dey que lord *Exmouth* fit, en 1816, un traité après un bombardement. Cet événement a beaucoup contribué à la chute d'Omar.

Ally, homme inconnu et lunatique, ayant profité de cette circonstance, fit réunir les troupes, et s'empara des rênes du gouvernement d'Alger.

Ce dey Ally, à son avénement, a opéré une révolution totale dans les anciens réglemens de la régence. Il a commis aussi beaucoup de crimes et exilé beaucoup de monde. Un jour, il fit donner l'ordre aux habitans d'Alger de fermer les portes de leurs maisons de bonne heure ; il fit aussi fermer les casernes, et s'étant procuré un grand nombre de mulets, il fit transporter pendant la nuit à la Casauba, où il s'était rendu lui-même, accompagné d'une troupe attachée à sa personne, tous les trésors d'Alger qui se trouvaient dans le local de l'ancien pacha. Le matin il fit annoncer ce changement à coups de canon.

Pendant son règne, qui n'a duré que six mois, les affaires de l'état ont été on ne peut plus mal. Lors du transport des richesses à la Casauba, il y eut de grandes déprédations de la part de ses ministres et de ses courtisans. Ally Pacha mourut de la peste dans sa nouvelle résidence, et s'il eût vécu, il aurait infailliblement ruiné la régence. Ses ennemis, sur lesquels il exerçait toutes ses violences, étaient les partisans d'*Omar Pacha*. Il faut excepter de ce nombre *Hussein Khoja* qu'il nomma receveur général des contributions ; plus tard il l'éleva à la charge de *khojel-el-khail*. Tout le monde fut étonné de ce que Hussein, qui avait été l'un des favoris d'*Omar* et son *iman*, recevait tant d'honneurs de la part d'Ally Pacha. Il est vrai de dire que, parmi les personnages qui entouraient ce dey, Hussein seul était intègre et homme moral, les autres n'étaient que des aventuriers. A la mort de cet Ally Pacha, le divan s'étant réuni pour choisir le souverain, son choix tomba sur cet Hussein qui a été le dernier pacha des Turcs jusqu'à l'invasion française.

En laissant le pouvoir absolu entre les mains des pachas, les Turcs commettaient une grande faute, car alors le divan, qui avait été établi pour contrôler leurs actes et pour aider le gouvernement de ses conseils, était sans force, sans pouvoir et regardé comme nul. Les avis des notables du pays n'étaient plus demandés; les principales charges de l'état, celles de ministres et de *khojet-el-khaïl* n'étaient remplies que par des Turcs, car on avait expulsé du pouvoir les Kologhlas, qui cependant étaient les descendans de ces mêmes Turcs.

A propos des Kologhlas, je vais citer un fait historique qui fut la cause de leur éloignement. En l'an 1630 environ, les hommes de cette caste ayant, dans l'intention de s'emparer du pouvoir, conçu le projet d'expulser les Turcs (leurs pères et ancêtres) qui étaient les chefs du gouvernement, se réunirent à ce sujet au fort de l'Empereur. Les Turcs, ayant eu avis de cette trame, imaginèrent, pour déjouer leur plan, de faire habiller en femmes un certain nombre d'ouvriers que l'on appelle *bany mezabbe* : ceux-ci, couverts de voiles, portant des armes cachées, et des munitions sous la forme de bagages, se présentèrent à l'entrée du fort comme étant des femmes fuyant le ressentiment des Turcs; aussitôt entrés dans le fort, ces hommes, ainsi déguisés, attaquèrent les rebelles, et assistés d'un renfort qui les avait suivis de près ils soumirent les Kôloghlas et déjouèrent leurs projets. Par suite de cet événement, les Turcs n'ayant pas le pouvoir d'expulser du pays leurs descendans, décidèrent seulement que les Kologhlas ne pourraient jamais occuper aucune charge éminente, et tous ceux qui en occupaient à cette époque furent destitués. Ainsi donc, aussitôt qu'un de ceux-ci arrivait au septième grade, pour empêcher son avancement, on le destituait; de cette manière aucun *Kologhli* n'exerçait de charge à la cour.

Le *turguman* qui est l'interprète de la cour ou le secrétaire des langues étrangères (c'est une charge très-importante), et les *katebs*, qui sont les secrétaires d'état, devaient être pris parmi les Arabes et non parmi les *Kologhlas*; le contrôleur des dotations pieuses de la *Meka Medina* devait aussi être Arabe.

Cette haine des Turcs vis-à-vis de leurs enfans, proprement dits, a duré à peu près deux siècles Ces *Kologhlas* sont assez nombreux et répandus dans toute la régence, particulièrement dans le lieu nommé *Wady Ezaïtoun*, au-dessous de la montagne de *Felaissa*; seulement en cet endroit, on estime qu'il peut y avoir 8 à 10 mille combattans. La plupart d'entre eux ont été soldés par l'état, et malgré qu'ils aient été éloignés des charges, on leur a cependant payé leur solde dans la crainte de leur ressentiment.

Par la suite, les Kologhlas ont cherché à rentrer dans les bonnes grâces de leurs ascendans. Ils se sont occupés de faire venir à leurs frais d'autres soldats et ont fait inscrire leurs enfans comme volontaires dans la milice; les Kologhlas qui recevaient une paie de l'état et qui étaient dispersés dans toute l'étendue de la régence, ne pouvaient se présenter tous les mois, selon l'usage, pour être payés. En conséquence des Juifs s'établirent leur banquiers, et leur avancèrent une année de solde, en échange d'une procuration qu'ils leurs donnaient pour toucher en leur nom auprès de l'état. Ordinairement cette avance ne se faisait pas en numéraire, mais en marchandises et avec usure, ces hommes étant presque toujours dans une position qui les obligeait à accepter des avances à toute condition ; mais si l'un d'eux venait à mourir avant la fin de l'année, et s'il ne laissait rien, alors le Juif perdait les sommes avancées. Les réglemens de la régence toléraient cette sorte de trafic.

Lors de l'invasion des Français à Alger, le paiement de ces Kologhlas a cessé ; tous les créditeurs de ces hommes ont perdu leur garantie qui était le gouvernement turc, car les Français ne paient pas de traitement aux Kologhlas; c'est à cette époque que les Juifs se sont réunis et ont adressé leurs réclamations à M. le maréchal Bourmont, pour lui demander qu'il acquittât cette dette de l'état. Le maréchal a refusé d'accéder à leurs prétentions; ils voulaient se faire payer sur les fonds provenant de l'usufruit des dotations pieuses, destiné à l'entretien des casernes, qui remplacent dans ce pays l'hôtel des invalides en France, car elles ne sont occupées que par des soldats infirmes, leurs veuves et orphelins. Ce sont ces invalides seulement qui ont des droits pour réclamer des secours de cette dotation.

Les réclamations des Juifs provenant des dettes contractées par des soldats en activité et en état de santé, c'eût été violer les dispositions prises par le fondateur de cet établissement que de les payer avec les fonds de cette dotation.

Quand les Juifs ont vu qu'ils n'obtenaient aucune satisfaction à Alger de la part des gouverneurs français, ils ont réclamé à Paris à l'effet d'obtenir le paiement de la somme qui leur était due, et j'ignore quel a été le résultat de leur demande.

Une grande partie de ces Juifs s'étaient adressés à moi pour avoir mon avis relativement à leurs demandes de remboursement, et pour savoir ce que je pensais d'une semblable réclamation.

Ma réponse fut : Mes amis, vous n'avez aucun droit pour réclamer auprès des Français, vous ne pouvez que prier ce gouvernement de vous accorder sa bienveillance et des secours; en lui exposant votre situation, je ne doute pas qu'il réponde à vos vœux.

Pour revenir à cette désunion qui existe entre les Turcs et les Kologhlas, je dirai que, depuis l'événement détaillé ci-dessus, il s'est établi une barrière entre ces deux castes; de sorte que les Turcs ne profiteront pas des lumières de leurs descendans ni de l'influence de leurs parens dans le pays; la méfiance des Turcs est si grande, que si même les Kologhlas leur donnaient des avis salutaires, ils les regarderaient comme des piéges tendus à leur bonne foi. Quant ils apprenaient qu'il y avait une réunion de Kologhlas en quelque endroit, ils les faisaient espionner pour savoir s'ils s'occupaient de politique, critiquaient quelques actes du gouvernement ou seulement la vie privée des Turcs. Ils étaient surveillés également dans la crainte qu'ils n'eussent quelque intelligence avec des notables de l'intérieur, dans l'intention de s'emparer du pouvoir. Quand les Turcs découvraient chez eux quelque mauvaise intention, et même sur de légers soupçons, ils faisaient exiler les chefs et dispersaient leur assemblée; enfin les vexations qu'on leur faisait supporter étaient telles que les habitans d'Alger, Kologhlas ou autres, ne s'occupaient plus de politique, ni dans leurs réunions, ni publiquement, ni dans leur société privée. Il arrivait quelques fois que des malveillans, quand ils voulaient se venger, dénonçaient la personne qu'ils voulaient perdre comme s'occupant de politique.

Cette sorte d'inquisition étouffa dans le cœur des hommes de ce pays les germes de leurs facultés, et fit naître dans la société une méfiance générale qui a duré jusqu'à l'arrivée des Français. Cette dépravation est la cause pour laquelle MM. les gouverneurs ont pu commettre des actes d'oppression ou perfectionner le pouvoir arbitraire, sans avoir trouvé des personnes assez courageuses pour exposer leur conduite au public et les faire connaître au gouvernement français.

C'est aussi par les perfides conseils des Juifs que le despotisme a été perfectionné et qu'on a conçu une opinion défavorable du caractère des habitans d'Alger, que l'on tient sous le joug de la tyrannie.

Quant à moi, par attachement au gouvernement français et dans l'intérêt de sa cause, j'ai cherché à faire connaître le caractère de cette nation libre, ainsi que les sentimens nobles de son gouvernement, qui n'approuvera jamais des procédés arbitraires, anti-constitutionnels et impolitiques.

C'est par suite de cette méfiance envers les Kologhlas, dont nous avons parlé ci dessus, que les Turcs ont placé leur confiance chez les Juifs, n'ayant pas à craindre que ceux-ci s'emparassent du pouvoir.

Les habitans d'Alger, de leur côté, ont élevé une barrière entre eux et les Turcs; ils ont observé une réserve absolue à leur égard, de manière que s'ils avaient à demander les avis des Algériens, ceux-ci ne leur diraient jamais ce qu'ils pensent; de ces causes provient l'anéantissement du divan et des délibérations dans les affaires.

Les Juifs se sont donc liés d'intérêt avec les Turcs, et dans ces circonstances ils ont fait des fortunes considérables ; je citerai le Juif *Bacry,* dont le frère *Michaïl* possédait, lorsqu'il s'établit à Alger, seulement une petite boutique d'épicier, où il faisait le détail de la quincaillerie. Sa boutique était située dans le voisinage de *Bab Azoun*. C'est depuis cette époque que cette maison *Bacry*, liée d'intérêt avec Hussan Pacha et Mustapha Pacha, est parvenue à posséder des millions. Je rapporterai un seul fait qui pourra faire comprendre de quelle manière rapide ils ont pu amasser une semblable fortune.

Selon la coutume, le bey de Constantine vint à Alger. Voulant faire un superbe cadeau à la femme du dey, ce bey s'adressa à un Juif nommé *Nephtaly Abousnach*, associé de Bacry, pour avoir un bijou de valeur. Celui-ci lui présenta un *sarmat* garni de diamans, évalué à la somme de 60 mille piastres (300,000 fr.); le bey acheta le bijou; n'ayant pas d'argent comptant, il convint de payer cette valeur en mesures de blé, estimées chacune à 4 fr. et devant peser 40 kil. Après la récolte, les *Bacry* envoyèrent des bâtimens pour charger la quantité de 75 mille *sahs* ou mesures de ce blé qu'ils firent transporter en France, à l'époque du blocus des Anglais; ils vendirent 50 fr. chaque mesure, qui ne leur coûtait à eux que 4 fr., et ce chargement produisit 3 millions 750 mille fr. Le bijou, dit-on, avait été fait à Paris, et ne coûtait que 30 mille fr. Un de leurs associés, celui qui a procuré le bijou de Paris, n'ayant pas été avantagé dans cette affaire, s'est présenté à Alger pour réclamer son contingent, mais il n'a rien pu obtenir. C'est de cet associé même que je tiens ces détails. Cet argent est la source et une des causes primitives de la malheureuse guerre de la France avec Alger, et de la chute du gouvernement turc dans cette partie de l'Afrique.

Voilà donc la manière dont ces Juifs ont fait

leur fortune, au détriment de tous les habitans de la régence; ils avaient tous les avantages de ce monopole, tandis que nous, ne trouvant pas à acheter au même prix qu'eux, ce commerce nous était interdit et nous ne pouvions jouir des avantages qu'il procure.

A cette époque, j'ai entendu dire par un *boulcabachy*, qui était chef de la garnison turque à *Bone*, que le blé exporté en Europe cette année-là s'élevait au nombre de 96 cargaisons. (Comme il avait un droit d'aperçu sur chaque navire chargé de blé, sa déclaration est digne de foi, et je ne doute pas qu'elle ne soit exacte. Ce droit était d'un quadruple d'or ou 80 fr.) Cette même année on a aussi exporté du port d'Oran la quantité de 240 mille *sahs* de blé, et chaque *sah* n'a pas coûté plus de 6 fr. à ces Juifs, que les beys étaient obligés de satisfaire, attendu qu'ils étaient protégés par le pacha. Aussi peu d'années suffirent-elles pour détruire toutes les ressources de notre beau pays!!!

En 1800, il y eut à Alger une grande disette. On manquait de vivres et le pacha ordonna, pour approvisionner le pays, d'aller charger du blé dans les ports de la mer Noire. Ce blé s'est vendu 28 fr. le *sah*, et encore fallait-il mettre des soldats à la porte de chaque magasin.

On peut dire aussi que maintenant les Juifs ont

trouvé la même faveur auprès des Français. Ils ont le privilége de ce genre de monopole, mais les profits seront beaucoup moins grands à cause de la situation dans laquelle se trouve la régence.

CHAPITRE XIII.

Sur l'intérieur de la régence, et de quelques observations sur Hussein-Pacha, dernier dey d'Alger.

Après avoir détaillé autant qu'il m'a été possible la fondation du gouvernement turc à Alger, les bases de ce gouvernement, ses abus et les causes de sa décadence, je prends la plume maintenant pour expliquer sa puissance dans l'intérieur de la régence.

Lors de leur établissement, le premier soin des beys était d'obtenir la tranquillité des routes, afin que le faible pût se transporter d'un lieu à un autre sans avoir besoin d'être protégé par la force armée; et chaque tribu était obligée d'appuyer cette mesure de manière que d'une tribu à l'autre l'ordre pût être maintenu.

S'il se commettait un assassinat, les notables du département où le cadavre était trouvé devenaient responsables du meurtrier, c'était à eux à le découvrir, autrement ils étaient obligés de payer une amende de mille seguins (10 mille francs). Cette somme était allouée aux héritiers de l'individu assassiné, et à défaut d'héritiers, la somme était versée dans la caisse de *beït-el-mal*.

Par cet ordre établi chez eux, les *beys* ont acquis une très-grande puissance et ont conquis plusieurs fois Tunis; cependant Tunis est plus ancien qu'Alger, et il est difficile de s'en emparer. On ne peut prendre la ville qu'en étant d'intelligence avec ses propres chefs, et en leur promettant de les délivrer de l'oppression dont ils sont l'objet et de changer leur souverain pour le remplacer par un autre de leur choix. C'est ainsi que les Algériens sont parvenus à conquérir Tunis; aussi ont-ils toujours rempli leurs promesses envers les *Tunisiens*. Les Français, lors de la conquête d'Alger, ont fait aussi des promesses; mais les engagemens qu'ils prirent, et qui ont été l'objet de leurs proclamations, n'ont jamais été remplis par eux. Ces proclamations se sont répandues et distribuées dans toute l'étendue de la régence. J'en ai vu plusieurs dans les mains des Kabaïls, lors de mon voyage à Constantine; et à ce sujet je fus témoin de plus d'une discussion. Ces peuples disaient que les Français violaient les droits de l'honneur en ne remplissant pas leurs engagemens, que tous les chrétiens étaient comme eux, et qu'ils ne pouvaient s'en rapporter à leurs promesses.

La dernière invasion de Tunis par les Algériens a eu lieu en 1754. Ils voulurent placer à la tête de la régence un neveu du bey de cette même régence, qui était alors à Alger, et se nommait Ally Bey. La ville de Tunis fût assiégée et prise d'assaut. Dans cette circonstance, il a été commis des crimes horribles et que l'humanité repousse.

M. le duc de Rovigo, lors du massacre de la tribu d'*Offia*, a commis des crimes semblables : des femmes et des enfans ont été massacrés, des oreilles coupées pour avoir les anneaux qui y étaient attachés, et tous ces crimes n'avaient pour objet que l'avidité et le pillage. Tant de cruautés font couler des larmes de sang!

On établit donc à Tunis cet *Ally Bey* comme pacha. On stipula des traités humilians pour lui; et celui entre autres qu'il ne ferait point d'armemens dans le fort de *Kaf*. Ce fort est un passage étroit et inattaquable situé sur les frontières qui séparent les deux royaumes. On stipula encore que lorsqu'on arborerait le drapeau national, on ne le placerait qu'au milieu du mât ; que lorsqu'un bâtiment de l'état d'Alger entrerait dans le port de Tunis, ce serait au capitaine de ce bâtiment qu'appartiendrait le commandement du port pendant la durée de son séjour ; et que le *wekel* ou chargé d'affaires d'Alger, et celui du bey de Constantine, seraient respectés comme des ambassadeurs des cours de l'Europe.

En outre la régence de Tunis s'engaga à envoyer chaque année une cargaison d'huiles à titre de contribution, ainsi que d'autres nombreux cadeaux provenant des productions de leur industrie et de leur commerce.

Cette armée victorieuse retourna à Alger avec des trésors considérables. Tunis depuis ce temps a été considérée comme la vassale d'Alger, et les Tunisiens ont été autant vexés de la conduite de l'armée algérienne que les Algériens le sont maintenant de celle des Français.

Le bey de Tunis n'était qu'un fantôme de souverain ; c'était le pacha d'Alger qui gouvernait le pays et le peuple selon son bon plaisir et comme bon lui semblait. C'est pourquoi le *wekel* ou chargé d'affaires d'Alger, celui de *Constantine*, premier courrier de la régence, et le capitaine des corsaires, ont commis des abus, sans en avoir jamais été punis. Tout homme qui voulait renoncer à sa réputation, pour faire fortune et jouer un rôle, n'avait besoin que de faire des cadeaux aux personnages de la cour d'Alger. Pour obtenir sa nomination de *wekel* à Tunis, et sous le moindre prétexte, le capitaine des corsaires entrait dans le port et commettait des ravages. A force de répéter ces nombreuses vexations, les Tunisiens se sont exaspérés et le feu de la discorde s'est allumé entre les deux peuples; et quoique les hommes d'honneur qui forment la majeure partie d'Alger aient toujours vu avec indignation une pareille conduite, cependant il n'a pas été en leur pouvoir de réparer le mal qui avait été fait. Je pense qu'il en sera de même de tous les vrais Français quand ils apprendront la conduite tyrannique que l'on exerce à Alger envers tous ses habitans. Ils auront pitié de nos malheurs; j'en ai vu parmi eux qui pleurent au récit de nos souffrances, et qui protestent hautement contre ces actes qu'il n'est pas en leur pouvoir d'empêcher.

Cet ordre de choses n'a duré que trop longtems à Tunis. Car le principe de cet abus date de 1791, époque à laquelle, comme nous l'avons dit, les charges de bey ne s'obtenaient que par faveur; et comme ces beys savaient que leur pouvoir ne durait pas longtems, ils s'occupaient uniquement d'accroître leur fortune le plus promptement possible, et cela au détriment du peuple : système arbitraire, dont la conséquence est de réduire les peuplades au dernier état de misère ou de les contraindre à lever l'etendard de la révolte.

Ally, bey de Tunis, installé en 1754 par les Algériens, fut remplacé à sa mort par son fils *Hamouda*. Ce nouveau bey, quoique jeune, a donné des preuves d'une bonne administration en suivant fidèlement la politique de son père, et Tunis a prospéré sous son règne.

Quelques années après son avénement au pouvoir, *Hamouda*, apercevant le désordre qui régnait dans le gouvernement d'Alger et la corruption de cette cour, crut devoir chercher les moyens de secouer le joug des Algériens, en se dégageant des traités humilians qui pesaient sur son pays depuis tant d'années.

En 1801, je revenais de Constantinople avec mon oncle; nous relâchâmes à Tunis et nous y séjournâmes une semaine. Le ministre du bey de Tunis, le nommé Sahebe-Etaba-Youseph Khoja, homme de beaucoup de mérite, nous invita à venir chez lui, et dans la conversation il se plaignit amèrement des abus que le wekel d'Alger, celui de Constantine et les gens de leur suite, exerçaient à Tunis. Il nous fit observer qu'il craignait beaucoup que ces abus, les négligences du gouvernement algérien et le peu d'égards que ce dernier manifestait pour Tunis, provoquassent une révolte à laquelle devait inévitablement donner lieu la mésintelligence qui existait entre les deux gouvernemens.

Quoiqu'au service de l'état, mon oncle trouva ses observations justes et il l'assura que si l'on agissait ainsi, c'était contrairement aux sentimens des Algériens, amis de l'ordre et de la justice. Ensuite il nous présenta chez Hamouda Pacha, bey de Tunis, qui nous reçut avec les plus grands égards.

Comme il est d'usage en Orient que lorsqu'un étranger se présente à la cour il fasse quelque présent, et offre, comme une marque de respect, quelque objet provenant de son pays, en échange d'un cadeau que lui fait le souverain, lequel surpasse toujours de beaucoup la valeur reçue, Hamouda Pacha, croyant que nous lui ferions cette politesse, nous avait préparé de riches présens, dans le but aussi de nous engager indirectement à faire valoir ses plaintes auprès du gouvernement d'Alger. Nous nous abstînmes donc de rien lui offrir, parce qu'il ne nous convenait pas d'accepter un semblable présent, et nous continuâmes notre voyage pour Alger.

Peu de tems après, le bey de Tunis, qui était dans l'usage de fournir une cargaison d'huile pour sa contribution, s'abstint de l'envoyer, pour montrer un commencement d'indifférence et de mauvaise volonté.

Aussitôt que cette circonstance fut connue à Alger, le dey, *Ahmed Pacha*, s'emporta violemment contre ce procédé, qui était une espèce de rupture et un manque de soumission.

Il faut dire aussi qu'à cette époque le bey de Constantine était un jeune homme sans expérience et que les Turcs aussi ne s'entendaient pas très-bien entre eux.

C'est pourquoi Hamouda Pacha crut devoir profiter de cette circonstance, et il envoya une armée considérable sur Constantine, qui fut assiégée pendant dix-sept jours. On l'attaqua avec de l'artillerie et des bombes; mais les habitans de Constantine, connaissant parfaitement bien de quelle manière ceux-ci avaient agi précédemment à Tunis, et persuadés que s'il s'étaient vainqueurs ils n'auraient rien de bon à attendre d'eux, montrèrent une résistance des plus opiniâtres, jusqu'à ce qu'un secours leur fût arrivé d'Alger : en effet, bientôt l'*aga* s'approcha à la tête d'une armée, mit en déroute l'armée tunisienne, puis retourna à Alger avec 500 Tunisiens captifs. Ahmed-Pacha, homme capricieux et cruel, fit étrangler cet aga qui revenait vainqueur et s'empara de toutes ses richesses; après quoi il nomma aga son propre neveu pour remplacer la victime qu'il venait de sacrifier. Ensuite il organisa une autre armée pour marcher contre Tunis, et il envoya une somme d'argent considérable à Constantine pour faire face aux besoins de la guerre. C'est alors que les Turcs qui formaient la garnison de Constantine se révoltèrnet et massacrèrent le bey de cette province ainsi que le nouvel aga, neveu du pacha. A leur retour à Alger une autre révolution éclata, le dey Ahmed Pacha fut massacré et Ally Pacha mis à sa place.

Bientôt ce nouveau pacha fit des armemens par terre et par mer contre Tunis, mais il a toujours échoué dans ses plans, et ses tentatives furent vaines dans cette entreprise. Pour qu'un projet soit bon et puisse être mis à exécution, il faut qu'il soit bien dirigé et basé selon les règles de la droiture et de l'équité. Lors de la dernière invasion de Tunis, les Algériens avaient commis tant d'actes arbitraires et criminels, comme nous l'avons dit, que ces forfaits étaient encore présens à la mémoire des Tunisiens; et plutôt que de se soumettre, ils déclarèrent qu'ils préféraient périr jusqu'au dernier d'entre eux.

Tout récemment, les Tunisiens firent la même réponse lorsque la Sardaigne voulait envahir leur pays. Je citerai à ce sujet une lettre écrite de Tunis, et insérée dans le journal *la Tribune* le 21 mai 1833, concue en ces termes :

« Tous les Africains bédouins ou kabaïls,
» habitant le même continent, ont été témoins

» de ce qui vient de se passer à Alger, ainsi que
» des abus des gouverneurs français, et plutôt
» que de se laisser séduire par de belles paroles,
» ils préféreront combattre jusqu'à la mort du
» dernier d'entre eux. » C'est ainsi que les Tunisiens avaient formé la résolution de se défendre contre les Algériens.

Un des grands abus survenus dans le gouvernement turc à Alger, était d'élever à la charge de bey des personnes dépourvues de mérite et de capacité.

Un nommé *Mustapha*, une des créatures et le favori du *khaznagy*, fut nommé bey à Oran. Il avait promis de fortes sommes d'argent pour obtenir cette charge. Cet homme n'avait aucune relation avec les cheiks; il ne connaissait nullement les localités de cette province; il n'avait absolument que le talent de dépouiller le peuple pour envoyer ses dépouilles à son protecteur.

Par suite d'un pareil état de choses, le peuple exaspéré se révolta, et le nommé *Darghawy* fut le chef qui se plaça à sa tête. Ces révoltés s'emparèrent de *Maasker* après un siége très-court, et marchèrent ensuite sur Oran dont ils firent le siége.

Mustapha Bey, voyant l'impossibilité de repousser cette masse de peuple et de lutter avec elle, fit murer les portes de la ville, et il concentra ses forces *intrà muros*. Alors ayant fait parvenir cette nouvelle à Alger par mer, le gouvernement prit le parti de rétablir son autorité, et calma cette révolte, non par la force, mais par la modération. Il nomma un autre bey qui était très-influent parmi le peuple, et avait des relations amicales et de parenté avec les différens cheiks; il était en outre le fils de *Ben Kara Mehemed* qui avait arraché Oran du pouvoir des Espagnols.

Cependant les routes entre Alger et Oran étaient interceptées, et le nouveau bey fut obligé de se rendre à Oran par la voie de mer. Aussitôt son arrivée, il fit ouvrir les portes de la ville, se présenta en personne avec sa troupe devant ce Darghawy, et ses partisans s'étant réunis à lui, les rebelles furent bientôt dispersés et mis en déroute.

Ce bey qui venait de délivrer Oran de la main des rebelles avait de la capacité et du mérite, et sa présence dans cette province contribua à assurer l'ordre public; et malgré cela, peu d'années après, il fut destitué et condamné à mort. On le remplaça par ce Mustapha, son prédécesseur, qui n'avait pour tout mérite que la protection du khaznagy, ainsi que nous l'avons déjà dit.

Peu de tems après, ce Mustapha fut nommé

à la charge de khaznagy, et fut remplacé dans cette province par *Dely Bey*, frère de Kara Mehemed Bey.

Les mêmes actes ont existé à Constantine dans la personne de ses beys. Une de ces conséquences a fait naître un aventurier qui se mit à la tête d'un parti de rebelles. Il se nommait *Eben-el-Ahrech*. Il plaça son quartier général dans le voisinage de *Bougie*, et les montagnes qui environnent ce pays pouvaient lui servir de fortications.

A Constantine, il y avait alors pour bey le nommé *Othman Ben Kara Mehemed*. Ce bey, voulant mettre en application un des principes de la politique, qui dit que le corps ne peut être gagné que par un de ses membres ou une de ses parties, voulut se lier d'intelligence avec les chefs des Kabaïls, et leur promettre de grands dons, s'ils consentaient à abandonner ce chef des perturbateurs et trahir sa cause; mais il échoua dans ses tentatives, et ses efforts furent vains.

Othman Bey n'était pas la créature du *khaznagy*, et celui-ci mit dans l'esprit du dey que cette révolte avait été occasionée par ce bey, qui ne l'avait pas fait cesser parce qu'il était lui-même d'intelligence avec les rebelles. Cette insinuation a été la cause que le dey lui a adressé des dépêches énergiques, dictées par la colère, et dans lesquelles il lui déclarait ou d'avouer son impuissance, ou de lui envoyer la tête du chef de la révolte.

Le bey de Constantine n'avait pas l'habitude d'entendre un semblable langage, il a bien pensé qu'un esprit malin se mêlait de cette affaire et que c'était son antagoniste le *khaznagy*. Le bey, à la suite de cet ordre impérieux et menaçant, sortit de Constantine comme un désespéré, avec toute la troupe qu'il put réunir, et il attaqua avec fureur cette foule de Kabaïls; mais étant arrivé à un passage très-étroit de la montagne, les Kabaïls le repoussèrent avec succès; le premier coup fut porté sur sa personne, et son armée s'enfuyant, fut mise dans une pleine déroute; on prit son camp, et son butin fut partagé. Dans cette circonstance, plusieurs Turcs furent faits prisonniers, ce n'est que longtems après qu'ils ont pu s'échapper ou obtenir leur délivrance.

A l'avénement de *Haggi-Ally Pacha* au pouvoir, la province de Constantine était dans la misère et le pays presque nul; c'était tout le contraire dans l'ouest, et c'est alors que ce dey voulut conquérir Tunis; il avait désigné pour chef de l'armée *Dely*, bey d'Oran, non-seulement parce qu'il comptait sur sa force et parce que sa troupe était bien organisée et en bon état, mais aussi parce que ce bey était un homme d'une capacité reconnue.

Cependant, comme Dely Bey connaissait parfaitement bien l'origine de la haine qui existait entre les deux peuples, et qu'il savait que les Tunisiens périraient plutôt jusqu'au dernier que de se soumettre aux Algériens; comme il craignait aussi qu'en quittant sa province des troubles n'éclatassent à Oran, il refusa par ces raisons d'accepter le commandement qui lui était offert.

Haggi-Ally Pacha, loin de se rendre à de semblables motifs, insista au contraire formellement pour qu'il se mît en marche contre Tunis, en lui promettant qu'il aurait les trésors de cette régence et les honneurs de la victoire. Pour provoquer son amour-propre, le dey lui écrivit : « Vous êtes Kologhli et le bey de Tunis l'est aussi; vous ne voulez pas porter préjudice à votre frère, et vous aimez mieux me désobéir que de marcher contre lui. »

Ce bey, voyant l'impossibilité de pouvoir marcher contre Tunis, et persuadé que le dey le punirait de sa désobéissance, se détermina à lever l'étendard de la révolte, et pour obtenir la paix il troubla et intercepta les routes entre lui et Alger.

Haggi-Ally Pacha, par un sentiment de vengeance, fit marcher une armée contre Oran, sous le commandement d'Omar Aga; et, la volonté de ce tyran ayant été couronnée du plus heureux succès, le malheureux bey fut contraint de se rendre à la discrétion de l'armée et fut puni de la peine de mort. Sa femme et ses enfans furent aussi l'objet des plus infâmes traitemens; on transporta toutes ses richesses à Alger, et on nomma un autre bey à sa place.

Cette nomination fut répétée souvent jusqu'à l'avénement au pouvoir de Hassan Bey, qui a livré Oran aux Français. Cet Hassan Bey était allié avec l'ancien bey d'Oran, Dely Bey. Cette parenté a beaucoup contribué à la prospérité de cette province, et il a rendu surtout son administration modérée pendant les quatorze ans qu'a duré son pouvoir.

Ce bey gouvernait avec des sentimens paternels, n'exigeait que de faibles contributions et n'usait jamais de violence envers le peuple. Par ces motifs le pays a été très-florissant et on lui témoignait de la reconnaissance.

Quoique nous ayons dit que les Turcs avaient établi pour principe qu'aucun membre de la caste des Kologhlas ne serait élevé à la charge de bey, cependant la nécessité et les sentimens de liberté et de modération qui caractérisaient Hussein Dey l'avaient porté à nommer Haggi Ahmed, de Constantine. C'est encore lui qui occupe aujourd'hui cette charge.

Avant qu'il ne fût bey, sa province était pauvre, et le pays dégénéré au point que les habitans ne pouvaient satisfaire aux faibles contributions que l'on ne paie cependant que tous les trois ans.

Lorsque le bey de Constantine se rendit en personne à Alger, je me souviens que, pour cacher la pauvreté de cette province, le pacha crut devoir envoyer d'avance et secrètement une somme d'argent à ce bey, afin qu'à son entrée à Alger il pût se présenter selon l'usage et d'une manière honorable.

Haggi Ahmed Bey fut donc nommé à Constantine à cause de son mérite et de sa capacité ; ce qui le prouve, c'est qu'il a su se maintenir même après la décadence du gouvernement turc; il a su aussi se créer des ressources immenses en se liant avec les différentes tribus. Je donnerai des détails plus circonstanciés dans le récit que je ferai plus bas de mes deux voyages à Constantine.

Les abus des Turcs et les désordres causés par les destitutions des beys ont commencé en 1791, jusqu'en 1818, époque à laquelle Hussein Pacha arriva au pouvoir.

Hussein Pacha est le dernier dey turc à Alger. Cet homme, d'une grande probité, appartient à une bonne famille, et possède des connaissances étendues ; il a servi la régence pendant plus de trente ans, en occupant différentes charges du gouvernement. Connaissant son caractère, je puis dire qu'il est de cette bonne souche des anciens Turcs, c'est-à-dire magnanime et charitable. Je ne pense pas que personne puisse l'accuser de cupidité ; il a toujours eu à cœur d'épargner le sang humain, et la fidélité qu'il a mise à remplir ses engagemens est bien connue en Europe. Et comme aucune cour ne peut se plaindre que Hussein Pacha ait violé les traités qu'il a faits soit avec le fort, soit avec le faible, je suis persuadé qu'on lui rendra à cet égard la justice qu'il mérite.

Quant à cette guerre malencontreuse qui l'a forcé à abandonner le pouvoir, on verra plus bas, par les détails, que c'est principalement par la faute de ses agens et de sa milice que le sort l'a trahi. Parmi les personnages qui formaient sa cour il en est plusieurs qui étaient sans principes, sans expérience et sans courage. Pendant son règne il avait eu l'intention de rétablir l'ordre et la discipline, car à son avénement au pouvoir il avait trouvé le gouvernement dans un désordre difficile à dépeindre. D'anciens abus existaient depuis un grand nombre d'années, et pour parvenir à extirper le mal et opérer une cure radicale dans le gouvernement de la régence, il aurait fallu que le sort en ordonnât autrement et que son règne fût d'une plus longue durée. Si l'on a un reproche à lui faire, quant à son gouvernement, c'est celui de n'avoir pas rétabli l'ancien divan afin de pouvoir délibérer sur les affaires majeures, et profiter des conseils que l'expérience et les lumières des anciens peuvent toujours présenter pour être suivis. On doit encore lui alléguer, comme faute, de n'avoir pas employé tous les moyens possibles pour empêcher la guerre qui a éclaté avec la France !

FIN DU LIVRE PREMIER.

LIVRE II.

CHAPITRE PREMIER.

De la guerre et de ses causes.

L'origine ou la cause primitive de cette fatale guerre qui fait le malheur de tous les Algériens perdra infailliblement les Français dans l'opinion de la postérité, pour avoir permis, pour ne pas dire commis toutes les horreurs dont Alger est devenu le théâtre. Au XIXe siècle nous pouvions croire que toutes les idées rétrécies du fanatisme avaient été oubliées, que le tems de l'émancipation des peuples était arrivé, et que tous les hommes qui habitent la surface du globe devaient être considérés comme ne formant qu'une seule et même famille.

Nous dirons donc qu'une des causes primitives de cette guerre est la réclamation de Bacri auprès du gouvernement Français, qui date depuis la révolution, avant le tems de l'empire, et provient des fournitures de grains dont nous avons déjà parlé.

Le gouvernement français, par une décision, fixa le paiement de ces fournitures à sept millions de francs. Cette liquidation a traîné en longueur et a duré plusieurs années. La reconnaissance fut stipulée au nom de Bacri et de son associé Michaïl Bousnach. Ce Bacri, devant au trésor d'Alger des sommes considérables pour valeurs de laines que l'état lui avait vendues, comptait toujours sur cette liquidation pour payer cette dette, ainsi que d'autres qu'il avait contractées en France. Les créanciers de Bacri se sont présentés en foule au trésor pour mettre opposition au paiement, et ces oppositions ont compliqué la liquidation.

Ces Juifs, ne voyant pas la fin de cette affaire, se sont livrés à des négociations ruineuses; ils ont souscrit des obligations de 100 mille francs et les ont données pour 20 mille, car pourvu qu'ils aient du numéraire dans les mains, ces Juifs sont satisfaits et sont capables de tout faire. A cette époque Bacri s'introduisit aussi chez le consul de

France, M. Deval, et lui promit une somme importante s'il voulait faire hâter sa liquidation à Paris. Les uns prétendent qu'il a été donné de l'argent comptant audit consul, les autres que ce ne sont que des promesses qui furent faites. Pour moi, ne sachant rien de positif à cet égard, je ne répète ici que ce que le public a répété lui-même : seulement je sais que l'on a tellement intrigué dans cette affaire, que l'on a décidé *Hussein Pacha* à faire lui-même des représentations au gouvernement français pour hâter cette liquidation, sans qu'il ait eu connaissance que des actes peu délicats avaient été faits à cet égard. Le seul motif pour lequel il consentit à s'en mêler fut que Bacri était Algérien, et débiteur envers le trésor de la régence : il espérait par là y faire rentrer des fonds.

On dit aussi que le même M. Deval a fait pour son propre compte, mais au nom de ses amis, une partie de ces négociations ruineuses pour Bacri, et qu'il a profité de la gêne de ce Juif et de son associé. On dit encore qu'il avait formé le projet d'accaparer, lui et ses amis, la totalité de cette somme considérable due à ce Bacri par le gouvernement français, et en effet personne n'en a profité que M. Deval et ses amis.

M. Deval, pour faciliter la liquidation à Paris, et pour faire que le gouvernement payât cette somme à la considération du dey, avait promis que sous peu de tems il procurerait à ce souverain la somme que Bacri devait au trésor. Mais quoique le dey eût délivré à M. Deval la dépêche que celui-ci lui avait demandée, cependant rien de ce qui avait été promis par ce consul ne fut exécuté, et c'est en vain que le dey a adressé depuis de nouvelles dépêches au gouvernement français, en les faisant même parvenir chacune par un canal différent. Naturellement le dey a dû s'impatienter de ne pas recevoir de réponse du gouvernement français, dans l'ignorance où il était que celui-ci n'avait aucune connaissance des différentes demandes qu'il lui avait adressées.

Il était dans l'usage que le premier jour du Baïram, les consuls des puissances européennes près la cour d'Alger fissent une visite de cérémonie au dey. Le consul anglais et le consul français se disputaient toujours la préséance dans ces occasions; c'est pourquoi le dey, pour éviter toute discussion, établit qu'il en recevrait un la veille du jour solennel, et l'autre le jour même. La veille donc de cette fête du Baïram, M. Deval se présenta pour faire sa visite au dey devant sa cour réunie. Ce consul parlait aussi mal la langue turque que moi la langue française, et n'en connaissait ni les nuances ni la délicatesse. Après la cérémonie, le pacha lui ayant demandé pourquoi son gouvernement ne répondait pas à ses nombreuses dépêches concernant les réclamations de *Bacri*, la réponse de M. Deval fut on ne peut plus insolente, et conçue en ces termes :

« Mon gouvernement ne daigne pas répondre
» à un homme comme vous. »

On pourra dire, en faveur de M. Deval, que c'était par ignorance de la langue qu'il s'exprimait ainsi ; car un Français bien né ne dirait pas une grossièreté à un homme du commun, à plus forte raison au chef d'une régence. Certainement, dans toute autre occasion, le dey aurait excusé M. Deval, mais en présence de toute sa cour, ces paroles froissèrent tellement son amour-propre, qu'il ne put être maître d'un premier mouvement de colère, et ce pacha lui donna un coup d'éventail. (Cet éventail est formé de paille de dattier.) Hussein Pacha est loin d'être un homme grossier. Toute personne qui le connaît ne pourra l'accuser d'aucun acte de brutalité ; j'en appelle à tous les consuls étrangers.

Le consul, à ce qu'on dit, a tiré parti de cette circonstance, et pour masquer sa conduite et faire oublier ses paroles insolentes, il a présenté ce coup d'éventail d'une manière défavorable au dey.

Le dey ayant appris que Joseph Bacri, l'un des chefs de cette maison, était créancier de la cour d'Espagne, que ce gouvernement lui devait une forte somme augmentée de ses intérêts depuis une vingtaine d'années (Bacri prétendait que la somme qui lui était due par le gouvernement espagnol s'élevait à 5 millions de francs), exigea du consul de cette nation qu'il écrivît à son gouvernement pour l'engager à liquider cette dette, et à payer au trésor d'Alger la somme qui était due à Bacri. Par suite d'une discussion très-vive à se sujet entre le dey et le consul d'Espagne, ce dernier quitta la ville et se rendit à bord d'un vaisseau de sa nation. Le dey l'invita à revenir à terre, en lui faisant observer qu'il ne devait pas faire de scandale, que son intention n'avait pas été de lui porter préjudice, et que les paroles qu'il lui avait adressées ne touchaient que le gouvernement qu'il était chargé de représenter. Le consul ayant refusé de se rendre à terre, le dey lui déclara alors que s'il persistait dans son refus, il le considérerait comme une rupture entre les deux gouvernemens.

Malgré le départ de ce consul, le dey n'a voulu agir avec aucune rigueur; au contraire, il s'est adressé d'une manière amicale à la cour d'Espagne, en faisant valoir ses droits et ses raisons, et en proposant au gouvernement espagnol le mode d'un accommodement entre lui et Bacri,

Comme l'Espagne ne voulait pas, avec raison, consentir à payer un intérêt de trente pour cent que Bacri réclamait, la proposition fut faite par le dey au gouvernement espagnol, que moyennant un million, il prendrait sur lui d'anéantir les prétentions de Bacri, et qu'il n'entendrait plus parler de cette affaire. Le dey réclamait en outre la somme de 500,000 francs pour indemnités et frais de guerre, et cette dernière dépêche fut écrite de ma main. Le gouvernement espagnol ayant accédé à cette proposition raisonnable, l'amitié fut rétablie immédiatement.

Lors du paiement de cette somme, on distribua, au prorata, le million de francs aux créanciers de Bacri. Celui-ci fut présent ainsi que le khaznagy, pour reconnaître chaque titre. Quant aux 500,000 francs, ils entrèrent au trésor à titre d'indemnités de frais de guerre, comme il a été dit, et non pas à d'autre titre. Le dey fit payer sur cette somme 50 francs à chaque soldat, de sorte que le trésor n'a profité que de 50,000 francs à peu près.

Le dey refusa cet exorbitant intérêt, parce que les lois européennes ne reconnaissent que cinq pour cent, et nos lois aucun intérêt quel qu'il puisse être. C'est ainsi que les faits se sont passés dans cette circonstance, j'en ai été moi-même le témoin oculaire.

Le dey, comme chef de l'état, comme père du peuple et tuteur des orphelins, reconnu par les lois, avait tout pouvoir de prendre sur lui d'arranger cette affaire. Jacob Bacri avait pour associé son frère Joseph qui était mort ayant laissé des héritiers, et il devait, en vertu de ces motifs, intervenir pour donner fin à cette réclamation.

A l'entrée du général Bourmont à Alger, Bacri voyant que ce chef l'accueillait bien, se rendit chez Hussein Pacha, avec un document préparé, pour lui faire constater que lui Bacri avait déposé au trésor une somme de 500,000 fr., et il s'engageait envers Hussein Pacha à lui payer 125,000 francs *pour cette complaisance.* Cette déclaration fut écrite de sa propre main. Quant aux 500,000 francs qu'il réclamait, il voulait les obtenir, disait-il, comme provenant de sa liquidation avec l'Espagne. En conséquence, il pria le dey de lui signer cette reconnaissance qu'il aurait fait signer ensuite par le cady et le muphty, avec la persuasion, disait-il, de se faire payer cette somme. Le dey, après avoir examiné ces pièces, renvoya Bacri sans y mettre sa signature, et sans y apposer son sceau ; il garda chez lui les déclarations qui lui avaient été présentées dans l'intention de le corrompre, et il lui dit pour toute réponse : « Mon honneur me défend de

» me prêter à de semblables mesures. » En le congédiant, on assure que le dey donna obligeamment à ce Juif, à cause de sa position critique, 7 à 8,000 francs de sa caisse particulière, pour lui et ses enfans.

On dit que Bacri a réclamé cette somme de 500 mille fr. auprès du gouvernement français. Par quels moyens lui sera-t-il possible de justifier sa demande? Tout ce que je puis dire, c'est que ce que je viens de citer consciencieusement s'est passé, et est entièrement à ma connaissance

A l'occasion des malheureux coups de canon qui furent tirés sur le vaisseau *la Provence*, ce qui plus que jamais a augmenté les griefs et a décidé la guerre de la France, circonstance qui a hâté notre ruine et fait notre malheur, je puis certifier qu'ils l'ont été à l'insu de *Hussein Pacha*. Mais nous disons en arabe : « que le maître est responsable des fautes de son domestique. » Si le dey avait nommé à la charge de ministre de la marine un homme digne de cet emploi, la guerre n'aurait peut-être pas eu lieu, et le droit sacré de parlementaire n'aurait pas été violé. (La destitution de ce ministre et la disgrâce du chef des canonniers qui avait ordonné de tirer ces coups de canon, n'eurent aucun résultat pour nous.) Aussitôt je me rendis moi-même chez l'aga pour le charger de faire connaître au pacha que, d'après mon opinion, je pensais que l'acte que l'on venait de commettre serait considéré comme une trahison, comme contraire à nos institutions, et aux lois de la société et de la civilisation.

Pour laver cette tache qui devait nous être imputée, il fallait que le pacha envoyât immédiatement un ambassadeur en France, pour exposer les faits, avouer publiquement nos torts et faire connaître la destitution du ministre et la disgrâce du chef des canonniers; et dans le cas où le gouvernement français aurait demandé à l'ambassadeur des explications sur le principe de la guerre, il aurait dû se borner à répondre : Ma mission est spéciale, elle a seulement pour objet d'avouer nos torts et de donner des éclaircissemens sur les causes de ces torts; quant à la question de la guerre, nous croyons avoir raison; cependant c'est à vous à faire au dey les représentations que vous croirez convenables, et à suivre l'exemple de notre impartialité. Cet envoyé aurait dû terminer en disant que le dey était persuadé que le gouvernement français serait satisfait des réparations qu'il était chargé de lui faire, et qu'il espérait pouvoir s'entendre sur l'affaire majeure que M. Deval avait compliquée, en compromettant son gouvernement par ses actes de corruption, et en interceptant les dépêches du dey.

Si les choses se fussent passées de cette manière,

il était présumable qu'à la suite de ces éclaircissemens la bonne intelligence aurait continué à exister avec la France et que bien des maux auraient été évités.

CHAPITRE II.

Relation de l'arrivée de l'armée à *Sidi Frrage*.

Hussein Pacha avait écrit aux Kabaïls et aux Arabes pour leur apprendre les intentions hostiles des Français à leur égard, et pour leur donner l'ordre de se tenir prêts au premier signal. On lui répondit que l'on était prêt, et que l'on n'attendait plus que les ordres du pacha pour accourir et le défendre. Hussein Pacha avait écrit également au bey d'*Oran*, en lui recommandant de fortifier sa place et de se tenir sur ses gardes; il avait aussi prévenu le bey de Constantine de bien fortifier le port de *Bone;* et comme il y avait trois ans qu'il n'était venu à Alger, il lui donnait l'ordre d'y venir, comme pour se conformer à l'usage et sans déranger les tribus.

Le pacha donna aussi l'ordre de faire le recensement des ouvriers dans la ville d'Alger, d'envoyer dans les forts, pour être destinés à la manœuvre de l'artillerie, ceux qui seraient aptes à ce service, et de nommer un chef à la tête de chaque compagnie.

L'aga Ibrahim, qui était gendre du pacha, n'avait jamais passé pour être un bon général, et ne connaissait pas beaucoup la tactique militaire; son prédécesseur, Yaha Aga, avait rempli pendant douze ans cette charge sous le règne de *Hussein Pacha.* Il avait assisté à plusieurs combats entre les Arabes et les Kabaïls, et pendant tout le temps de leur durée il n'était jamais resté inactif. *Yaha* avait beaucoup d'ambition; il avait une grande justesse dans le raisonnement et possédait le talent de se faire aimer, surtout des Arabes et des Kabaïls; s'il était resté plus longtems dans cette charge, je crois qu'Alger aurait obtenu par lui de grands avantages. Mais l'envie et la jalousie qu'il inspira au *khaznagy,* comme favori du pacha qui suivait toujours ses avis, portèrent celui-ci à intriguer contre cet aga. Ce *khaznagy* forma une cabale, et au moyen de rapports mensongers et à l'aide de faux témoins, à qui il avait promis des charges dans le cas de succès, il vint à bout de faire destituer cet Yahïa Aga. Le pacha, l'ayant exilé à *Bélida*, le remplaça par *Ibrahim* son gendre, homme dépourvu de bon sens et de capacité, comme nous l'avons déjà dit.

Les malveillans craignirent bientôt que leurs intrigues ne fussent découvertes, et que leur antagoniste ne rentrât au pouvoir; c'est alors qu'ils ourdirent de nouvelles machinations; ils alléguèrent qu'il était d'intelligence avec les différens chefs des Arabes et des Kabaïls; que ces chefs le visitaient pendant la nuit; qu'il tenait chez lui des conciliabules dans le but d'attaquer Alger, de s'emparer du gouvernement et de se mettre à sa tête. Ayant encore présenté, à l'appui de ces assertions, de faux documens qui avaient l'apparence de la vérité, on parvint à faire croire au pacha que l'ex-*aga Yahia* était un traître, et celui-ci donna des ordres pour le faire mourir.

D'après ces détails il est facile de voir que si, à l'époque de notre dernière guerre, cet Yahïa, prédécesseur d'*Ibrahim*, s'était trouvé à la tête de l'armée algérienne, les affaires auraient été mieux conduites, car l'expérience qu'il avait acquise sur terre et sur mer, et son courage à toute épreuve, eussent été une double garantie pour le soldat qui aurait combattu sous ses ordres.

Cependant *Ibrahim* ayant été nommé aga à la place de *Yahia*, après la fâcheuse affaire de *la Provence*, on envoya à cet Ibrahim le plan tracé des Français, en lui désignant le point où ils devaient débarquer, ainsi que le nombre exact des vaisseaux et des soldats qui composaient l'armée. Malgré cet avis salutaire il n'avait rien préparé, ni pris aucune mesure, et aucun ordre n'avait été donné ; il prétendait que lorsque les Français mettraient pied à terre, il les entourerait avec les Kabaïls, qui n'étaient même pas à sa disposition, car il aurait fallu donner des ordres pour qu'ils eussent le tems de se rendre aux lieux indiqués, sans fatigue, afin de repousser l'ennemi : en effet, aux uns il faut une semaine, aux autres davantage ; ceux-ci ont des chevaux, ceux-là marchent à pied. Quant aux cavaliers arabes, dont la valeur est vantée à si juste titre, ils sont encore plus loin à l'extrémité de la régence, et nul ordre non plus n'avait été donné à ces braves. L'armée qui entourait cet aga n'était donc composée que des habitans de Mitidja, qui ne connaissent autre chose que de vendre du lait. J'ai entendu dire à cet insensé qu'il avait à sa disposition cinq mille voleurs qui, pendant la nuit, surprendraient les Français sur tous les points et les engageraient à se battre les uns contre les autres. Le petit nombre de Kabaïls qui venaient à lui ne recevaient pour eux et leurs chevaux ni munitions ni vivres, et comme ils ne trouvaient pas même le moyen d'en acheter de leurs propres deniers, ils s'en allaient et l'abandonnaient.

A *Sidy Frrage*, on n'avait fait préparer ni artillerie ni retranchemens; il y avait seulement une douzaine de canons qui avaient été placés là par son prédécesseur, au commencement de la déclaration de guerre.

Le jour du débarquement du maréchal Bourmont avec son armée, l'aga n'avait à sa disposition que 300 cavaliers; le bey de Constantine n'avait avec lui qu'un très-petit nombre de troupes, ne s'attendant pas à livrer un combat; et le bey de Titery se trouvait à *Mediah*, d'où il n'arriva que quelques jours après. J'ai ouï dire que le débarquement du maréchal Bourmont était dû au hasard et qu'il s'était exposé à de grands dangers, parce qu'il avait mis les hommes à terre avant d'y mettre les vivres et l'artillerie. Cet état de choses ayant duré trois jours à cause du vent contraire qui éloignait les vaisseaux de transport, l'armée française aurait infailliblement éprouvé un échec, si l'on avait fait quelques préparatifs pour le moment du débarquement; d'ailleurs l'armée d'Oran n'était pas loin de ce lieu, sous le commandement du lieutenant du bey de cette province, et le bey de Titery avait fait part au pacha qu'il avait à sa disposition 20 mille cavaliers dont 10 mille avec des lances (voilà pourquoi on appelle ce bey *Abou-Mezrag*, mot qui signifie lance). Ce bey de Titery est un homme de peu d'aplomb, d'une bravoure reconnue, mais incapable de diriger une armée. Lorsqu'il arriva, au lieu de 20 mille cavaliers qu'il avait annoncés, il n'en avait plus que mille. Tous ces guerriers s'étaient campés à *Stawely*; l'aga avec sa fameuse troupe de Mitidja dont je viens de parler et un détachement de Kabaïls s'étaient aussi présentés, mais faute de vivres et de munitions ils se retirèrent dans la Maison-Carrée, et chaque matin ces soldats retournaient à leurs champs.

Le bey de Constantine fit observer à l'aga que cette organisation de l'armée ne laissait espérer aucune chance de succès; que, dans le cas où l'armée française dirigerait sa marche sur Alger, notre retraite servirait pour la guider, et que, dans son opinion, nous ne pouvions résister et lui tenir tête. Il lui fit aussi remarquer qu'il était impolitique de concentrer toutes nos forces sur un seul point, qu'il fallait les diviser et en porter une partie vers l'ouest de *Sidy Frrage*, de manière que si les Français s'attachaient à nous suivre, ils s'éloigneraient de leur but qui est Alger, et ce qui serait pour nous plus avantageux :

nous pourrions alors les attaquer les premiers, que dans ce cas ils iraient à Alger sans nous attaquer, et alors nous serions plus forts et plus en état de nous défendre et de les dérouter. Il proposa aussi que chacun des chefs prît à sa charge une portion de la troupe pour l'entretenir.

Mais le quartier général que nous choisîmes fut la Maison-Carrée, de laquelle on met quatre heures de marche pour se rendre à *Stawely*. A toutes ces observations, la réponse de l'aga fut : « Vous ne connaissez pas la tactique européenne, elle est tout-à-fait opposée à celle des Arabes. » Le bey de Constantine, se trouvant offensé de cette stupide réponse, crut alors devoir garder le silence et ne se permit plus aucune observation.

La veille de la prise de *Stawely*, j'étais moi-même chez l'aga pour connaître la situation des affaires. Je dînai avec lui, ainsi qu'avec le bey de Constantine, le bey de Titery, le lieutenant du bey d'Oran et le *khojet-et-khaïl* : ce jour-là, l'aga s'étant approché de moi, me confia l'importante nouvelle que tels et tels (en me nommant les individus) s'étaient présentés dans le camp des Français comme partisans de leur cause, mais qu'ils devaient leur faire de faux rapports sur l'état du pays et les engager à envoyer par mer une partie de leurs troupes sur tel ou tel autre point, avec la promesse de se joindre à ce débarquement pour en diriger la marche vers le fort de l'Empereur, et tromper ainsi la vigilance des Algériens. L'aga ajouta : Je crois que demain le plan sera exécuté, et pendant qu'ils entraîneront la marche de l'armée française dans un chemin aride et difficile, c'est alors que les Arabes les attaqueront de leur côté et moi de l'autre; c'est dans cette attente que je viens de faire distribuer dix cartouches à chaque soldat de l'armée.

En voyant cet aga déraisonner de cette manière, je ne savais plus que lui dire. Cependant lui ayant demandé ce que feraient les soldats quand ils auraient consommé ces dix cartouches, il me répondit que cette quantité suffisait pour tuer la moitié de l'armée française, et qu'il n'aurait plus besoin de distribuer de la poudre. Lui ayant ensuite fait observer qu'il aurait dû faire établir des tranchées pour garantir et défendre son armée, il me répondit avec la même assurance : Nous sommes, nous, les véritables tranchées, et ce sera malheureux si nous ne pouvons les défendre. — Mais, répliquai-je, que ce soit au moins pour la manœuvre de l'artillerie; elle est en face de celle de l'ennemi et vous devez la garantir? Sur cette dernière observation, il donna l'ordre sur-le-champ de faire publier dans l'armée que tout Arabe qui n'avait pas d'armes eût à se présenter chez l'aga pour être équipé. Par suite de cet ordre, un grand nombre de soldats s'étant réunis chez lui, au lieu de donner des armes il délivra des pioches à chacun d'eux pour construire une tranchée. Pendant la nuit on fit en effet cette tranchée qui fut tout-à-fait inutile.

Hussein Pacha avait remis à cet aga de très-fortes sommes d'argent pour être distribuées aux combattans, dans l'intention d'accélérer le service et d'encourager les soldats; cependant cet aga n'a rien donné à ceux à qui le dey avait destiné ces sommes.

Hussein Pacha, toujours pour exciter au combat et provoquer la cupidité des Kabaïls, promit aussi à quiconque apporterait la tête d'un ennemi une somme de 500 fr. pour récompense; il désigna l'aga comme chargé par lui de compter cette somme en échange d'un reçu que donnerait celui qui l'aurait gagnée et lui en apporterait les preuves convaincantes. Au lieu de remplir les volontés de son maître, et de payer comptant la récompense promise, il renvoyait les soldats en leur disant de se présenter après la bataille pour recevoir ce qui leur était dû. J'ignore entièrement ce qu'est devenu l'énorme quantité d'argent qui se trouvait chez l'aga.

Dans la matinée du jour suivant, l'aga avec sa suite et ce qui l'entourait s'étant rendu au lieu dit *Sidy Frrage*, le camp resta vacant, car il n'y avait tout au plus que quarante personnes pour garder les bagages, encore étaient-elles sans armes et sans aucun moyen de défense.

Dès-lors, ayant pu me convaincre par moi-même, que le commandement de l'armée était confié à un homme n'ayant aucune connaissance de l'art militaire, je regardai la régence comme perdue, et retournai tristement à Alger. En bonne tactique de défense, devait-il laisser son camp abandonné? Ne devait-il pas y conserver une réserve d'à peu près le tiers de son armée, et garder des troupes fraîches pour pouvoir renforcer son armée victorieuse, ou bien soutenir la retraite? Physiquement et moralement parlant, cette tactique donne de la confiance et inspire du courage ; dans le cas contraire, si l'armée bat en retraite, en se dirigeant vers le camp, elle trouve toutes les tentes vides et n'a d'autre ressource que la fuite et le désespoir.

Pour donner une idée exacte de son imprévoyance et son incapacité, je citerai un fait qui m'est arrivé à moi, durant le tems que j'ai passé près de lui.

Une nuit, je me trouvais au milieu de son camp; j'avais besoin de quelque chose, et au lieu d'envoyer le domestique, je fus moi-même à sa tente; je parcourus le camp, j'entrai chez lui, je pris ce dont j'avais besoin sans que personne s'en aperçût, toute l'armée étant dans un profond sommeil, et je ne rencontrai pas une seule sentinelle pour veiller contre une attaque de l'ennemi.

Par tout ce qui précède, on voit qu'il existe entre lui et son prédécesseur *Yahïa Aga*, une bien grande différence dans leurs moyens, soit militaires, soit administratifs.

J'avais l'habitude, lorsque Yahïa Aga revenait de l'armée, d'aller à sa rencontre à Mitidja, et là je passais un jour avec lui. Je me souviens qu'alors, quoiqu'en temps de paix, son armée était mieux équipée et mieux organisée, qu'elle était aussi plus nombreuse que celle organisée par *Ibrahim Aga* pour combattre les Français. Il avait l'habitude de faire manœuvrer son artillerie chaque jour, et de se mettre en état de défense comme si l'ennemi devait l'attaquer. Les postes de son camp étaient toujours sur le *qui vive* : un poste était chargé de surveiller tout le camp en général ; un autre spécial pour les chevaux surveillait leur entrée et leur sortie ; un enfin entourait sa tente particulière ; il se composait de huit hommes à l'extérieur, de deux à l'intérieur et d'un à l'entrée ; à chaque demi-heure, celui de l'entrée de sa tente criait à la sentinelle du dehors de lui répondre par un signal d'ordre ; celle-ci s'adressait à la sentinelle placée pour les chevaux, ensuite à celle de l'artillerie, puis à celle du camp général, et ainsi de suite, de sorte que le camp était bien surveillé.

Quand la régence eut perdu *Yahïa Aga*, tous les hommes sensés pressentirent la perte d'Alger. Personne n'approuva donc cet événement. D'ailleurs eût-il même été coupable, on n'aurait jamais dû le remplacer par *Ibrahim Aga*. C'est une faute capitale et impardonnable, la seule peut-être que l'on puisse reprocher à Hussein Pacha pendant les treize années de son règne; cette faute a été d'autant plus sentie qu'elle fut commise au moment où nous étions en guerre avec la France, et par un prince qui avait donné tant de preuves de modération et d'équité qu'on était loin de s'attendre à un acte semblable de sa part.

Ainsi donc, *Ibrahim Aga* voulait faire la guerre aux Français sans troupe organisée, sans munitions, sans vivres, sans orge pour les chevaux, et sans avoir la capacité nécessaire pour faire la guerre.

Lors de la défaite de *Stawely*, cet aga quitta le camp, entièrement découragé et comme s'il eût perdu la tête. Les tentes, le corps de musique, les drapeaux et toute son armée, il avait tout abandonné. Si Bourmont, ce jour là, eût dirigé sa troupe vers le fort de l'Empereur, il n'aurait rencontré aucun obstacle.

Deux jours après, Hussein Pacha m'ayant fait appeler pour connaître l'état réel des affaires, je lui répondis : « La guerre est une chance hasardeuse; le chef ne doit jamais se désespérer, car son découragement équivaudrait à une entière défaite; avec de la résistance et de la persévérance, une mauvaise cause peut devenir bonne. »

Je lui parlai alors avec franchise de la conduite honteuse de son gendre *Ibrahim Aga*, ce que personne n'avait encore osé faire. Il me chargea de l'aller trouver pour l'encourager et l'engager à réunir son armée, et à ne plus songer au passé. M'étant rendu chez lui, je ne trouvai que des soldats dispersés à gauche et à droite. Cependant, après de longues recherches, je parvins à le découvrir dans une maison de campagne où il se tenait caché avec trois ou quatre de ses domestiques. Lorsque je lui eus adressé la parole, je vis que je n'avais plus affaire à un homme, mais à un enfant, tant il montrait de faiblesse et de découragement. Ce fut donc vainement que je tâchai de lui inspirer de l'énergie, et je crus devoir revenir chez le dey. Après qu'il eut eu connaissance de la conduite de son gendre, et quand que je lui eus fait part de toute la peine que j'avais eue pour le trouver, le dey me dit : « Vous êtes parti animé par l'espérance, et vous revenez sans que vos démarches aient eu le moindre succès? »

« Le peuple, lui répondis-je alors, n'est qu'un troupeau, il lui faut un berger; votre peuple est sans berger, et l'ennemi s'avance. »

L'armée était sans chef, et les Kabaïls ignoraient en quel lieu ce chef s'était caché. Il ne restait donc plus qu'à livrer la ville aux Français. Le pacha ne connaissait pas le caractère pusillanime de l'aga; il lui croyait plus de mérite qu'il n'en a. C'est pourquoi il m'ordonna de retourner chez lui, et de le forcer de se rendre à son camp. Il me suivit malgré lui, et nous rassemblâmes autant qu'il nous fut possible le peu de soldats qui étaient équipés et disponibles. Quoique je fusse convaincu d'avance que nous ne pourrions soutenir le siége et défendre la ville, cependant je mis toute la bonne volonté possible pour remplir cette mission.

Lorsque Bourmont eut fait son mouvement de *Stawely*, l'aga et son armée furent bientôt mis en déroute, et personne n'a su où celle-ci s'était retirée.

Le pacha, dans cette circonstance, fit appeler le mauphty *cheik-el-islam*; il lui remit un sabre et lui recommanda de faire réunir le peuple afin de défendre le pays. Mais malheureusement il était trop tard, et vers la chute du jour l'armée française fut proche du fort de l'Empereur.

Le cheik-el-islam est un homme juste et rempli de mérite ; mais il est loin d'être guerrier, et dans un moment si critique, il lui était impossible de diriger une armée et de pouvoir repousser l'ennemi. Les hommes de cabinet et les jurisconsultes ne s'occupent que de sciences et de lois, et ils sont meilleurs pour les conseils que pour l'action. Comme j'étais lié avec ce personnage, il m'invita, par un billet, à me rendre près de lui. Ma réponse fut : « Point d'espoir pour cette cause ! notre perte est inévitable et je ne veux pas être témoin d'une aussi terrible catastrophe. »

L'infanterie n'était pas organisée, encore moins l'artillerie ; comment pouvait-on espérer quelque succès? Au contraire, si l'on avait nommé pour chef de l'armée un homme expérimenté, si l'on avait mis à sa disposition dix mille Kabaïls, avec l'ordre de compter à chaque soldat 10 *boudjous* (18 fr.) par jour, dans le but de les encourager ; alors, on aurait dirigé ces Kabaïls sur différens points, pour entraver les routes situées entre Stawely et le quartier général de Bourmont. Il fallait aussi mettre à leur disposition toutes les munitions dont ils pouvaient avoir besoin. Le succès était attaché uniquement à une semblable mesure. Les personnes ignorantes qui se trouvaient auprès de ce muphty firent observer que *Hamdan* était l'homme des Français; qu'il avait voyagé dans leur pays; qu'il admirait leurs manières, et par conséquent qu'il fallait se défier de lui. Enfin, on disait que si on entravait les routes, les Français irrités viendraient nous accabler et tomber sur nous pour se venger des obstacles que nous aurions placés sur leur passage.

Le lendemain, le pacha voyant que ma prévision se vérifiait, et que l'aga n'était qu'un homme nul, Ibrahim fut destitué, et le bey de Titery nommé aga à sa place. Quand même *Yahïa Aga*, dont j'ai parlé plus haut, eût été chargé de commander l'armée, il n'aurait pu rien changer à une situation aussi critique. Les esprits étaient troublés, et on n'avait plus ni le temps ni les moyens de pouvoir défendre Alger. Le nouvel aga rentra chez lui tranquillement pour ramasser son butin. J'ai entendu dire que tout le talent de ce guerrier était de choisir les fusils les plus longs pour tirer lui-même contre les Français.

Hussein Pacha, dans cet état de choses, crut devoir envoyer le *khaznagy* au fort de l'Empereur. Toute l'ambition de cet homme était de pouvoir former une conjuration, d'avoir toute la milice pour lui, et de faire décapiter Hussein Pacha pour s'emparer du pouvoir.

Il avait formé le projet de faire la paix avec les

Français aux conditions qu'ils voudraient imposer; aussi devint-il très-actif quand le mouvement de l'armée française fut dirigé contre le fort de l'Empereur. Quand il se vit attaqué, il perdit tout courage; il s'effraya au point d'oublier de fermer les portes du fort; et les siens, encore plus découragés, employèrent tous les moyens possibles pour s'enfuir.

Le *khaznagy* se voyant bientôt seul, au milieu d'un danger aussi imminent, s'occupa précipitamment de former une traînée de poudre afin d'arriver à la poudrière et de faire sauter le fort. Heureusement ce n'était que la petite poudrière, car si c'eût été la grande, qui se trouve plus bas, la ville aurait beaucoup souffert, à cause de l'immense quantité de poudre qu'elle renfermait.

Hussein Pacha, avant cet événement, avait une haute idée de ce *khaznagy*, dont souvent même il prenait les avis.

Quand Bourmont fut entré dans le fort de l'Empereur, Hussein Pacha fit assembler tous les *amins*, les notables du pays, les hommes de lois, etc., etc. Il leur exposa la situation critique dans laquelle se trouvait la ville et demanda leurs conseils, pour aviser à quelque moyen salutaire, et remédier au mal; il leur dit: Mes amis, ne vous gênez pas, dites franchement votre opinion; dans une telle circonstance, il s'agit de délibérer sur les moyens les plus efficaces, et je ne suis qu'un parmi vous. — Que pensez-vous? Est-il possible de résister plus longtems aux Français? ou doit-on délivrer la ville en faisant un traité qu'on appelle capitulation?

L'assemblée se trouva très-embarrassée, car on ne savait pas si le pacha s'exprimait d'une manière franche, ou bien s'il parlait ainsi pour sonder les opinions des principaux de la ville. On craignait aussi que le pacha ne voulût connaître quel avait été l'effet produit par les proclamations de Bourmont qui avaient été répandues dans Alger. (Je parlerai plus tard de toutes ces proclamations.) Dans un pareil moment, on crut devoir dissimuler; on craignait quelque ressentiment de la part du dey si on avait montré des désirs pacifiques; aussi la réponse générale fut-elle : Nous combattrons jusqu'au dernier d'entre nous; cependant, si votre altesse préfère d'autres moyens, elle est la maîtresse de faire ce qu'elle jugera à propos, nous nous conformerons à sa volonté.

L'assemblée se dispersa donc pour aller combattre. Toutefois, il faut convenir que des proclamations répandues au nom de la nation française, au nom d'une nation qui était connue pour être magnanime et équitable, devaient beaucoup contribuer à influencer les esprits, et à faire pencher les personnes prévoyantes et modérées à préférer les moyens pacifiques. Ces personnes raisonnaient ainsi et se disaient : Sans exposer le souverain, nous ne devons pas, en employant la dernière rigueur, exposer les habitans et la ville à un danger imminent. D'après ce raisonnement il est facile de voir que si les principaux de la ville avaient eu la crainte d'être opprimés, pillés et massacrés, ils auraient combattu plus courageusement ; et, s'ils avaient pu penser qu'ils seraient traités comme nous le sommes à présent, ils auraient exposé le tout contre le tout, car les avantages de la guerre, comme nous l'apprennent les historiens, ne s'obtiennent qu'en exposant sa vie et en bravant tous les dangers. Sur cette terre, dans les grandes catastrophes, il faut acheter une existence heureuse au prix de son propre sang. C'est pourquoi les anciens disaient : Celui qui ne hasarde rien n'a rien.

Ainsi donc, toute l'énergie que l'on aurait pu déployer fut paralysée par ces vagues et vaines proclamations. Cela n'entre plus dans les ruses de guerre, il s'agissait d'honneur et de bonne foi ; les promesses étaient formelles ; on peut dire hautement qu'en les violant on a commis un péché politique.

Dans la même nuit, plusieurs notables d'Alger se réunirent dans le fort de la porte de la Marine, ceux-ci sont des négocians et capitalistes, ils démontrèrent que la perte de la ville était inévitable et que si les Français entraient de force, après avoir pris la ville d'assaut, ils pilleraient et massacreraient tous les habitans, les femmes et les enfans sans défense, et qu'il valait beaucoup mieux que l'on adhérât aux propositions pacifiques du dey, en stipulant une capitulation avec le chef de l'armée française. On pensait qu'une nation honorable ne violerait pas ses traités; que nous jouirions de la liberté et que nous serions traités avec justice; que ce soit Pierre ou Paul qui nous gouverne, qu'importe, pourvu que nous soyons bien gouvernés, selon les principes du gouvernement français, et que l'on ne touche pas à notre religion? La religion est une chose morale que l'on ne nous disputera pas, les Français sont des hommes, et la fraternité nous unira à eux. D'ailleurs, la civilisation est basée sur le droit des gens, nous n'avons donc rien à craindre d'une nation civilisée. Telles étaient en définitive les réflexions qui portèrent à ne point opposer de résistance à l'armée française !

Les Turcs professent la même religion que nous, nous devions sans doute donner la préférence à leur gouvernement; mais ici, comme nos propriétés, nos mœurs et notre religion étaient respectés et qu'il s'agissait au contraire d'exposer notre vie, de verser le sang à grands flots, de voir piller nos biens et massacrer nos femmes et nos enfans; tant de considérations parlaient en faveur d'un traité de paix, et ce traité fut conclu.

Cette assemblée, dans cette circonstance, envoya une députation à la Casauba, pour communiquer ce projet au dey. La réponse du dey fut qu'il agirait le lendemain conformément aux désirs qui lui étaient exprimés.

En effet, le lendemain il envoya le *makatagy*, accompagné du consul d'Angleterre, comme parlementaires; et *Sidi Abou Darba* et mon fils *Haggi Hassan*, tous deux comme interprètes, connaissant la langue française, afin qu'ils se présentassent au général en chef pour entrer en négociation avec lui.

Ce *makatagy* était initié dans la conjuration du khaznagy, dont nous avons parlé plus haut. Cet homme eut la perfidie de vouloir traiter avec le général en chef, dans l'intention d'élever ce khaznagy à la dignité de souverain; en conséquence il osa proposer au général français de lui apporter la tête de Hussein Dey et de conclure avec la France un traité tel qu'elle le désirerait. Le général Bourmont lui répondit : « *Je ne suis pas venu pour encourager les assassinats, mais bien pour faire la guerre, et j'accepte la proposition de Hussein Pacha qui demande à stipuler une capitulation. J'applaudis à ses sentimens d'humanité, puisqu'en agissant de cette manière il empêche que beaucoup de sang ne soit versé.* » Ainsi donc la capitulation fut discutée et arrêtée de part et d'autre de la manière suivante :

Convention entre le général en chef de l'armée française et son altesse le dey d'Alger.

1º Le fort de la Casauba, tous les autres forts qui dépendent d'Alger et le port de cette ville, seront remis aux troupes françaises ce matin, à dix heures (heure française).

2º Le général en chef de l'armée française s'engage envers son altesse le dey d'Alger à lui laisser la liberté, et la possession de toutes ses richesses personnelles.

3º Le dey sera libre de se retirer avec sa famille et ses richesses particulières dans le lieu qu'il fixera; et tant qu'il restera à Alger, il y sera, lui et toute sa famille, sous la protection du général en chef de l'armée française; une garde garantira la sûreté de sa personne et de sa famille.

4º Le général en chef assure à tous les soldats de la milice les mêmes avantages et la même protection.

5º L'exercice de la religion mahométane restera libre, la liberté des habitans de toutes les classes, leur religion, leurs propriétés, leur commerce et leur industrie ne recevront aucune atteinte ; leurs femmes seront respectées.

Le général en chef en prend l'engagement sur l'honneur.

L'échange de cette convention sera fait avant dix heures, ce matin, et les troupes françaises entreront aussitôt après dans la Casauba, et successivement dans tous les forts de la ville et de la marine.

<small>Au camp devant Alger, le cinq juillet mil huit cent trente.</small>

Signé, Comte de BOURMONT.
Sceau de HUSSEIN PACHA, dey d'Alger.

Lorsque les Arabes et les Kabaïls eurent appris l'entrée de l'armée française à Alger, ils crurent que c'était par la force et non pas par suite de négociations ; ils pensaient que la ville avait été pillée, voilà pourquoi, de leur côté, ils se sont empressés de piller et de saccager nos maisons de campagne, afin que les Français n'en profitassent pas à leur détriment. Ils ont donc pris tout ce qu'il y avait de prenable : bestiaux, chevaux, mulets, etc.; mis le feu aux greniers ; cassé les jarres d'huiles et de beurre et enlevé tout ce qu'ils pouvaient emporter, pour ne rien laisser aux Français. Ces derniers, de leur côté, ont arraché les grilles de fer, détruit les bains fixés sur place, et tous ces restes ont été vendus dans nos marchés et sous nos propres yeux. Les Français ont donc suivi l'exemple des barbares, ils ont même poussé les déprédations plus loin, car ils ont démoli ce qui était bâti et détruit tout ce qui était en place.

Les Arabes et Kabaïls savaient que tout Mitidja était possédé par les habitans d'Alger, voilà pourquoi ils ont pillé et saccagé tout ce qu'ils ont pu. Je reparlerai plus loin de cet événement malheureux.

CHAPITRE III.

Détails circonstanciés sur tout ce qui s'est passé lors de l'entrée du maréchal Bourmont à Alger, détails dont une partie n'est sans doute pas connue en France.

Depuis l'évacuation de la Casauba par le dey et sa suite : plusieurs officiers français ont déjà relaté ces circonstances dans leurs ouvrages ; ils m'ont donc épargné la peine de décrire ce qui a rapport à cette cérémonie, et je ne m'occuperai seulement que des particularités qui ont eu lieu et qui ont été passées sous silence.

En quittant la Casauba, Hussein Pacha ne toucha à rien de ce qui appartenait au trésor public, et ne permit à personne d'y toucher. Il se regardait comme responsable, d'après la capitulation, de tout ce dont on aurait pu disposer; ainsi, rien n'a été distrait des trésors d'Alger, et la France a pu en prendre possession.

Il y avait à la Casauba une caisse séparée qui renfermait environ 20,000 francs, pour les menues dépenses journalières, dont le caissier tenait un compte courant, ainsi que cela s'expliquera plus tard. Eh bien! cette somme, dit-on, aurait disparu, et on ignore l'auteur de cet enlèvement. Les archives où sont les livres et les registres ont été respectées. Il y avait un endroit où se trouvaient des feuilles volantes, sur lesquelles il y avait des notes destinées à être enregistrées sur les livres courans, comme aussi sur celui du *makatagy*, ainsi que nous l'avons dit plus haut, et ces notes ont été enlevées et dispersées; peut-être les Français qui s'en sont emparés croyaient-ils que ces notes étaient des objets de valeur, tandis qu'elles n'avaient nulle importance. Aussi les a-t-on jetées sur le pavé, et moi-même j'ai marché dessus dans la Casauba. Il y avait dans ce moment-là une confusion et un désordre inimaginables.

Le consul de Suède avait une maison de plaisance qui lui servait d'habitation. Cette habitation était bien décorée et garnie de beaux meubles, d'argenterie et d'autres effets précieux.

Lorsque le général Bourmont était à Abou-Zerilia, il invita ce consul à évacuer cette maison, pour faire, dit-il, des ouvertures dans ses murs, afin d'attaquer le fort de l'Empereur. Le consul, après avoir consulté ses collègues à ce sujet, céda à ce désir du général, mais il exigea de lui une obligation qui lui répondrait de tous les dommages que pourrait lui causer cette visite militaire. Néanmoins, avant de quitter son habitation, il avait pris le soin d'enfermer dans une chambre tous ses objets précieux, et en avait fait murer les portes. Malgré ces précautions, on a tout enlevé, on a coupé les arbres, et commis tous les désordres imaginables dans son jardin. Ledit consul se crut donc fondé à réclamer auprès du maréchal Bourmont pour obtenir la valeur des dommages qui lui avaient été causés; mais comme on gardait le silence à cet égard, il a fait valoir ses droits auprès de sa cour, qui lui a ordonné de s'adresser au gouvernement français. J'ignore maintenant où en est cette affaire. Tout ce que je pourrais dire serait en faveur de ce consul qui est un parfait honnête homme; et il paraît que toute sa fortune était renfermée dans ce jardin d'habitation.

Le général Bourmont n'a répondu ni aux réclamations des particuliers ni à celles des créanciers de l'état. Cependant il est de droit universel, reconnu dans tout pays, qu'un gouvernement, ou celui qui tient son lieu et place, doit payer ses dettes, de même qu'il peut réclamer auprès de ses débiteurs ce qu'ils lui doivent. La restauration a payé les dettes de l'empire; l'empire aussi bien que le gouvernement de juillet ont payé les dettes des gouvernemens précédens. L'état, c'est la nation, elle ne change jamais, elle tient au sol, et ses dettes deviennent sacrées. J'ai moi-même réclamé auprès de M. Bourmont la valeur d'une partie de papiers que le dey avait fait prendre chez moi pour servir à confectionner les cartouches, lorsque l'armée française se trouva à Stawely. Cette valeur peut s'élever à environ 10,000 francs. Eh bien! le maréchal Bourmont n'a pas daigné même me répondre. J'ai répété cette réclamation auprès de M. Clauzel; il a suivi l'exemple de son prédécesseur. Enfin, j'ai appuyé ma demande par un reçu du *turgemann*, et par l'attestation d'une foule de gens de la cour, comme le *wakil-el-kharge* et le *saïgy*, et cependant je n'ai jamais été payé de la somme qui m'est due pour cet objet. J'ai ouï dire que M. Fougeroux, le despote financier, le dictateur des droits des particuliers, avait conseillé au gouverneur de ne payer aucune dette de l'état, parce que si on ouvrait cette porte, il y aurait beaucoup trop de demandes à satisfaire.

Messieurs les hommes du pouvoir ont des principes un peu larges et si élastiques, on peut le dire, qu'ils changent de forme à volonté. Revenons à nos faits, sans parallèles ni commentaires, car notre ouvrage serait alors par trop volumineux. Nous le soumettons restreint dans ce cadre à l'esprit et à la judiciaire de nos lecteurs, sans entrer nous-mêmes dans tous les détails des observations qui pourraient être faites sur plus d'un sujet.

Lorsque le général Bourmont se trouva dans la Casauba, au milieu de trésors assez considérables, comme on le sait, des personnes qui étaient présentes auraient, dit-on, raconté différentes particularités à cette occasion, qui prouveraient que ce chef de l'armée n'a pas été exempt de quelque cupidité, ainsi que plusieurs de ses intimes parmi les officiers; mais ce ne sont là que des bruits publics, que tout le monde croit, mais que personne ne voudrait attester.

Les corailleurs étaient dans l'usage de donner par an à l'état cinq livres de corail 1re qualité. On amassait ce corail, ensuite on le vendait et il formait une branche du revenu de la régence.

Après l'entrée des Français, un Juif vint chez moi pour me prier de faire envoyer à Livourne, sous mon nom un certain nombre de caisses de corail. Comme j'ignorais de quelle manière il le possédait, avant de me prêter à son désir, j'exigai de lui, pour être à l'abri de toute recherche, une déclaration qui attestât que le corail chargé en mon nom lui appartenait. Je fis bien de prendre ces précautions, car M. Fougeroux ayant découvert l'envoi de ce corail, me demanda quelques éclaircissemens. Je me suis justifié par la déclaration du Juif, après quoi je n'ai plus rien entendu dire à ce sujet. Apparemment que l'affaire aura été arrangée à l'amiable entre le Juif et le financier français.

Mon oncle, *amin-el-seka* (directeur de la monnaie), avait l'habitude, comme ses prédécesseurs, de prendre au trésor de l'argent au poids pour être monnayé ; il le faisait mettre dans une caisse à l'hôtel des monnaies, sous la main d'un Juif qui était son caissier et qui devait lui rendre compte de l'entrée et de la sortie de cette matière. Cet amin était encore chargé d'une autre caisse qui contenait des matières d'or, pour faire monnayer aussi, et la clé de cette dernière se trouvait chez ledit amin ; ensuite il échangeait avec le trésor les pièces monnayées contre d'autres matières, et ainsi successivement. Toujours les écritures de ce directeur des monnaies étaient bien en règle.

L'*amin-el-seka* pouvait encore acheter les vieux objets en or, à différens titres ; il les déposait au trésor qui lui tenait compte de leur valeur.

Vers les derniers tems du gouvernement turc, cet amin avait dans sa caisse à peu près 60 livres d'or en matière, achetées par lui, pour être déposées au trésor et la valeur lui être remboursée, plus 10 autres livres d'or qui appartenaient au trésor.

Lors du bombardement de la ville, comme les bombes auraient pu détruire l'hôtel de la monnaie, il fit transporter cette caisse dans un lieu plus sûr, il la plaça sous un escalier solidement bâti et dans le même local.

Dans la caisse où était l'argent, il y avait environ 10 quintaux de cette matière, déjà fabriquée et préparée pour être frappée en monnaie. La clé de cette caisse se trouvait chez le caissier, comme nous l'avons dit plus haut; mais quand le dey eut quitté la Casauba, l'*amin-el-seka* abandonna aussi son poste.

A son entrée le général Bourmont fit demander la clé à mon oncle par le sieur Bacri, qui alors était pour ainsi dire le lieutenant ou le *factotum* de ce commandant.

Trois ou quatre jours après, M. de Bourmont invita mon oncle et moi à nous présenter chez lui; nous nous rendîmes donc à la Casauba, mais au lieu de nous recevoir, le général nous renvoya chez M. Denniée d'une manière assez incivile. J'ai appris, depuis, que nous devions cette réception aux conseils de quelques intrigans qui se trouvaient près du général.

M. Denniée ayant demandé à mon oncle ce qu'il avait chez lui pour le compte du trésor, il répondit : « J'ai 10 livres d'or et 5 quintaux d'argent environ. » M. Denniée a dû trouver ces quantités exactement portées sur ses livres. « Quant aux 60 livres d'or que j'ai achetées elles m'appartiennent, attendu que je n'en ai pas reçu la contre-valeur; elles sont aussi à l'hôtel, etc. » Nous fûmes interrompus par l'arrivée de M. Deval et, je crois, de M. Daubignose qui se trouvait avec lui.

M. Denniée remit à mon oncle la clé de l'hôtel des monnaies en l'autorisant à s'y rendre, accompagné par un officier, à l'effet de prendre ce qui était à lui, et de remettre les valeurs qui appartenaient au trésor. Arrivés à l'hôtel, nous trouvâmes les portes enfoncées, la caisse où se trouvaient les matières d'argent brisée, et sous l'escalier il n'y avait plus rien, c'est-à-dire que la caisse d'or n'y était plus. Nous revînmes alors chez M. Denniée à qui nous fîmes le rapport de ce qui s'était passé. — Il répondit : C'est le fait des soldats; mais maintenant je suis très-occupé, j'ai des affaires majeures qui me retiennent ; je vérifierai le fait plus tard, allez.

A la fin de ce volume je parlerai de tout ce qui a rapport à mon oncle, et de sa demande ayant pour objet ses 60 livres d'or, pillées par les soldats. Jusqu'à présent aucune satisfaction ne lui a été accordée à cet égard. Quant à l'argent fabriqué, tout prêt à être frappé, il se trouvait entre les mains des soldats, et les changeurs achetaient ces matières à vil prix.

Lorsque le dey quitta la Casauba pour aller habiter sa maison privée, il fut fait des actes de déprédations de toute espèce, mais dont je ne parle que par ouï-dire, attendu que je n'ai été témoin d'aucun de ces actes.

Le maréchal Bourmont disait et faisait croire à tous les habitans que l'armée française ne resterait pas à Alger plus de six mois; telle est, disait-il, l'intention du gouvernement, et en évacuant le pays je le remettrai entre les mains et à la disposition de ses notables; il disait aussi qu'Alger appartenait à la Porte.

Après cette déclaration qui paraissait positive, plusieurs des habitans, par ambition, dans le but de parvenir au pouvoir et d'être de ceux qui dirigeraient bientôt le gouvernement algérien, plusieurs de ces habitans, dis-je, ont entouré le maréchal Bourmont, lui ont fait une cour assidue, et ont intrigué pour éloigner de ce chef les personnes ayant du mérite et de la capacité, et dont les conseils auraient pu être utiles aux intérêts des habitans de la ville et de la régence.

Cette publication a surtout pour but de dévoiler les abus commis à Alger, de faire connaître que la désunion entre les habitans de cette ville a été on ne peut plus nuisible aux intérêts de tous; et que toutes les passions désorganisatrices, comme la jalousie, l'ambition, la haine, se sont propagées et ont été la cause de l'exil des notables et de la dépopulation de la ville. Le mal gouvernait, malheur aux vaincus. La discorde régnait donc parmi les habitans, et toutes les personnes entraînées par cette déesse se sont rapprochées du maréchal Bourmont et lui ont montré un dévouement sans bornes, pour poursuivre leurs projets insensés et dans l'espoir de succéder bientôt aux Français.

Mais voici plus de trois ans que ceux-ci gouvernent et tout ce que nous voyons dans la conduite de ces messieurs ne nous offre que les défauts communs des hommes, c'est-à-dire leur égoïsme, leur faiblesse, leur aveuglement et leur orgueil. Ce n'est pas le moment d'éveiller la haine par des petitesses et des détails personnels; je préfère donc généraliser les faits et me rapprocher ainsi davantage du véritable langage d'historien, puisse la postérité profiter de quelques-uns de mes récits!

CHAPITRE IV.

De l'occupation militaire et des abus commis par cette occupation.

Les principaux de la ville d'Alger, et les personnages de la cour qui ne résidaient pas à la Casauba, pour loger les officiers supérieurs de l'armée, ont mis leurs habitations à la disposition de ces derniers. Chacun avait son contingent. A ce sujet, je dirai que le général Lowerdo, celui qui habitait la maison de l'aga *Ibrahim*, était vraiment un homme d'honneur, son caractère était admirable et digne d'une grande nation. On l'avait rendu maître de cette habitation et de tout ce qu'elle renfermait, et nous devons nous empresser de dire que rien n'a été endommagé ni détourné. Non-seulement il n'a commis lui-même aucun dommage, mais encore il a empêché qu'il n'en fût commis par sa suite ou par qui que ce pût être. Ses prévenances sont dignes d'être appréciées, car avant de quitter ce logement il fit consigner à M. Saint-John, consul anglais et fondé de pouvoirs d'*Ibrahim*, tout ce qui avait été mis à son entière disposition.

Si de pareils faits méritent d'être cités, il en est d'autres aussi qui, dans un sens contraire, doivent être livrés à la publicité.

Il est à ma parfaite connaissance que dans l'habitation du bey de Constantine, à Alger, il y avait des habillemens et autres objets pour une valeur de plus d'un million de fr., ces objets consistaient en haïks, bournous, argenterie etc., etc., etc. Il paraît que l'officier supérieur qui a eu cette habitation en partage, a cru devoir disposer de tout ce qu'elle contenait. Il aurait, dit-on, cédé le tout, ne connaissant pas la véritable valeur de ces objets, pour la somme de 2,200 fr. Un Juif nommé Benderran, son courtisan, a profité de ce pillage; il avait acheté une si énorme quantité d'habillemens qu'il a fallu sept jours pour les transporter.

TOME I. 14

Il y a beaucoup d'autres maisons qui ont subi le même sort, et les Juifs ont fait de bonnes affaires; plusieurs d'entre eux, au moyen des craintes qu'ils faisaient naître, ont décidé de riches habitans à réaliser en valeurs leurs meubles et leur effets avant que les Français ne vinssent s'en emparer. A l'appui de ce que j'avance, je citerai un fait : le Juif Jacob Bacri décida le *wakil-el-kharge* à lui vendre ses riches meubles et toutes sortes d'objets de luxe qui valaient à peu près 50 mille fr. pour la somme de 4 mille fr., et non encore au comptant, mais contre une obligation à terme. Ce *wakil-el-kharge* a été exilé par les Français. Les valeurs sont restées à Bacri, et comme celui-ci est maintenant dans un état d'insolvabilité, il a été impossible de le forcer à acquitter cette obligation. Il y a mille autres cas semblables qui sont vrais et qui paraîtraient invraisemblables; car bien qu'ils se soient passés en ma présence, à peine si je puis en croire mes propres yeux.

Parmi tous les ouvrages qui ont paru sur les événemens d'Alger, il en est sans doute qui ont parlé de toutes ces particularités. Si on a négligé de les citer, il faut présumer que l'intérêt personnel en est la cause.

CHAPITRE V.

Sur les beys depuis l'invasion française.

Après que le traité de capitulation eut été arrêté, le lieutenant du bey d'Oran, avec toute sa suite, se dirigea vers cette province. Comme il avait hâté sa marche, il fut le premier à annoncer la catastrophe d'Alger aux habitans de cette province; sinon les Arabes auraient contrarié sa marche, la tranquillité des routes existait encore. Il a rencontré le bey d'Oran dans les environs de la ville, et lui a fait part de l'événement.

Ce bey est d'un certain âge, il n'a point d'enfans; et comme après la chute d'Alger il n'espérait pas conserver sa charge, il se retira à Oran pour attendre les suites de cette circonstance critique.

Quand les Arabes eurent appris que les Français étaient dans Alger, ils ne voulurent plus reconnaître l'autorité du bey, et ils levèrent l'étendard de la désobéissance. De plus, ils pillèrent les fermes qui appartenaient au bey d'Oran, et s'emparèrent de tout son bétail, comme bêtes de somme, chevaux, etc., etc. Ils pensaient que les Français voudraient conquérir toute la régence, et ils pillaient d'avance et cherchaient à profiter de tout ce qu'ils rencontraient, plutôt que de leur en faire l'abandon.

Quand même Hassan, bey d'Oran, aurait voulu s'entendre avec les Arabes et faire cause commune avec eux, comme le bey de Titery, on ne l'aimait pas assez pour qu'il obtînt cet avantage.

Hassan, vieux et dégoûté du pouvoir, n'aspirait donc qu'à une existence paisible; et il espérait que, ne se montrant pas hostile aux intentions des Français, ceux-ci respecteraient son repos.

Le bey de Titery, au contraire, excité par l'ambition, réunit tous les Turcs qui voulurent le suivre, s'approcha d'Alger avec le désir de se lier aux Français, et, par l'influence de son ami *Bacri*, il obtint d'être nommé *aga* par le maréchal Bourmont.

Mais, plus tard, une intrigue dérangea ces dispositions; il fut destitué sans qu'il eût donné aucun motif de plaintes contre lui, et remplacé dans sa charge d'aga des Arabes par *Hamdan Ben Amin-el-Seka*; lorsqu'arriva le moment où le maréchal Bourmont n'avait plus aucun pouvoir à Alger, alors le bey de Titery fit des dons considérables pour obtenir la faculté de se retirer à Médiah, et de pouvoir continuer son ancienne charge de bey. Je raconterai plus tard toutes ses aventures.

Quant au bey de Constantine, il s'était retiré dans sa province, en suivant le bord du rivage, où il a trouvé des canons et des munitions de guerre. Pendant trois jours il a campé dans le voisinage de la Maison-Carrée, afin de s'emparer des chevaux et des mulets qui appartenaient à l'état, et de tout ce qu'il a pu trouver dans les fermes et les domaines. Il a réuni autour de lui 3,000 Turcs et un grand nombre de familles d'Alger, qui fuyaient cette ville, les uns par des pressentimens fâcheux, et les autres par la crainte de l'oppression.

Le bey de Constantine prit donc sous sa protection cette grande quantité de monde. Parmi ce nombre, il y avait environ 500 femmes, et, pour faire face aux besoins de la route, on n'emportait aucune provision de bouche, rien n'avait été préparé pour ce voyage ; mais le bey de Constantine, dans cette circonstance imprévue, a fait preuve d'humanité et d'héroïsme ; ses actions ont été dignes d'éloges. Il a pourvu à tous les besoins nécessaires pour cette émigration, et les meilleures dispositions possibles ont été prises. Il a dirigé la marche de sa caravane vers Constantine, et a promis aux Turcs de leur donner une demi-solde, et tout le monde est arrivé aux portes de cette ville sans avoir été inquiété par les *Barabers*. C'est alors qu'un esprit malveillant est venu se mêler à cette multitude de soldats turcs, et leur a soufflé l'affreux projet de déposer le chef qui venait de les guider.

Haggi Ahmed, bey de Constantine, ne leur avait promis qu'une demi-solde, et, pour obtenir la solde entière, ils avaient imaginé de le faire remplacer dans cette charge de bey par le fils de *Jagher Bey*, lequel Jagher avait exercé à Constantine la même fonction; ce fils était un véritable mauvais sujet, un ivrogne. Celui-ci avait promis, et on avait accepté les conditions; enfin, l'arrangement était fait. En effet, au jour fixé pour l'entrée des soldats à Constantine, ceux-ci quittèrent les portes de la ville et s'éloignèrent à une distance de deux lieues : c'est là que leur nouveau chef les attendait.

Bientôt après ils firent part à *Haggi Ahmed* de leurs intentions, et lui déclarèrent qu'il devait se regarder comme déchu. Ce bey ne perdit pas un instant pour communiquer ces perfides dispositions aux habitans de Constantine, en leur disant : qu'il ne voulait pas être la cause de la guerre civile ; que s'ils avaient les mêmes intentions que les rebelles, il les priait de faire sortir de la ville toute sa famille, qu'il se retirerait *au Sahara*, près de ses parens, et qu'il préférait agir de cette manière, plutôt que de faire verser le sang de ses compatriotes.

Après avoir eu connaissance de ces communications, les notables du pays et tous les hommes de loi s'assemblèrent pour délibérer sur le parti qu'il y avait à prendre. Voici ce qui fut décidé : *Haggi Ahmed Bey,* ayant été nommé par Hussein Pacha, ce dernier était l'agent du sultan. Nous ne reconnaîtrons donc que l'autorité du sultan. Le sultan existe toujours, et si son représentant à Alger n'existe plus politiquement, néanmoins ce qu'il a fait a été approuvé par la Sublime Porte ; en conséquence *Haggi Ahmed* doit être notre chef, et il nous convient. Nous ne pourrions changer cet ordre de choses sans de nouvelles dispositions de la Porte. Seulement, attendu la distance qui existe entre les deux résidences, et en cas de décès, il nous serait permis, pour maintenir l'ordre et la tranquillité du pays, de choisir celui qui nous conviendrait, mais toujours sauf l'approbation du sultan. Dans tous les cas, le fils de *Jagher Bey* est un aventurier, sa nomination ne peut être légale. Ainsi donc non-seulement nous continuerons à reconnaître l'autorité de *Haggi Ahmed Bey*, mais encore il faut que nous le reconnaissions pour pacha, afin de pouvoir tranquilliser les Kabaïls et les Arabes; il remplacera le pacha du sultan, ensuite le sultan approuvera ou désapprouvera cette disposition.

On envoya immédiatement cette décision à Haggi Ahmed et on lui fit connaître que dorénavant, étant considéré comme pacha, tous les habitans étaient prêts à le défendre contre ses ennemis.

C'est alors qu'il est allé contre les rebelles pour les combattre, et il les a vaincus. Ceux-ci, pour preuve de leur soumission, lui envoyèrent la tête de leur chef. Haggi Ahmed exigea de plus que les principaux moteurs de cette révolte, au nombre de 20, lui fussent livrés pour les exiler à Tunis. Cependant plusieurs d'entre eux se sont dispersés parmi les Kabaïls et les Arabes, et Haggi Ahmed fit son entrée triomphante.

Le bey de Constantine fit ensuite notifier à

tout le reste des habitans de la régence la décision prise par les notables de cette province. Il les invita à se soumettre à lui, et en effet ils se soumirent. Aux habitans de Bone, il demanda leurs munitions de guerre. A ce sujet il envoya pour gouverneur de ce pays le nommé *Haggi Ammar*, qui était son wakil ou agent à Tunis. Cet *Ammar* jouissait à Bone d'une mauvaise réputation, et il était considéré comme un administrateur incapable, attendu qu'ayant déjà rempli les mêmes fonctions dans le pays on avait pu juger de ses capacités.

Or donc, les habitans de Bone désobéirent aux ordres d'*Haggi Ahmed Bey*, et refusèrent de lui donner les munitions qu'il demandait; s'étant trouvé offensé de ce refus, il envoya de la troupe pour les assiéger et les soumettre.

Les Bonois, effrayés de ces dispositions, supplièrent le bey de ne pas leur donner pour gouverneur cet *Haggi-Ammar*, et promirent qu'aussitôt ils se soumettraient à ses ordres. Le bey n'ayant pas voulu céder continua à leur faire la guerre.

C'est alors que, profitant de cette circonstance, Ibrahim Bey, l'ancien bey de Constantine, se rendit à Bone; les habitans le reçurent à bras ouverts; il voulaient surtout ne point avoir *Haggi Ammar* pour leur gouverneur. Cette affaire n'eut pas de suite, ce dernier ayant été bientôt remplacé; Haggi Ahmed Bey s'étant aperçu de ses défauts et de son incapacité, il le disgrâcia. Les habitans de Bone ouvrirent donc les portes de la ville au nouveau gouverneur qui vint en prendre possession, et la tranquillité fut rétablie.

Cependant Ibrahim Bey s'était retiré dans la Casauba avec les Turcs; il prit ensuite la fuite, et sa troupe fit entrer le renégat Youssouf avec une trentaine de soldats français. Le bey de Constantine avait donné l'ordre à son gouverneur de ne pas s'opposer aux Français, mais au contraire de les traiter comme des amis; voilà pourquoi ce gouverneur les a laissé faire et est retourné à Constantine (1).

---

(1) J'ai appris que des personnes que je vénère se sont rendues chez l'ami qui s'occupe de la traduction de mes idées, afin de lui manifester leur surprise sur la modération attribuée, dans mon ouvrage, au bey de Constantine et qui a rapport à ce passage; mais ce sont là les propres expressions de Haggi Ahmed, je les cite pour les avoir entendu prononcer par ce bey lors des deux missions dont j'ai été chargé par le duc de Rovigo. Celui-ci en a fait part à S. E. le ministre de la guerre, qui doit en avoir la preuve entre ses mains. Dans le second volume je ferai le récit de tout ce qui concerne ces deux missions que j'ai remplies à Constantine, et je prouverai que ce bey ne cherche pas à faire la guerre aux Français, si toutefois on ne le contraint pas à reconnaître leur l'autorité; et il fera volontiers le commerce avec la France, si on le traite d'une manière amicale, au lieu d'envoyer tous les produits de la régence à Tunis. D'ailleurs, le public sera bientôt mieux instruit sur cette affaire.

Les Arabes et les Kabaïls s'étaient réunis autour d'Alger, avec l'intervention de leurs marabouts ; ceux mêmes qui vivaient en mauvaise intelligence oublièrent dans cette circonstance leurs anciennes querelles pour s'unir et faire cause commune. Les marabouts avaient prêché cette union, en leur disant : Lorsqu'un loup arrive au milieu des chiens, ils n'aboient que contre le loup et non pas contre les autres chiens. Ainsi c'est le moment de vous armer contre les Français, et de vous unir pour les repousser. Ils ont donc établi des intelligences entre eux et ont assuré la tranquillité de leurs routes. Ils avaient prévu que les Français dépouilleraient les Algériens, c'est pour cette raison qu'ils se sont empressés de s'emparer des possessions des habitans d'Alger qui se trouvent à Mitidja ; ils n'ont laissé ni bestiaux ni grains.

CHAPITRE VI.

De l'administration du maréchal Bourmont.

Au moment de son débarquement sur le territoire algérien, le maréchal Bourmont fit publier au nom de la nation française qu'il abolirait le système d'oppression qui pesait sur Alger. Dans la capitulation qui fut stipulée, les Turcs devaient être considérés comme des habitans de la ville; cependant peu de tems après la reddition de la ville, il les expulsa et les fit enlever;

on les sépara de leurs femmes et de leurs enfans, sans qu'ils eussent commis le moindre délit. On les fit mettre à bord de navires plusieurs jours avant leur départ; et dans le public, on fit courir le bruit qu'il avait été découvert que leur intention était de conspirer contre les Français, crime prétendu qui n'avait pas le moindre fondement.

Un homme comme M. de Bourmont, chargé de fonctions aussi éminentes, mandataire d'une nation civilisée, n'aurait-il pas dû examiner le fait, voir si cette dénonciation était vraie ou fausse? Pouvait-elle être fondée? Il n'y avait aucune probabilité de conspiration, vu leur petit nombre et leur impuissance. Avant d'agir d'une manière aussi arbitraire, il aurait dû aussi, ce me semble, s'informer si cette délation avait lieu dans l'intérêt de l'ordre public, ou bien seulement par esprit de vengeance. Nous avons un proverbe qui dit : « *Si le rapporteur est un fou, celui qui l'écoute doit être sensé.* »

Sans armes, sans munitions de guerre, sans artillerie, et en si petit nombre, comment a-t-on pu imaginer des intentions hostiles de leur part? Les Turcs étant au pouvoir, avaient à leur disposition des trésors et une armée; les beys étaient avec eux, et ils possédaient la Casauba et les forts. Avec tous ces avantages, ils n'ont pas lutté contre les Français ; sans toutes ces ressources, pouvaient-ils conspirer contre eux ? Comment se fait-il donc qu'un chef d'armée ait prêté l'oreille à des rapports mensongers qui n'ont aucune vraisemblance, et ne font que prouver évidemment les intentions malveillantes des ennemis de la tranquillité publique.

Voici un fait qui prouve ce que j'avance : un attroupement s'étant formé près de la Casauba, les Musulmans qui avaient à se plaindre des insultes qui leur étaient faites par les Juifs, envoyèrent deux d'entre eux en députation auprès du général Bourmont pour lui exposer leurs plaintes au nom de tous. Ceux-ci, loin de remplir la mission dont ils avaient été chargés, séduits probablement par les malveillans, se présentèrent chez le général, en lui disant que l'attroupement qui s'était formé était pour se plaindre des Turcs eux-mêmes. Le maréchal, ayant ajouté foi au rapport de ces deux individus, prit des mesures en conséquence sur leur simple péclaration. Je pardonne volontiers à ces deux intrigans leur méchanceté et leurs intentions derfides ; mais je ne pourrai jamais pardonner à un homme comme M. de Bourmont qui, investi de pouvoirs supérieurs, se laissait jouer par quelques ambitieux, et administrait la justice sans connaissance et sans réflexion. S'il avait vérifié les faits, il aurait appris quel était le motif véritable de cet attroupement; et ses résultats n'eussent pas été l'expulsion des Turcs de leur patrie, leur désespoir et leur séparation d'avec leurs femmes et leurs enfans. J'ai vu moi-même des Français détourner la tête à ce spectacle et verser des larmes de douleur.

Plusieurs personnes ont pu observer comme moi le fond de cette machination. On a très-bien vu comment une plainte qui devait être dirigée contre les Juifs a été tournée contre les Turcs. L'administration ne fait donc pas son devoir; elle ne s'occupe que d'or et d'argent, et les hommes du pouvoir sont aveuglés par l'appât des richesses.

Malheureusement pour nous, ce que je dis là est un fait notoire et la cause de tous nos maux. Ces procédés ont forcé les riches à s'expatrier, et cependant ces riches étaient la seule ressource des classes indigentes. Alors un mécontentement général a éclaté parmi le peuple, et l'on s'est méfié des Français qui ne remplissaient pas leurs engagemens. Le cady *Hanaphy* ayant été calomnié à son tour, M. de Bourmont le fit aussi exiler, en lui imputant d'avoir rassemblé les notables d'Alger dans une mosquée dans le but de tramer une conspiration contre les Français. L'administration de M. de Bourmont était devenue le règne de la peur et de la terreur, les intentions innocentes étaient réputées des crimes, et la délation tenait seule la balance de la justice. Cependant M. de Bourmont avait auprès de lui des interprètes, il aurait pu consulter les habitans avant d'agir d'une manière aussi tyrannique. Il ne respecta pas davantage la capitulation qu'il avait signée lui-même, car huit jours après y avoir apposé sa signature il en violait les principaux articles. Devait-on s'attendre à voir le gouvernement français agir d'une manière aussi inique envers une nation qui, avant l'occupation de l'armée française, vivait, disait-on, sous le règne de l'oppression et de l'injustice.

Voici un autre fait à peu près semblable à celui que je viens de citer, mais qui a eu lieu sous le gouvernement de Hussein Pacha. Je dirai mot à mot ce qui s'est passé devant mes yeux dans cette circonstance. On se plaignit un jour devant le dey de ce que le cady administrait mal la justice. On exposait qu'il avait rendu un jugement contraire aux lois, et que jamais aucun docteur ni jurisconsulte n'avait donné une pareille interprétation à la loi. Hussein Pacha, au lieu de punir sans entendre celui qui était accusé, fit inviter le cady d'une manière polie à se présenter chez lui, où il avait fait assembler tous les hommes de lois; il l'engagea à donner les motifs qui lui avaient fait rendre un jugement injuste, et ordonna ensuite au muphty et aux docteurs de s'expliquer avec le cady à ce sujet, et de lui demander en vertu de quel passage de la loi il avait décidé cette question. Le cady ayant montré de l'hésitation dans ses réponses et confirmé la plainte qui avait été portée contre lui, le dey le destitua sur-le-champ et l'exila à Oran, sans le faire accompagner par les gendarmes.

Voilà le parallèle de l'administration française! et cependant M. de Bourmont prétend être venu chez nous pour abolir le despotisme, et établir des lois conformes à la justice et à l'équité.

Si ces fautes avaient été commises par tout autre que par M. de Bourmont, elles eussent peut-être été pardonnables; aussi chacun de nous disait-il : Où sont donc ces Français tant vantés, ces élèves du grand Napoléon, ces généraux administrateurs, ces citoyens, ces magistrats si intègres!! Qu'ont-ils fait de leur science, de leur capacité et de leur intelligence?

Les armes de la milice et celles des habitans de la ville furent saisies. Il entrait bien dans notre pensée que ces armes devaient être mises en dépôt, comme un moyen de garantie et de sûreté; mais nous pensions aussi que les Français agiraient comme les Russes ont agi lors de leur invasion de l'empire ottoman. Ceux-ci firent ramasser les armes, qui reçurent chacune une étiquette portant le nom de celui à qui elle appartenait, et elles furent déposées dans une mosquée pour être restituées en tems propice. Nous devions croire, dis-je, que les Français agiraient au moins aussi bien avec les Algériens que les Russes ont agi avec les Turcs. D'autant plus que parmi les habitans de la régence l'arme est considérée comme un meuble; elle sert à l'ornement des salons, selon sa richesse : il en est qui possèdent des armes garnies en argent, en or, en pierres précieuses. Ces objets représentent un capital qui a été livré sur l'honneur et que la bonne foi devait nous conserver; ces armes remises aux Français devaient donc être pour eux un dépôt sacré et inviolable. Et de quel droit ont-ils pu se les approprier? Est-ce à titre d'achat, de loyer ou de don ? Ils sont les maîtres, ils ont fait ce qu'ils ont voulu dans cette circonstance ; mais il est impossible qu'aucune loi française autorise la spoliation; au contraire, le droit des gens s'y oppose de toute sa force, et le droit civil en France a pris son origine dans le droit des gens.

Moi aussi, j'avais de belles armes ainsi que mes enfans; elles étaient ornées d'or et d'argent, de coraux et de pierreries ; leur valeur pouvait s'élever à 20,000 francs; pour me soumettre aux ordres qui avaient été donnés, je les fis mettre dans deux caisses et les déposai chez le général Loverdo, qui les reçut chez lui. Peu de tems après, ce général m'ayant prié de retirer mon dépôt, je le fis transporter chez mon ami le consul de Naples ; mais celui-ci ayant eu quelques craintes, je l'en débarrassai aussi et je crus devoir le confier entre les mains du général......, qui était logé dans ma maison de plaisance. Ce personnage fit placer ces caisses d'armes dans une chambre et mit la clé dans son appartement. Cependant le jour de son départ, je ne trouvai plus que le contenant au lieu du contenu, c'est-à-dire que les caisses étaient vides. Lui ayant demandé alors ce qu'étaient devenues mes armes, sa réponse fut : Votre fils en a pris une partie, et moi l'autre, voici la valeur à laquelle je crois devoir estimer ce que je garde pour moi. (Je crois me rappeler qu'il me remit 36 napoléons.) Mon fils n'avait rien pris, il ne pouvait voler ce qui lui appartenait. C'est donc ce brave général et les gens de sa suite qui m'ont dépouillé de mes armes.

CHAPITRE VII.

Sur les événemens de l'arsenal et sur l'occupation militaire.

Lorsque Mustapha, ministre de la marine, fut persuadé qu'une catastrophe allait avoir lieu, il ouvrit la caisse des dépenses journalières, en fit distribuer le montant aux ouvriers, et fit brûler les registres. Alors beaucoup de familles s'embarquèrent sur des chaloupes de l'arsenal, pour se sauver dans le pays des Kabaïls et à *Bougie*. Les bâtimens marchands qui faisaient partie de l'expédition vinrent dans la rade et firent le pillage du port. Ils enlevèrent des chaînes, des câbles, des laines qui servaient dans les tranchées, des ancres, des toiles pour les voiles, du chanvre et une foule d'autres objets de munitions. Tous ces objets pris par ces vaisseaux, à l'aide de leurs canots, pendant la nuit, forment une somme considérable. Etaient-ils d'accord avec l'autorité française, c'est ce que nous ignorons. Je présume plutôt que chacun prenait pour son compte; il y avait une part pour tous, les voleurs étaient d'intelligence et ne se vendaient pas. Voilà quels ont été les premiers fruits de l'occupation et de la civilisation française!!!

La moitié de l'armée française était logée militairement dans les jardins (ou maisons de plaisance) des habitans de la ville. Rappeler ici que les propriétaires de ces habitations n'ont jamais reçu aucune indemnité; qu'ils n'avaient pas la faculté de jouir de leurs propriétés, que l'on détruisait les portes pour les brûler, que l'on arrachait les grilles de fer pour les vendre, que l'on fouillait sous les parquets pour chercher des trésors imaginaires, c'est dire la vérité!! Enfin, on a dévasté les jardins et les habitations à un tel point qu'ils ne pouvaient plus servir. Tout ce que je raconte n'est ni amplifié ni exagéré, mais il faudrait voir tout ce saccagement pour s'en faire une idée exacte.

C'est là une des causes principales qui décidèrent les propriétaires à se désaisir de leurs biens aux conditions qu'on leur offrait et moyennant un vil prix. Que l'on vienne donc se vanter de posséder des biens à Alger ! C'est ainsi que les biens nationaux s'acquéraient en France pendant la révolution ! Il faudra des siècles pour faire oublier ces exactions, ou des millions d'indemnité pour que les possesseurs aient leur conscience en repos. C'est bien le règne de la révolution et du désordre, que celui sous lequel on détruit tout ce que l'on peut détruire.

Quelques Européens, nouveaux possesseurs de biens, après avoir coupé les arbres, rendu déserts les jardins, fait argent de tout, ne voulant plus ou ne pouvant plus payer la somme annuelle dont ils étaient convenus, ont élevé des chicanes pour annuler les actes qu'ils avaient passés. Le tribunal était encombré d'affaires et de plaideurs, car la plupart de ces actes avaient été stipulés de gré à gré, par l'entremise de courtiers. Les uns donc avaient tout détruit et ensuite montraient de la mauvaise foi ; les autres revendaient, et ces ventes successives formaient un dédale de chicane, par la raison que la vente primitive avait été mal faite et était sujette à contestation. Il y avait confusion pour les habitans aussi bien que pour les tribunaux. Les vrais propriétaires, dans une semblable situation, étaient forcés de consentir à tout arrangement, plutôt que de tout perdre.

C'est ainsi que beaucoup de transactions se sont effectuées à Alger. De cette manière, les Français sont parvenus ou parviendront à posséder presque tous les biens de ce pays. Il n'est point à ma connaissance qu'une seule propriété ait été achetée d'une manière usuelle et légale.

Tous ces contrats ne sont que des loyers perpétuels, et notre loi n'en reconnaît pas la validité ; car, chez nous, le contrat de louage ne peut avoir d'effet que pour une année. Il est quelques jurisconsultes qui prétendent que les contrats peuvent se faire pour la durée de trois ans ; mais le propriétaire a toujours la faculté de continuer le bail ou de le faire cesser au-delà de la première année. Je relaterai, dans un chapitre spécial et d'une manière claire et détaillée, tout ce qui a rapport à nos lois.

Les raisons qui ont empêché les Français de faire des acquisitions légales, ainsi que cela se pratique chez nous et en France, peuvent s'expliquer : 1° parce qu'ils ne sont pas sûrs de la colonisation ; 2° parce que la plupart des Européens qui sont allés à Alger sont des aventuriers sans argent, désirant s'enrichir au détriment de tous.

Le général Clauzel s'est donc trompé quand il a prétendu, dans un de ses écrits, que dans les pays musulmans la vente des immeubles ne se faisait pas comme en France, mais bien à la charge de fournir des rentes perpétuelles. Nous aimons à croire qu'il aura été induit en erreur par des Juifs, ses conseillers favoris, car autrement on pourrait l'accuser d'avoir trompé la nation française et ceux qui se sont rendus à Alger pour acquérir des propriétés d'une manière aussi commode.

CHAPITRE VIII.

Suite de l'occupation militaire, conduite des principaux officiers de l'armée française.

Une foule de généraux, colonels, etc., ont été logés hors de la ville. C'est à qui choisirait les plus beaux jardins, les habitations les plus commodes et l'on s'y établissait en maître absolu. On coupait, taillait selon son bon plaisir; les propriétaires ne pouvaient plus rentrer chez eux. On n'a pas dépensé un seul franc pour la plus petite réparation, excepté pour couper des arbres où détruire quelque chose.

Pour ma part j'ai eu le général H...... qui s'est emparé de mon jardin à mon insu, et a chassé mes domestiques. Quand j'appris cette circonstance, j'envoyai mon fils auprès du maréchal Bourmont, pour réclamer la protection promise et assurée sur l'honneur de la nation. Mon fils n'ayant pu voir le maréchal, se rendit chez le général Tholozan, et cet excellent militaire lui délivra sur-le-champ un ordre pour faire déloger le général H.... qui était dans ma maison de plaisance; lorsque mon fils lui présenta cet ordre, il se mit en colère, le déchira, et dit: Nous avons conquis Alger, nous sommes les maîtres absolus, tout est en notre possession, M. Tholozan n'a pas le droit de m'envoyer de semblables ordres. La réponse de cet oficier m'ayant été transmise, je me hâtai de me rendre auprès de ce général, dans l'espérance de trouver en lui un homme civil, ayant de la retenue et des sentimens français; je lui exposai que mon fils avait mal fait d'aller porter des plaintes contre lui, qu'il devait excuser un jeune homme, que je serais charmé de recevoir chez moi un hôte tel que lui, persuadé qu'il préserverait mon habitation du pillage des soldats. Immédiatement j'ouvris toutes les armoires pour qu'elle ne fussent pas enfoncées; je mis à sa disposition les meubles et les ornemens les plus riches; du linge, des tapis, des porcecelaines de Sèvres (ces porcelaines formaient un nombre de plus de 500 pièces), ainsi qu'un service de thé aussi en porcelaine de Sèvres, lequel m'avait coûté à Paris 300 fr.; une batterie de cuisine complète de la faïence de toute espèce, des jarres remplies d'huiles, de beurre, et mille autres provisions que nous avons l'habitude de faire pour la campagne.

Il avait donc à sa disposition une maison complète, tous les objets commodes et même propres aux besoins du luxe; je lui laissai aussi des mulets avec un palefrenier pour les soigner. Aucun chef ne devait donc se trouver plus content que lui sous ce rapport. Néanmoins il reçut tout cela avec fierté, sans m'adresser aucun remercîment, et comme si je lui eusse remis son propre bien. Certes, selon moi, il aurait dû agir d'une manière plus polie et plus délicate, et prouver qu'il savait apprécier ma conduite et que sa naissance était digne de son rang.

Ce général ne s'est donc fait faute de rien chez moi, il a usé de tout avec largesse; et quand il fit la campagne de *Médiah*, avec le général Clauzel, il emmena avec lui deux de mes mulets, qui au retour de ce voyage sont morts de fatigue ou de faim.

Il était bien nécessaire de faire tant de politesses, on m'en avait beaucoup d'obligation ! Si je voulais visiter mon jardin, on me mettait à la porte, ou bien il me fallait un ordre du général pour entrer. Pourtant on savait bien que j'étais le véritable maître.

Quand le général H..... a quitté ma maison, il a emporté tout ce qui lui a fait plaisir, tout ce qui pouvait se prendre, même de la porcelaine et de la faïence, en disant cependant que tous ces objets avaient été enlevés par son interprète. Tout cela ajouté à mes deux caisses d'armes dont j'ai parlé plus haut! Les maisons de ville qui ont été occupées par la troupe ne sont plus habitables.

J'ai entendu dire, par des personnes bien informées, que les personnages qui ont occupé la Casauba (résidence du dey) ont fait fouiller tous les terrains, espérant trouver des trésors cachés. On a même démoli des murs, toujours avec le même espoir.

On a aussi forcé les particuliers à se déloger de leurs propres maisons pour les faire occuper militairement; ces habitans désespérés s'expatriaient par terre et par mer. Quels procédés de la part des agens du pouvoir! Au moins devraient-ils payer un loyer aux propriétaires pour les indemniser de la privation et de la perte de leurs biens.

Après son installation, le général Bourmont fit notifier au bey d'Oran de bien vouloir se soumettre à la France. Ce bey, selon le désir du général en chef, s'est montré docile à ses ordres, et s'est déclaré en faveur des Français; en conséquence, il a été chargé de rester à Oran jusqu'à nouvel ordre, de se fortifier dans la ville contre les habitans de l'intérieur de la régence, et de maintenir l'ordre jusqu'à ce qu'on lui eût envoyé des troupes. En se soumettant à la France il rompait toute communication amicale avec les tribus, il abandonnait toutes ses anciennes liaisons. Pour la conservation de cette place, il avait à entretenir à ses frais une troupe de Turcs. Cet homme, je l'ai déjà dit, âgé et pacifique, ne désirait que le repos; voila pourquoi il avait adhéré aux volontés du général français, et n'attendait plus que l'accomplissement des promesses qui lui avaient été faites de le respecter, ainsi que tout ce qu'il possédait. Selon la justice, ce bey aurait dû être récompensé et ses frais remboursés, puisqu'il a gouverné Oran pour le compte des Français depuis le moment de sa soumission jusqu'à son évacuation, ce qui a duré sept mois. Avant que cette place fût occupée par les Français, plusieurs envois secrets ont été adressés à un certain personnage, et il est bien à ma connaissance, comme à la connaissance publique, que ce personnage à son tour a envoyé plusieurs fois à Oran des bateaux à vapeur, avec des hommes de sa suite pour exiger de ce bey dès sacrifices auxquels il ne s'est jamais refusé. Je raconterai plus loin les aventures de ce bey avec le général Clauzel.

Lorsque nous apprîmes le changement important survenu dans la monarchie française, cet événement nous fit éprouver la plus grande joie, surtout à cause de la circonstance qui le fit naître. Nous crûmes à notre tour que nous profiterions aussi des fruits de cette liberté. Nous avions tout à espérer du nouveau monarque, Louis-Philippe, que son expérience et ses malheurs devaient préserver de toute faiblesse, et qui réunissait en même tems toutes les qualités requises pour commander à une nation qui elle-même l'avait désigné pour être son chef et son protecteur. Homme tout à la fois courageux et sensible, on l'a vu sur le champ de bataille manifester toute la tendresse d'un bon père et d'un bon époux; et comme dit un poète : « *Ne connaît l'amour que celui qui est amoureux lui-même* ». Les Français ne pouvaient donc faire un meilleur choix. De notre côté, nous disions : « *Ce n'est pas ce souverain qui souffrira que les Algériens soient soumis à un règne de tyrannie; ce n'est pas lui qui ordonnera que l'on sépare le mari de sa femme et de ses enfans, ni qu'on nous enlève nos propriétés et jusqu'à nos plus faibles ressources.* »

En 1820, je me trouvais à Paris; j'eus l'honneur de voir le duc d'Orléans donnant le bras à la duchesse son épouse, et entouré de toute sa famille. On n'entendait dire que du bien de lui, c'était un concert d'éloges et de bénédictions ! c'était la bonté même, le modèle de la sensibilité, la bienveillance personnifiée ; et le plus excellent homme du siècle, c'était le duc d'Orléans.

Lorsque j'appris son heureux avénement, je me dis : « Les Français seront heureux, ils jouiront de la liberté. » Je donnai l'assurance positive et bien formelle à tous mes amis que ce prince était d'une grande modération, qu'il était équitable et digne d'être aimé; que l'on se féliciterait de son gouvernement. Hélas ! il y a déjà long-tems que nous prenons patience, notre espoir s'en va et le désenchantement arrive (1).

Le drapeau tricolore fut enfin arboré, et le maréchal Bourmont remplacé par M. le général Clauzel. Un de ses premiers actes, pour rassurer les habitans d'Alger, fut l'abolition du tribunal

---

(1) C'est pourquoi le grand mot, le mot de fatalité et de désespoir que le maréchal Clauzel attribue au peuple algérien : « *Cela était écrit là-haut !* » (Il dit : *Le fatalisme oriental*, leur fournira des motifs de religion, et ils ne manqueront pas de se retrancher derrière leur phrase habituelle : *Cela était écrit là-haut !*)

(Voir page 3 de son ouvrage intitulé : *Nouvelle observation du maréchal Clauzel sur la colonisation d'Alger*; Paris, 1833.)

appelé *hanaphy*, et la confirmation de celui des Israélites. Comme son prédécesseur, il ne s'entourait que de Juifs, et de quoi ceux-ci ne sont-ils pas capables? C'est en partie par leur insinuation et leur esprit de malice que l'on administre mon malheureux pays. Extorquer les biens, verser le sang des hommes, commettre des déprédations et des crimes, voilà les actes qui s'accomplissent à Alger!! Quelle constitution! quelles lois inhumaines, opposées à tout système d'égalité et de paix! quelle charte que la nôtre!!! L'exil et la confiscation forment l'art. 57 de cette charte. Nous pourrons encore nous estimer heureux s'il ne nous arrive pas un article additionnel qui sera l'extermination du peuple algérien. Si c'est écrit là-haut (pour me servir de l'expression de M. le général Clauzel), il faudra bien nous soumettre; mais quels seront nos bourreaux!!!

L'abolition de ce tribunal, comme je viens de le dire, est une faute irréparable, contraire aux dispositions de nos lois. Un des articles de la capitulation en assure l'inviolabilité; or donc, en abolissant ce tribunal, on a agi contre les principes du traité conclu entre Alger et la France. En vertu de quel droit ou de quelle loi M. Clauzel a-t-il aboli ce tribunal? Était-ce pour contrarier la nation ottomane? Il n'existe pourtant aucune animosité entre la France et l'empire ottoman;

pourquoi faire mépris de ses lois et de ses réglemens ? Je citerai à cette occasion quelques parties de l'arrêté du 22 octobre 1830.

Article 1er. Toutes les causes entre Musulmans, tant au civil qu'au criminel, seront portées devant le cady maure, pour y être jugées par lui, souverainement et sans appel, d'après les règles et suivant les formes instituées dans le pays. Dans le cas où le cady maure (Maliky) serait dans l'usage de se faire assister des muphtys ou du cady turc (Hanaphy), celui-ci n'aura que voix consultative, le droit de décider étant exclusivement dévolu au cady maure.

Art. 2. Toutes les causes entre Israélites, tant au civil qu'au criminel, seront portées par devant le tribunal composé de trois rabbins, qui prononcera, souverainement et sans appel, d'après la teneur et suivant les formes israélites, etc., etc.

Ainsi donc on voit, d'après ce qui précède, que le tribunal dit Hanaphy, administré par le cady Turc, a été anéanti, bien que celui des Israélites ait été conservé. Cette mesure arbitraire ne peut manquer d'être la cause d'une grande confusion dans les lois du pays.

CHAPITRE IX.

De Mustapha Boumezrag, bey de Titery.

Lorsque *Boumezrag Mustapha*, bey de Titery, dont nous avons parlé plus haut fut arrivé à *Mediah*, il conçut le projet insensé de se faire proclamer pacha ou chef souverain de la régence : il organisa sa cour, nomma parmi les Turcs un khaznagy et un aga, et fit frapper de la monnaie. Bientôt après il exerça des actes de violence et commit des déprédations et des crimes de tout genre. Il envoya son aga pour forcer les habitans des tribus voisines d'Alger à lui remettre leur argent et tout ce qu'ils avaient, sous prétexte de porter des vivres à Alger pour alimenter les ennemis des Français. Il écrivit aussi au bey d'Oran de lui envoyer des secours en argent, en munitions, et même du café; on m'a assuré que ce bey lui avait envoyé tout ce qu'il lui avait demandé, en lui promettant d'embrasser sa cause lorsqu'il jugerait le moment favorable. Le bey de Titery fit la même notification au bey de Constantine; celui-ci reçut mal sa demande, et répondit : « Nous sommes égaux, aucun de nous n'a plus de mérite que l'autre; » et il lui défendit de lui adresser de pareilles demandes à l'avenir, lui notifia qu'il n'avait à attendre de lui aucune soumission, et l'engagea à s'occuper de ses propres affaires. Mustapha voulut répliquer, et pour cette seconde fois il envoya au bey de Constantine un *kaftan* avec sa nomination de bey de cette province.

Cette impertinence ridicule ne fit qu'irriter davantage le bey de Constantine qui ne daigna pas lui répondre. Le bey de Titery, à son tour, s'offensa de ce manque de procédé, et la guerre fut allumée entre eux. Ce dernier s'adressa à Ibrahim pour le faire entrer dans son parti; cet Ibrahim avait été bey de Constantine sous les Turcs, puis destitué pour cause d'incapacité et de mauvaise administration; mais pendant qu'il était au pouvoir il avait contracté un mariage avec la fille d'un cheik du Sahara, nommé Farhat. Cet Ibrahim prit donc les armes en sa faveur, et malgré leurs efforts réunis ils échouèrent dans leur tentative.

Mustapha, bey de Titery, continua ses extravagances, qui ne servirent qu'à favoriser le général Clauzel. Il envoya à ce général une dépêche pleine de reproches et de propos hostiles ; enfin, il déclarait hautement qu'il abjurait la mission qui lui avait été confiée par *Bourmont*. Je fus moi-même le traducteur de cette dépêche, et chargé aussi d'y répondre. J'ai ouï dire que les habitans de *Médiah* s'adressèrent secrètement au général Clauzel, pour l'inviter à se rendre chez eux. A cette occasion, ce général pria les notables d'Alger de lui fournir une liste de personnes de moyen âge, appartenant à de bonnes familles, pour choisir parmi elles celui qui serait nommé bey de Titery. Dans la longue liste qui lui fut présentée se trouvait le nom de *Mustapha Ben Omar*, qu'on avait qualifié de neveu de Hassan Pacha, ancien dey d'Alger, ce qui est une erreur, car il n'est que le fils de l'oncle maternel de la femme de *Hassan Pacha*. Ce fut Mustapha Ben Omar que l'on nomma bey de Titery.

CHAPITRE X.

Suite de l'administration du général Clauzel, et de ses campagnes de Mediah et de Belida.

Le général en chef sortit d'Alger avec une armée, accompagné par l'aga des Arabes (Hamdan Ben Amin-el-Seka), et dirigea sa marche sur Mediah. Alger avait, jusqu'à l'arrivée des Français, été regardé comme imprenable par les habitans de la régence, aussi ceux-ci supposèrent-ils une grande puissance à la nation française qui s'en était emparée, et pensèrent qu'aucun peuple ne pourrait résister à l'attaque de ses troupes. D'ailleurs l'oppression et les exactions de Mustapha, bey de Titery (Aboumezrag), les correspondances adressées par ledit Hamdan Aga en faveur de la cause française, toutes ces circonstances réunies furent utiles aux Français et secondèrent beaucoup cette expédition de Mediah. On dit aussi, mais je n'atteste pas ce fait, que le général Clauzel a fait donner de l'argent secrètement pour faciliter son arrivée à Mediah.

En entrant dans cette ville, il fit publier une proclamation qui confirmait les promesses faites par le maréchal Bourmont.

Cette proclamation fut faite à *Belida*.

Cette ville ou village se trouve située au pied des montagnes. La plupart de ses habitans sont des montagnards qui, pour améliorer leur existence, se sont faits citadins.

A l'approche de l'armée française, ils s'enfuirent dans les montagnes. Les Français quittèrent cette ville en y laissant une faible garnison de 600 hommes seulement. Mais déjà tous les montagnards, aidés de quelques habitans de Belida, se disposaient à attaquer cette garnison, et, sans le prompt retour du général Clauzel de *Mediah*, elle aurait été exterminée entièrement. Les montagnards, en apprenant le retour de l'armée, se dispersèrent et s'enfuirent. C'est alors que les soldats français commirent des atrocités dans cette ville; on fit un massacre épouvantable : hommes, femmes et enfans, rien ne fut épargné. On cite des enfans à la mamelle coupés en deux. Le pillage a été exercé partout, on n'a pas même épargné les Algériens qui s'étaient retirés dans cette ville pour fuir l'oppression du gouvernement français, et trouver des moyens d'existence (je parle ici sans aucune partialité, je ne raconte que les faits tels qu'ils se sont passés). Aussi, combien d'habitans, n'ayant pas même la pensée de trahir les Français, ni même de leur être hostiles, ont-ils été massacrés dans cette circonstance! Faut-il que l'emportement ou la colère se montre aussi aveugle? A cette occasion, je citerai un fait.

Le nommé *Mohamed Ben Sefta*, s'était vu forcé de venir vivre à Belida; son métier de cordonnier ne suffisait plus à son existence, à celle de sa femme et de quatre filles en bas âge; il habitait une petite maison; au moment de l'attaque, il s'était retiré chez lui et avait fermé sa porte; il ne possédait aucune arme, et n'avait que ses outils; les soldats ayant frappé à sa porte, il vint l'ouvrir accompagné de sa femme; presque aussitôt plusieurs coups de feu furent tirés, et cet homme tomba mort sur la place ainsi qu'une petite fille de deux ans; sa femme eut seulement le bras cassé, et sa maison fut entièrement pillée. Cette malheureuse, sans ressources, ayant le bras cassé et trois petites filles à sa charge, crut devoir se présenter au général en chef. Toute sa compassion pour elle fut de la faire monter sur une mule, sans être pansée, et son sang coula tout le long de la route.

Combien il nous est pénible d'avoir à raconter ces détails ! L'historien aussi a un cœur d'homme, et il est obligé de suspendre sa pensée, d'arrêter sa plume, pour gémir sur certaines actions des hommes. Hélas ! quel remède à tant de maux ? En tout tems un affreux génie passe et repasse sur la terre, traînant à sa suite toutes sortes de fléaux. Et les souverains de chaque siècle sont obligés d'assister à ces représentations d'un champ de bataille, de fouler aux pieds les cadavres, d'entendre les cris de douleur... et enfin de voir toutes les horreurs du pillage et de la mort !!!

Cette femme et beaucoup d'autres habitans, après cet événement, furent réduits à la mendicité. Autrefois nous aurions pu les secourir; nous avions nos établissemens de charité. Maintenant tous ces établissemens sont entre les mains de l'autorité française, qui cependant fait distribuer quelques aumônes. Chaque semaine il est donné un sou et quelquefois deux à chaque pauvre.

Ces malheureux se présentent par milliers, ils se disputent et se battent pour obtenir ce faible secours; les rues, au moment de la distribution, sont obstruées. Un pareil soulagement, une si faible distribution, selon nous, ne remplissent pas le but désirable et sont loin de pouvoir suffire aux besoins de tant de nécessiteux. Mais le directeur n'est point autorisé à faire mieux; d'ailleurs la moitié de la somme destinée à cette sorte de secours est accordée à un personnage que je ne nommerai pas, l'un des deux quarts restans au directeur et à ses employés y compris ce qui est distribué, et l'autre quart est réservé pour le domaine et pour accroître les trésors de la France.

Enfin, pour revenir aux événemens de Belida, je dirai que le général français aurait mieux fait de ne laisser aucune garnison à Belida que d'en laisser une qui ne pouvait se défendre contre les nombreux montagnards; que venant faire la guerre dans cette contrée, on devait s'attendre à toutes sortes de représailles, surtout de la part d'un peuple fanatique et exaspéré, et que cette invasion est un déshonneur pour la France, puisque ses résultats doivent être l'extermination d'une grande partie des êtres qui composent la race humaine. Si tout le peuple algérien était de la même religion que les Français, ces derniers agiraient-ils de cette manière ? Bien que personnellement je ne crois pas que ce soit par motif de religion que les Français sont venus à Alger, cependant cette pensée est celle de beaucoup d'autres individus qui l'appuient sur des faits incontestables. Les secours accordés aux Grecs, ces 60 millions dans lesquels la France seule entre pour 20 millions, sans qu'elle puisse espérer aucun avantage matériel de ses sacrifices, n'ont-ils pas été donnés pour la gloire de la France et pour que cette grande nation puisse occuper une place dans les annales de l'histoire. Les secours aux Belges, les secours aux Polonais, et ceux que l'on accorde en ce moment aux Portugais, ne sont-ils pas donnés aussi dans la même intention, puisque tous ces peuples n'offrent à la France aucun avantage proportionné à tant de sacrifices faits ? En voyant de si nobles intentions, comment croire que cette même France souffre que les Algériens, placés sous sa dépendance, soient gouvernés d'une manière si inique ! ! !

L'accomplissement de tant de faits arbitraires m'oblige à les faire connaître, afin que l'histoire en prenne acte, et pour montrer à la postérité comment on entendait la civilisation au dix-neuvième siècle. On nous opprime à Alger, et si nous osons élever la voix contre ce système d'oppression, on nous exile.... Est-il donc au pouvoir des hommes de forcer au silence ? Pourquoi les Français ne nous gouvernent-ils pas selon leurs institutions ? Pourquoi n'usent-ils pas de modération et n'agissent-ils pas selon les lois de la justice, s'ils veulent régner en paix sur nous? Sans doute il nous eût été plus agréable de tenir un autre langage, de parler de leurs bienfaits, et de leur adresser des paroles de reconnaissance; loin de là, nous sommes obligés de citer des faits qui deviennent leurs accusateurs. Nous ne répétons, et nous ne représentons ici que les tableaux horribles de tout ce qui se passe, et encore ne sommes-nous que de faibles échos pour les reproduire.

Pour donner suite à ce qui a rapport à l'expédition de *Mediah*, je dirai que le général Clauzel, accompagné de l'aga des Arabes, et de *Ben Omar*, bey de Titery, ne rencontra aucune opposition sur sa route; personne ne prit les armes contre l'expédition, pour les motifs déjà relatés. La plupart de ceux qui auraient été en état de lutter contre les Français se retirèrent sur leurs montagnes inaccessibles, où, à l'aide de pierres seulement, ils pourraient se défendre contre toute espèce d'attaque.

Mustapha, bey de Titery, n'a aucun partisan parmi les *Barabers*; quand il fut certain de son impuissance et de la perte de sa cause, il se réfugia chez un marabout; Mediah fut donc soumise au pouvoir des Français, et l'autorité se mit aussitôt en possession des biens des Turcs, et de ceux qui appartenaient à l'ancien gouvernement.

A ce sujet on m'a raconté ce fait, dont je ne puis cependant affirmer l'authenticité: Le commandant français, avant de faire retirer ses troupes, laissa *Ben Omar* à *Mediah*, avec la qualité de bey, mais sans aucune garnison pour appuyer son pouvoir. On l'avait même autorisé à percevoir les contributions, comme cela était en usage parmi les Turcs, nonobstant les proclamations qui abolissaient ces contributions. Ce seul acte par lequel on ordonnait à *Ben Omar* de recevoir les impôts prouve assez que les promesses des Français ne sont que des paroles sans effet, des ruses perfides pour arriver au but qu'ils se proposent d'atteindre. L'exigence des impôts était l'acte le plus inique que l'on pût reprocher à l'administration turque, mais il n'y avait ni exil, ni pillage, ni massacre. Les Turcs étaient despotes, mais avec moins de perfection que les gouverneurs français. Depuis eux on a fait des progrès!.. Et le général Clauzel doit admirer une partie de cet ouvrage!!!

On assure que le gouvernement français avait donné des ordres pour que les Musulmans embrassassent la religion chrétienne. Le *Courrier Français*, du 20 juin, semble avoir découvert le secret, et cependant aucun démenti n'a été donné par les journaux ministériels. On s'imagine peut-être en Europe que les journaux ne parviennent pas à la connaissance des Bédouins, et que ceux-ci ne sont pas au courant de la politique européenne : c'est une erreur. Les Bédouins connaissent tout ce qui se passe en Europe, tandis que les Européens ne savent pas ce que font les Bédouins en Afrique ; mais on amplifie les faits. Car la plus grande partie des Barabers dispersés dans les villes de la régence, et principalement dans Alger, tout en devenant habitans des villes, ne conservent pas moins des relations avec leurs parens qui habitent les campagnes ; naturellement l'objet de leur entretien est le mouvement du jour et tout ce qui se passe en politique, et cela se répète de bouche en bouche jusqu'aux confins des déserts; car comme dit un poète arabe : « Les faits parlent pour celui qui veut cacher sa conduite. »

A son retour de Mediah, le général ne manqua pas de s'attribuer toute la gloire de cette expédition ; il destitua Hamdan Aga, dont l'influence avait été on ne peut plus utile dans cette excursion intérieure, et des ordres furent donnés pour qu'il fût accompagné par des gendarmes chaque fois qu'il sortait de son domicile. Hamdan Aga est maintenant à Paris, et le général Clauzel lui a délivré un certificat pour constater qu'il avait servi fidèlement et avec succès la cause française. Pourquoi donc l'avoir destitué? pourquoi cette étonnante suspicion sur sa conduite?

pourquoi l'avoir remplacé par un grand-prévôt? L'autorité de ce grand-prévôt ne va pas au-delà de la Mitidja. Quelle administration inconsidérée! Un habitant du pays emploie tout son crédit, toute son influence et toute sa fortune pour servir la cause française, il rend des services éminens, et on le destitue! On proclame que les contributions sont abolies, et *Ben Omar Bey* est chargé et autorisé à percevoir ces contributions à Mediah, selon l'usage établi parmi les Turcs, après que le renégat *Joussouf*, par ordre dudit général, a fait publier l'abolition des taxes. Quelle étrange contradiction! Cependant il me semble que ce général ne devrait avoir qu'une parole, puisqu'il est le représentant du roi des Français dans le royaume d'Alger.

Ben Omar s'est donc trouvé compromis vis-à-vis des habitans de Mediah; ceux qui se trouvent hors de la ville ont refusé de payer d'autant plus qu'il avait peu de moyens pour se faire obéir; deux pièces d'artillerie, un peu de poudre, étant ses seuls moyens de défense, Ben Omar aurait été infailliblement sacrifié sans l'assistance de quelques personnes expatriées d'Alger, qui s'étaient réfugiées à Mediah. Il ne pouvait non plus compter sur les habitans de cette ville qui n'était soumise aux Français que depuis peu de temps; d'ailleurs ces habitans redoutent plus les

Bédouins que l'autorité française. L'attaque de ces Bédouins est vigoureuse, et lorsqu'ils se présentent avec fureur, il est difficile de leur résister. Ils se sont portés quelquefois sur Alger, et, sans l'armée française et son artillerie, les Algériens auraient été massacrés, et cela parce qu'ils ont embrassé la cause de l'armée française. Le général Clauzel aurait dû laisser à Ben Omar des forces suffisantes, montrer de bonnes dispositions, de la modération, et accomplir religieusement ses promesses et les engagemens qu'il avait pris. Avec ces moyens, les Bédouins n'auraient peut-être pas été hostiles, le pays aurait été tranquillisé, et Ben Omar se serait dispensé d'avoir recours à la force.

Lors de l'expédition du général Clauzel à Mediah, les communications entre ce point et Alger étaient presque interrompues. Quand il fut de retour, les malveillans ne manquèrent pas de venir lui dénoncer que plusieurs habitans avaient fait courir le bruit que ce général avait été mis en déroute par les Kabaïls, et je fus un de ceux que l'on inculpa de cette faute; à cette occasion, le maire de la ville, M. Cadet de Vaux, ayant fait réunir le conseil municipal, dont je faisais partie, pour complimenter le général sur son retour, ce fut à la suite de cette visite qu'il nous fit part des rapports qui lui avaient été faits.

C'est alors qu'il nous dit aussi que pour sa tranquillité, et pour donner une marque de confiance au gouvernement français, il fallait que nous lui réunissions au moins une cinquantaine d'enfans des principaux habitans pour les envoyer en France comme ôtages, et pour y étudier la langue, etc., etc. M. le maire appuya cette demande et proposa de la mettre à exécution, ou bien, dans le cas contraire, d'exiger une somme d'argent quelconque; M. Cadet de Vaux ajouta que le refus d'envoyer les enfans en France serait considéré comme un acte de désobéissance fait aux Français, et que celui qui ne voudrait pas se conformer à cette mesure devait se retirer d'Alger. Néanmoins personne n'osa sortir d'Alger, ni envoyer ses enfans en France : 1° parce que le gouverneur n'inspirait aucune confiance; 2° parce que cette demande était faite d'une manière arbitraire. Celui qui aurait eu le désir d'envoyer son fils en France pour son éducation, celui-là, dis-je, ne voulait plus adhérer à une demande aussi tyrannique; aussi il ne fut rien fait à cet égard, et cette affaire demeura bientôt dans l'oubli.

Le conseil municipal se composait de sept membres, et, avant la nomination de M. Cadet aux fonctions de maire, ces membres pouvaient délibérer librement dans les affaires. Mais bientôt M. Cadet ne fit aucun cas de leurs avis et semblait, par ses manières, mépriser ce conseil municipal. Alors deux de ses membres s'expatrièrent; ils se nommaient Sidy Mustapha-el-Sajjy, Mohamed Welid Ibrahim Raïs.

Attendu cette absence, comme on s'occupait de pourvoir à leur remplacement, le général Tholozan, au nom de M. Clauzel, m'invita à accepter une de ces fonctions. J'acceptai, je ne pouvais refuser. Avant cette offre, on m'alléguait qu'ayant été au service des Turcs, je devais naturellement désirer leur restauration et que je n'accepterais aucune fonction sous le gouvernement français. Cependant, bien que mon tems suffît à peine pour mes propres affaires, j'acceptai une place que tout le monde refusait. D'ailleurs, dans nos assemblées de conseil, aucun de nous n'osait exprimer son opinion; les délibérations étaient silencieuses et pour la forme; enfin notre participation était nulle au fond.

L'un des membres de ce conseil, le nommé *Aboudarba,* était en querelle avec moi; je me souciais fort peu de le rencontrer, nous formâmes de part et d'autre des plaintes personnelles auprès du général en chef, et il est résulté de cette affaire que quatre d'entre nous ont été destitués et remplacés par d'autres.

Cette destitution fut un bonheur et un fardeau

de moins pour nous ; car, bien que monsieur le maire ne suivît jamais que son impulsion, cependant, vis-à-vis des habitans d'Alger, nous étions responsables de ses actions, puisque nous les approuvions comme si elles eussent été les nôtres.

Avant que j'eusse abandonné ces fonctions, le général Clauzel fit demander à la municipalité de lui céder la mosquée métropolitaine qui se trouve dans le voisinage du port de la Poissonnerie, pour la convertir en théâtre, en ajoutant qu'il était autorisé par son gouvernement à nous faire cette demande. Nous lui déclarâmes que nous ne pouvions donner notre assentiment à cette mesure et que lors même que nous voudrions l'adopter nous ne le pourrions pas, n'en ayant pas le droit. Nous lui fîmes observer seulement que si l'on voulait établir un théâtre, on pouvait se servir du local de l'ancienne résidence du dey qui est assez vaste, ainsi que tout ce qui l'entoure, à l'effet d'en construire un si on le jugeait nécessaire. Depuis cette époque, cette demande n'a plus eu de suite et le théâtre n'a pas été construit.

Le général avait, parmi ses Juifs favoris, un nommé B........ homme sans mérite, mais maniant parfaitement bien l'intrigue et ayant à sa disposition tous les moyens nécessaires pour s'introduire dans la société, y faire des dupes ou y commettre des actes répréhensibles.

Le favori de ce général fut donc chargé d'une mission à Oran, auprès du bey, pour tirer des avantages de cet homme et faire de lui *une vache à lait*. En récompense des services rendus par le sieur B........ et pour ses actes de complaisance, on lui a accordé la décoration de la Légion-d'Honneur. Lorsque les envoyés de Tunis arrivèrent à Alger, ils offrirent à M. C..... des cadeaux magnifiques : j'ignore quels étaient ces dons. Leur mission avait pour objet de passer l'acte de vente de deux provinces, c'est-à-dire de Constantine et d'Oran.

Cette négociation avait déjà été entamée par MM. D. et G., qui avaient été envoyés par le général Bourmont, principalement dans l'intention de distribuer des proclamations qui invitaient le peuple à ne point se montrer hostile à l'armée. Lors de mon voyage à Constantine, j'ai vu moi-même ces diverses proclamations, dont le sens était presque toujours le même ; on engageait les Arabes et les Kabaïls à être les amis des Français ; on leur promettait de la manière la plus formelle que désormais on n'exigerait plus d'eux les contributions qu'ils avaient coutume de payer aux Turcs, que toute oppression ou vexation quelconques cesserait ; qu'ils jouiraient de la justice et de la liberté ; et qu'on garantissait la liberté de leur religion, etc., etc.

Lorsque les émissaires français, MM. D.... et

G...., arrivèrent à Tunis, par l'intermédiaire du consul de France ils eurent des communications avec le bey. C'est alors qu'il y eut un projet de vente des deux provinces. Constantine et Oran devaient appartenir au bey de Tunis, moyennant quoi celui-ci aurait payé à la France un revenu annuel d'un million pour chaque province. On devait, dit-on, donner une gratification assez forte aux deux envoyés français, mais le changement inattendu dans le gouvernement français, et par suite la destitution du maréchal Bourmont, empêchèrent alors l'accomplissement de ce traité.

Mais depuis, le général Clauzel ayant trouvé ce projet de vente dans les papiers de son prédécesseur, il y fut donné suite et il fut signé par les parties intéressées. A ce sujet on nous a dit, quoique nous ne pussions affirmer le fait, qu'en sus du million annuel convenu il devait être donné aussi un million à un personnage que je ne crois pas devoir nommer ici, et cent mille fr. à une autre personne d'un rang inférieur. On assure que l'obligation de cette dernière somme aurait été négociée, et qu'elle se trouve chez un banquier de Paris, qui a même donné quelques mille francs à compte.

D'après la connaissance que j'ai du gouvernement turc, je puis affirmer qu'il ne retirait de chaque province tout au plus que 300 mille fr. d'impôts.

Ainsi donc, à ces proclamations qui disaient que toute contribution serait abolie, j'oppose encore ces traités du général Clauzel, par lesquels le bey de Tunis qui était l'acheteur se serait vu forcé de faire payer aux habitans plus du triple des contributions ordinaires que faisaient payer les Turcs, sans compter encore les autres avantages dont ce général n'aurait pas manqué de profiter. De sorte que celui qui payait 10 francs, aurait été tenu d'en payer au moins 40, ainsi que les Arabes et les Kabaïls l'ont très bien fait observer eux-mêmes. Ces faits, comme on le voit, n'ont pas besoin de commentaires.

Toutes ces circonstances ont maintenu les Arabes et les Kabaïls dans un état d'hostilité contre les Français, et ont beaucoup contribué à les rapprocher du bey de Constantine.

Nous devons déclarer ici qu'en contractant des traités de cette nature, la France disposait de la régence de la manière la plus inique (1); et ces actes, nous n'en doutons pas, auraient été

---

(1) Il est constant que les traités de vente de ces deux provinces (Oran et Constantine) ont été signés, mais depuis ce tems ils ont été annulés par le gouvernement français. Voir la copie de chacun de ces traités à la fin du présent chapitre.

désapprouvés par toutes les puissances européennes qui s'occupent de l'émancipation des peuples et de l'affranchissement des esclaves.

Avec d'aussi *bonnes intentions*, comment les Arabes et les Kabaïls ne désireraient-ils pas voir revenir parmi eux M. le maréchal Clauzel? C'est à cause de sa conduite, sans doute, que l'on publie tous les jours que ce personnage est un objet d'adoration en Afrique. Quand je fis le voyage de Constantine, j'aurais voulu être accompagné de témoins pour qu'ils pussent prendre note des *louanges* que l'on adressait à ce chef français, tout le long du chemin, depuis Alger jusqu'à Constantine.

Le muphty *Sidy Mohamed-el-Anabi* était un homme très intègre et rempli de vertus. Son seul crime a été d'avoir écrit souvent au général Clauzel pour lui faire des observations sur ses actes, qui lui paraissaient contraires à la capitulation, aux institutions françaises et aux droits des gens. Mais le gouverneur ne voulait rien entendre, et ce muphty fut arrêté par la gendarmerie et conduit en prison; on a même usé envers sa famille de toutes les vexations imaginables, sous le prétexte qu'elle tramait une conspiration. Quel délit pouvait-on attribuer à des femmes et à des enfans?

M'étant présenté auprès du général Clauzel pour lui demander le motif de cette arrestation, il me répondit que l'on avait découvert des intelligences entre lui et les Kabaïls, dans l'intention de les irriter contre les Français. Je me présentai ensuite chez le muphty, je lui parlai de cette imputation et je le questionnai sur les raisons qui avaient pu faire croire à ces assertions. Il protesta contre cette allégation de la manière la plus formelle, déclarant qu'elle était fausse et que l'on eût à fournir des preuves.

J'examinai donc quelles pouvaient être les causes et l'origine de cette accusation, et je crois voir que l'on employait ce prétexte pour l'éloigner d'Alger, afin qu'il ne fût pas dit que l'on violait si brusquement la capitulation.

Depuis, ayant su par le muphty lui-même la manière dont on s'y était pris pour opérer son arrestation, je crois devoir dans son intérêt faire connaître à mes lecteurs les détails de cette circonstance.

L'interprète de l'armée, s'étant rendu chez lui, déclara que le général en chef avait l'intention d'évacuer Alger.

« Il désire, lui dit-il, vous confier le gouvernement, est-il en votre pouvoir d'organiser une armée et une force suffisante pour pacifier le pays et pour vous défendre? »

« Le muphty répondit : Lorsqu'il en sera tems, je ferai mon possible pour cette réorganisation.

— » Est-ce de l'intérieur que vous pourriez recevoir des troupes, ou bien vos ressources se trouvent-elles dans Alger?

— « Dans les villes et dans toute la régence ; lorsqu'il le faudra, je pourrai obtenir une trentaine de mille hommes, qui seront à ma disposition. »

On assure que l'interprète avait fait cacher deux personnes pour témoigner sur cette conversation, et au besoin s'en servir illégalement contre lui.

Tels sont les moyens, à ce qu'il paraît, dont on s'est servi pour se débarrasser de ce muphty ! Voilà quels étaient les principes que mettait en pratique M. le gouverneur ! Quand ce proconsul avait l'intention de commettre quelque acte de despotisme, quand il voulait exiler celui-ci, extorquer les biens de celui-là, tous les moyens lui semblaient bons, et l'on devait s'estimer heureux de n'être puni que de l'exil ou de la perte de ses biens, car il en est plusieurs qui ont été jugés par la cour martiale. Ainsi donc, si le gouverneur veut se disculper de l'exil de ce muphty, qu'il prouve en vertu de quel droit il a procédé contre lui ?

Lorsque son exil lui fut notifié, je me présentai de nouveau chez le général en chef, pour le prier de lui accorder au moins la faculté de régler ses affaires et de vendre ses biens, meubles et immeubles. Après les plus grandes difficultés, j'obtins, sous ma garantie, un délai de vingt jours, pendant lesquels il régla ses comptes ; ce délai expiré, il partit pour Alexandrie.

Cet acte arbitraire inspira de la méfiance à tout le monde, particulièrement à l'autorité législative, au cady et au muphty ; aucun d'eux n'osa plus parler de la capitulation, dans la crainte de subir le sort de ce personnage.

Le chef des biens de l'administration de *Meka Medina* reçut aussi l'ordre de verser dans la caisse des domaines les fonds dont il était dépositaire, et de remettre en même tems tous ses registres. Ce directeur se conforma à ces dispositions. J'ai ouï dire que les fonds disponibles se montaient à la somme de 140,000 fr. Le même personnage fut néanmoins autorisé à continuer de percevoir les loyers selon l'habitude, mais on lui prescrivit de nouvelles dispositions qui changèrent tout à fait les statuts des fondateurs, dont le but était de soulager la classe indigente, comme nous l'avons déjà dit, et de leur faire distribuer tous les revenus, tandis que maintenant on ne leur distribue plus qu'environ 800 fr. par semaine.

Quels moyens a-t-on donc employés pour faire approuver ces actes par le gouvernement français ? Plût à Dieu qu'il me fût possible de voir la correspondance de ce gouverneur durant son administration, afin de reconnaître ce qui a fait prévaloir des avis si contraires aux intentions du gouvernement français, notamment en ce qui touche la classe pauvre et nécessiteuse.

Le général Berthezène, pendant la durée de son administration à Alger, avait eu l'intention de restituer les biens qui appartenaient à la *Meka Medina*. M. Pichon et le duc de Rovigo avaient pensé de même, mais aucun d'eux n'a effectué ces bonnes dispositions. Pour montrer à mes lecteurs que je ne suis que l'écho de mes compatriotes, je les prierai d'avoir recours à l'ouvrage de M. Pichon, page 442, pour prendre connaissance d'une pièce qui fut adressée à cet administrateur par un de nos chefs arabes. Au lieu de nous accorder des réparations et des indemnités, M. Genty de Bussy a mieux fait encore, il a déclaré que toutes les mosquées, les établissemens de bienfaisance et les dotations pieuses appartenaient au domaine.

En conséquence, on s'est emparé d'une grande partie des mosquées; les unes ont été louées à des négocians pour en faire des magasins, et d'autres enfin ont été distribuées pour servir de logement aux troupes de la garnison (1).

---

(1) J'ai adressé à S. E. le ministre de la guerre des mémoires où se trouvent exposés plusieurs des griefs dont les habitans d'Alger

Sidy Ibrahim-Ben-Mustapha Pacha, qui vient de quitter Paris, avait exposé, avant moi, tous ces griefs au gouvernement francais : on lui a répondu qu'on allait donner des ordres à M. Genty de Bussy, pour réparer les torts et administrer selon la justice (1).

Cependant des lettres d'Alger nous apprennent que le même système continue toujours, que M. Genty agit avec la même violence, et qu'il a même forcé les locataires des bâtimens de la *Meka Medina* à déloger avant que le bail ne fût expiré.

Dans la lettre du ministre de la guerre, en date du 18 juillet 1833, par laquelle il me fait observer que je devrais être satisfait, on trouve le paragraphe suivant : « *J'ai donné des ordres pour que vous puissiez exposer vos griefs. Vous avez été admis auprès de la personne que j'ai chargée des affaires d'Alger.* » Cette personne est M. Martineau. Voici ce qu'il me dit quand je me présentai auprès de lui : « *Pesez les paroles que*

---

ont eu à se plaindre. Je me suis également adressé au roi à ce sujet. (Voir, à la fin de ce volume, copie de ces réclamations).

(1) Voir, à la fin de ce volume, l'analyse des mémoires et des notes adressés par Sidy Ibrahim Ben Mustapha Pacha, ainsi que la réponse du ministre à ce sujet.

vous avancez au gouvernement, et ne soyez ni partial ni exagéré. »

Je ne sais vraiment comment interprêter une semblable réponse. J'avoue que je ne suis pas Français, que je ne connais pas toutes les subtilités de cette langue; que dans mon mémoire de réclamations, j'ai exposé les faits d'une manière franche et délibérée, mais je ne pourrai jamais croire ni m'imaginer que ce soit là une manière de répondre ni directement ni indirectement.

COPIE DES TRAITÉS.

« Au nom du Dieu clément et miséricordieux, souverain arbitre de toutes choses :

» Les soussignés, baron Volland, intendant en chef de l'armée française en Afrique, intendant du royaume d'Alger, muni des pouvoirs de M. le lieutenant-général comte Clauzel, commandant en chef l'armée d'Afrique; et Sidy-Kherdin-Aga, muni des pouvoirs de S. A. R. le bey de Tunis, et d'Achmed, bey d'Oran, à l'effet de régler, d'un commun accord, les conditions auxquelles ledit Achmed Bey prend le gouvernement du beylick d'Oran, sont convenus de ce qui suit :

» Article premier. Achmed Bey, prince de la maison régnante de Tunis, nommé bey d'Oran par arrêté du général en chef de l'armée, en date du 4 février courant, sera mis immédiatement en possession dudit beylick avec toutes ses dépendances, sauf le fort de Mers-el-Kebir, que le gouvernement français se réserve pour l'occuper à volonté.

» Art. 2. Il restera, à l'égard de la domination française dont le siége est à Alger, dans les mêmes rapports de dépendance que les beys ses prédécesseurs envers la régence d'Alger. Il est entendu que cet article ne se rapporte qu'à la souveraineté acquise à la France par droit de conquête.

» Art. 3. Il ne sera perçu, sur les denrées et marchandises venant de France, à leur entrée dans les ports du beylick, d'autres droits que ceux auxquels elles seraient assujetties à leur entrée à Alger; ainsi, les tarifs de douane, établis ou à établir à Alger leur seront en tout applicables.

» Art. 4. Il sera accordé aux Français et Européens une protection spéciale dans toute l'étendue du territoire du beylick, et les produits obtenus par ceux qui viendront s'y établir pour se livrer à la culture des terres seront exempts de tous droits et impôts pendant les deux premières années d'habitation.

» Art. 5. Tous les revenus du beylick d'Oran, de quelque nature qu'ils puissent être et sans aucune exception, seront perçus par le bey, à la charge par lui de payer au gouvernement d'Alger, à titre de rétribution, la somme annuelle d'un million de francs, sans autres exigences, de quelque nature qu'elles puissent être.

» Art. 6. Cette somme devra être versée dans les caisses du trésor à Alger, en quatre paiemens égaux, à terme échu de trois mois en trois mois, et ce à partir du jour où le bey entrera en possession.

Il a été convenu que la rétribution annuelle d'un million sera réduite pour la première année à huit cent mille francs, et que l'époque du premier paiement sera retardée jusqu'au 1er septembre prochain.

» Art. 7. Le bey s'engage à user avec modération et justice du pouvoir qu'il est appelé à exercer sur les peuples, à les défendre contre toutes agressions au dehors, et à mettre tout en œuvre pour maintenir la paix et la tranquillité dans l'intérieur.

» Art. 8. S. A. R. le bey de Tunis, comme

chef de la maison régnante, pourra décerner le gouvernement du beylick d'Oran à un autre prince de sa maison ; mais il ne pourra le faire sans avoir préalablement obtenu l'assentiment du gouvernement français, ou du général en chef qui le représente.

» Art. 9. Le bey ne pourra être révoqué par le gouvernement français que pour cause d'inexécution des engagemens portés dans la présente convention.

» Art. 10. Le cas échéant où le tems, l'expérience et les circonstances feraient connaître la nécessité d'apporter des changemens ou des modifications aux présentes stipulations, ces changemens ou ces modifications ne pourront avoir lieu que du consentement respectif des parties contractantes.

» Art. 11. S. A. R. le bey de Tunis se rend garant et responsable de l'exécution des engagemens pris par le bey d'Oran dans la présente convention, qui lui sera soumise pour être ratifiée par lui.

» Art. 12. La présente convention, rédigée dans les deux langues, a été signée par les deux fondés de pouvoirs, chacun en la qualité précédemment exprimée, en double expédition originale, pour être respectivement soumise aux ratifications des parties contractantes, lesquelles devront être échangées dans le plus bref délai possible.

» Signé baron VOLLAND, à la minute, et scellé du cachet de SIDI-KHERDIN-AGA;

» Pour copie conforme à la minute :

» *Le lieutenant-général commandant en chef l'armée d'Afrique,*

» *Signé* CLAUZEL. »

« Le général commandant en chef l'armée française en Afrique, en vertu des pouvoirs qu'il tient de S. M. le roi des Français, en sa qualité de général en chef; et Sidi Mustapha, muni des pleins pouvoirs de S. A. le bey de Tunis, et de Sidi Mustapha, son frère, dont copie reste annexée à l'une des présentes, sont convenus de ce qui suit :

» Article premier. Le général en chef, en vertu des pouvoirs susdits, ayant nommé bey de Constantine Sidi Mustapha, désigné par S. A. le bey de Tunis, son frère; et sadite altesse, ainsi que Sidi Mustapha, bey désigné, ayant autorisé, par les pleins pouvoirs déjà cités, Sidi Mustapha, garde-des-sceaux et ministre, à garantir au nom de S. A. et du bey désigné, les conditions déjà convenues entre les parties contractantes, ainsi que leur exécution; il a été convenu de rédiger ces conditions au moyen du présent acte, lequel, écrit dans les deux langues, sera signé par les deux parties, en leurs qualités respectives exprimées dans le préambule.

» Ces conditions sont les suivantes :

» 1° S. A. le Bey de Tunis garantit et s'oblige personnellement au paiement à Tunis, à titre de contributions pour la province de Constantine, de la somme de huit cent mille francs pour l'an 1831. Le premier paiement, par quart, aura lieu dans le courant de juillet prochain, et les autres à des époques successives, de manière que tout soit soldé à la fin de décembre 1831; et pour la régularité des écritures, il sera consenti, au nom du bey de Tunis, par Sidi-Mustapha, garde-des-sceaux, l'une des parties contractantes, quatre obligations de deux cent mille francs, chacune au profit du trésor français à Alger.

» 2° Le paiement des années suivantes, également par quart ou trimestre, sera la somme d'un million de francs divisée en quatre paiemens, sauf les arrangemens qui pourraient être pris postérieurement après que la province de Constantine sera pacifiée.

» 3° L'asile sera accordé, sans aucuns frais, par le gouvernement de Tunis, dans l'île de Tabarca, aux bâtimens français, pêcheurs de corail ou autres.

» 4° Dans les ports de Bone, Stora, Bugie et autres de la province de Constantine, les Français ne paieront que moitié des droits d'entrée de douane imposés aux autres nations.

» 5° Tous les revenus de la province de Constantine, de quelque nature qu'ils soient, seront perçus par le bey.

» 6° Toute protection sera accordée aux Français et Européens qui viendront s'établir comme négocians ou agriculteurs dans la province de Constantine.

» 7° Il ne sera placé aucune garnison française dans les ports ou villes du beyliek avant que la province ne soit tout à fait soumise; et, dans tous les cas, il sera pris, d'un commun accord, des mesures d'ordre dans l'intérêt réciproque.

» 8° Si S. A. le bey de Tunis venait à rappeler près d'elle le bey de Constantine, son frère, il serait désigné un autre prince qui réunit les qualités nécessaires, et qui, *sous l'approbation préalable du général en chef,* recoit la commission de bey de Constantine.

» Art. 2. Le présent acte, rédigé dans les

deux langues, a été signé par le général en chef et par Sidi-Mustapha, chacun en leurs qualités précédemment exprimées, en double expédition, dont l'une est restée aux mains du général en chef, et l'autre a été retenue par Sidi-Mustapha.

» *Alger, le 18 octobre 1830.*
» Signé, Comte CLAUZEL.
» SIDI-MUSTAPHA.

» Pour copie conforme à l'original retenu par le général en chef,

» *Le secrétaire général du gouvernement,*
» Signé, F. CAZE. »

CHAPITRE XI.

Sur les dotations pieuses, dites *Wakfe*, changemens apportés dans ces établissemens et dans les tribunaux qui les régissent, durant l'administration du général Clauzel.

Selon nos lois, il a été fondé des établissemens de bienfaisance ou des dotations pieuses, dites *Wakfe*, lesquels établissemens ont pour but, comme il a été dit, d'améliorer le sort des pauvres et de soulager leurs maux. Il existe différens modes pour disposer de ses biens. Conformément aux principes de la jurisprudence du *maliky*, celui qui donnerait un bien quelconque se soumettrait à l'obligation de faire jouir de suite de ce bien l'établissement à qui ce don aurait été fait. Et d'après ceux qui dépendent de la juridiction du *hanaphy*, la volonté du donataire devient aussi une loi. Cependant celui qui disposerait de ses biens en faveur des pauvres qui n'appartiennent pas à sa ville où à son village, avant d'obéir à cette disposition, on examinera si les pauvres du pays où sont situés les biens ne se trouvent pas dans une nécessité plus grande, et dans ce cas on préfère les pauvres les plus nécessiteux; de même, si un donataire désirait que l'usufruit de son bien fût donné aux pauvres pendant dix ou quinze ans, à condition qu'après le tems désigné le bien lui reviendrait entièrement, cette clause ne serait pas légale. Le donataire ou ses héritiers ne pourraient plus en disposer et l'usufruit deviendrait un don perpétuel. En vertu de ces divers réglemens, les docteurs des lois ont été d'avis de confier au *hanaphy* tous les dons faits d'une manière conditionnelle, dans le but d'augmenter les revenus destinés à la classe indigente; si l'on suivait au contraire les dispositions qui dépendent de la juridiction du *maliky* il y aurait beaucoup moins de donations pieuses.

Si je suis entré dans tous ces détails relativement aux *Wakfes*, c'est parce que je suis certain que les Européens liront avec intérêt cette explication. Qu'ils auront la certitude que notre législation est principalement basée sur des principes de morale et de civilisation. Selon ces mêmes principes, tous les biens terrestres appartiennent à l'Etre Suprême, nous ne sommes ici-bas que comme des convives passagers; notre jouissance n'est que temporelle. C'est ainsi que notre loi a été fondée, ces actes reconnus profitables aux populations indigentes, et adoptés par les contemporains.

Tout homme qui destinerait une propriété à une fondation de cette nature ne pourrait plus se rétracter ni revenir sur ses dispositions, l'acte de donation est regardé comme le meilleur des titres, comme toute espèce de vente, pourvu que la donation soit faite en faveur d'une personne ou d'un établissement ayant les qualités requises à cet effet. Ainsi : tous les pauvres ont droit de réclamer les dispositions faites en leur faveur, c'est-à-dire des secours, mais ils n'ont pas la faculté de disposer des propriétés données.

Selon les pouvoirs du *maliky*, toute donation ne peut être acceptée qu'à condition qu'elle est immédiate et faite sans aucune restriction. Celui qui désirerait ne laisser son bien en faveur de quelque mosquée ou d'un autre établissement qu'après sa mort, son acte ne serait plus valide que devant le *hanaphy*, en vertu des pouvoirs de ce tribunal, et conformément aux paroles de notre *Prophète*, qui sont : « *Les bonnes intentions de l'homme sont plus efficaces que les faits. — Les usages mis en pratique deviendront des lois. — Ne favorisez pas l'un au détriment de l'autre ; il faut que les avantages soient partagés ; — tâchez de remédier au mal avant de chercher le bien.* » Par exemple : un homme a une maison qu'il habite, il a le désir de faire un acte de bienfaisance ; selon le *hanaphy* il jouira de son habitation, durant sa vie, et après elle pourra appartenir à quelqu'établissement ; d'après le *maliky*, cet acte serait nul.

Nos réglemens imposent encore des conditions et des formalités indispensables. Le directeur ou régisseur des établissemens de bienfaisance doit être *Musulman*, nommé par le souverain qui est lui-même Musulman. Ce régisseur doit avoir avec lui des collecteurs, des notaires, pour la perception de l'usufruit des biens, et pour leur administration, selon les dispositions réglementaires, et ces agens reçoivent des appointemens pour leurs peines et leurs travaux ; et quoique toutes ces particularités ne soient pas stipulées dans les lois, cependant l'usage les autorise d'après les principes expliqués ci-dessus : « *Les usages mis en pratique deviennent des lois.* »

Le *wekil* ou le régisseur de la *Meka Medina*, doit réunir les mêmes qualités que celles que l'on exige de ceux destinés aux autres établissemens pieux, et agir selon les usages mis en vigueur et pratiqués depuis leur fondation. Par exemple, on louait à des prix modérés les maisons qui appartiennent à cet établissement, à condition que les locataires feraient les réparations nécessaires ; mais ces locations n'étaient faites qu'à certains individus qui, par leur position sociale, obtenaient ce privilége, et considéraient ces biens presque comme leur appartenant.

Selon les nouvelles dispositions de l'autorité française, il n'est accordé aux pauvres qu'une partie des revenus de cet établissement, le surplus étant versé à la caisse *des domaines*. Cette intention n'a jamais été celle des fondateurs, et en agissant ainsi on a détourné ces fonds de leur destination et violé le droit des gens. Ces dispositions sont arbitraires et immorales ; elles désespèrent les habitans de la régence, font détester tous les Européens en général. Tout individu portant un chapeau, est considéré comme un Chrétien et par conséquent comme un ennemi des peuples de l'Afrique.

Je reviens à mes observations sur les dotations pieuses. Je dirai donc que celui qui voulait faire quelque don après sa mort, s'adressait au tribunal dit *hanaphy*; cependant ce même tribunal a été aboli par le général Clauzel. Les *malikis* eux-mêmes faisaient passer leurs actes devant ce tribunal, afin d'encourager les donataires, les favoriser et accumuler les revenus de la classe indigente. Voilà les causes qui ont fait pressentir la nécessité de l'existence de deux tribunaux et de deux *cadys*. Chacun d'eux ne décidait qu'après avoir fait examiner les clauses des actes par les docteurs des lois, reconnus par la même école à laquelle appartenait le cady, et ce dans le but d'éviter toute confusion parmi le peuple.

Néanmoins il y a des cas où les deux tribunaux, le *maliky* et le *hanaphy*, sont obligés de s'entendre et de décider dans le sens du principe fondamental.

Si un père de famille faisait une donation, après sa mort, à quelque établissement pieux, d'après les principes de *hanaphy*, et que sa famille fût elle-même dans l'indigence, on annullerait cet acte qui serait jugé d'après les principes expliqués ci-dessus : « *Tâchez de remédier au mal avant de chercher le bien.* » Ce n'est pas agir selon les principes de la justice que de favoriser les étrangers au détriment de sa propre famille, qui se trouve dans le besoin. Si le donataire était riche et mourait sans héritiers, sa succession revenait au domaine national. S'il faisait des dispositions en faveur de quelqu'un, on examinait d'abord dans quelle position se trouvait la caisse nationale, et on annulait les dispositions du donataire si cette caisse était pauvre.

Je dois dire aussi que, si un Chrétien désirait donner son bien à une église ou à des pauvres chrétiens, le *cady* lui faisait passer un acte qui était considéré comme légal, et sa donation avait le même effet que les nôtres. Cependant, si ce Chrétien avait fait cette disposition en faveur des mosquées mahométanes, ou des pauvres musulmans, le cady ne pouvait passer lui-même cet acte, qui était déclaré illégal, et quelque fût sa forme, la loi ne pouvait reconnaître sa validité ; le propriétaire était toujours le maître de ses biens pour en disposer de toute autre manière, et l'on donnait pour motif que ce Chrétien n'avait fait cette donation pieuse que par quelques ménagemens ou par d'autres égards qui tenaient à la politique. Ainsi donc, tant qu'il était dans cette manière de voir primitive, sa donation était regardée comme valide ; mais s'il venait à l'annuler par un motif quelconque, on le laissait faire, sans renouveler ou faire aucun autre contrat.

Une dotation pieuse se fait par une déclaration devant témoins, ou bien par la destination que l'on donne aux choses ; par exemple : un homme fait bâtir un monument qui, par sa nature, ne peut lui rapporter aucun profit, comme une mosquée dans sa terre, où il autorise le public à se réunir pour y célébrer les cérémonies usuelles, sans qu'il soit dit que ce bâtiment a été consacré à telle ou telle chose, ni séparé de la possession principale, il sera reconnu que le propriétaire en a fait une dotation valide, revêtue de toutes les formalités exigées d'après le principe qui dit : « *Que l'action est aussi explicative que les paroles, et que l'usage est le juge suprême.* » La forme même de ce bâtiment indique qu'il ne se loue pas ordinairement. Si, au lieu de cela, on fait construire une grande salle dans sa propre maison, pour y réunir une assemblée et y célébrer les cérémonies religieuses, une ou plusieurs fois, ce lieu ne deviendra pas dotation pieuse ; d'abord il ne sera pas considéré comme une mosquée, parce qu'il n'en aura pas la forme ; ensuite, parce qu'il ne sera pas séparé de sa possession.

Les détails sur la forme et le mode d'administrer cette belle institution des dotations pieuses, sont assez étendus, à eux seuls ils formeraient un volume, et dans un aperçu il serait difficile de bien la définir et de pouvoir satisfaire la curiosité de nos lecteurs ; cependant j'en donnerai les principes élémentaires dans le volume qui a rapport à la législation.

De semblables institutions seront toujours approuvées par les hommes de bien et par les législateurs de tous les pays et de tous les siècles, puisque leur but philanthropique n'a pour objet que d'adoucir les maux de nos semblables, et de contribuer au bien-être de cette grande société à laquelle nous sommes attachés par des liens indestructibles.

Un autre but politique, c'est de chercher à diminuer les causes des délits; car la misère porte souvent à commettre une mauvaise action, celui qui, s'il n'eût pas été pressé par le besoin, n'aurait pas commis un délit ou un crime que la malheureuse position de sa famille semblait légitimer à ses yeux. Comment donc M. le général Clauzel a-t-il cru devoir détruire les bases de cette institution, et, sur les conseils de MM. Fougeroux et Voland, s'est-il emparé au nom du gouvernement français de ce modique trésor, pour le détourner de son but primitif qui, ce me semble, était assez honorable et digne d'éloges ?

Lorsqu'on compare la richesse de la France avec cette partie de l'Afrique, ses innombrables revenus, son influence et sa grandeur, aux faibles avantages de la régence d'Alger; cette comparaison déconsidère cette nation dans l'opinion des Africains et dans l'esprit des amis de l'humanité et de la civilisation, qui cherchent à rapprocher les peuples, à les unir et à augmenter leurs rapports sociaux, commerciaux et politiques.

Sous l'administration de M. de Bourmont, nous avions pour chef chargé de la division de la police, M. Daubignose, et celui-ci comprenait parfaitement les intérêts du pays aussi bien que ceux de la France. Durant son court séjour à Alger, il vint me trouver pendant une nuit, pour conférer avec moi, afin d'aviser aux moyens à employer pour secourir la classe indigente. Les riches de la ville s'expatriaient ; l'industrie était anéantie ; la misère était très grande ; et je me rappelle que dans la conversation que nous eûmes à ce sujet, je lui fis observer que les dotations pieuses, destinées principalement au soulagement de cette classe, étant à la disposition de l'autorité française, il fallait que l'usufruit des biens qui proviennent de ces établissemens fût administré entièrement en leur faveur. C'est alors que M. Dubignose me pria de lui fournir une liste des principaux notables pour former une commission à l'effet d'administrer ces biens. J'ai fourni la liste, mais la question en est restée là ; les avis que je donnai n'ont pas été suivis, l'autorité a conservé ces dotations pieuses. Il est fâcheux pour les habitans d'Alger que M. Daubignose ait été remplacé dans ses fonctions, car cet estimable homme comprenait sa position et tempérait autant que possible ce qu'elles avaient de fâcheux.

Je crois avoir découvert la cause qui a engagé les agens français à donner l'avis à leur gouvernement de s'emparer de ces établissemens ; c'est premièrement pour obtenir le moyen de s'enrichir le plus vîte possible, même au détriment de l'humanité et de l'honneur de la nation ; ensuite pour éblouir tous les yeux et engager la France à désirer pour elle la conservation de la régence, en lui faisant voir que la recette est considérable, sans s'inquiéter si ses droits sont légaux ou illégaux.

Vous donnez des millions aux Grecs et aux Polonais !.... vous secourez ces peuples avec les trésors des Algériens !... vous pressurez leur malheureux pays, cependant les Algériens sont aussi des hommes !!... Quelles fautes ont-ils donc commis pour de semblables punitions ??... Quelle est donc dans cette circonstance la conduite du gouvernement français ? Il valait beaucoup mieux que le gouvernement s'abstînt d'accorder de tels secours, puisqu'ils devaient causer les maux de mes compatriotes. Comment supposer que ces faits passeront inaperçus ? Non certes, et l'histoire prendra note de tant de méfaits ! Les hommes sont donc incorrigibles ? les erreurs du seizième siècle, les fautes des despotes, se renouvellent de nos jours. Pourquoi ? Parce que les hommes ont conservé leurs passions viles, ils en ont hérité de leurs ayeux, et bien que les empires soient gouvernés différemment, cependant les résultats ne sont toujours que les mêmes. Le crime que l'on tolère est toujours un crime, et chez les rois la faiblesse a remplacé la tyrannie.

Ainsi donc quand le mandataire général d'une nation, commet des actes qui donnent motif à des soupçons, quand sa conduite est louche et porte le cachet d'une honteuse faiblesse, de quelle manière faut-il donc le signaler au jugement de ses contemporains?

L'origine de la société a fait naître des lois pour la régir. Puis les besoins se sont accrus successivement : de là ces états et ces professions divers ; la constitution de l'ensemble d'un gouvernement et d'un chef pour le diriger ; et tout part de ce point. Que le chef soit sultan, roi ou gouverneur, n'importe, il dirige et doit donner l'exemple. Ses actes iniques démoraliseront un peuple tout entier.

M. le général Clauzel a ordonné la démolition d'un bazar nommé *el-Kaïsserie*, dans lequel on vendait les livres qui sont les instrumens de la civilisation et qui servent de lumières à l'homme intellectuel. C'était dans ce bazar que se trouvaient les copistes, car, en Afrique, il n'existe pas d'imprimerie. Ainsi puisque les Français avaient l'intention d'introduire en Afrique la civilisation, pourquoi a-t-on détruit cette source de laquelle découlait le savoir et la connaissance de toutes choses? Cette conduite prouverait que ce général, au lieu de vouloir introduire parmi nous les lumières et la civilisation, son intention était au contraire de nous plonger dans les ténèbres et dans l'ignorance.

Le général Clauzel a détruit aussi un autre bazar nommé Soug-el-Méguaïssic dans lequel on confectionnnait des bracelets de cornes de buffles, que les femmes des Arabes et des Kabaïls ont l'usage de porter aux bras. C'était une des principales branches d'industrie à Alger et le commerce s'en faisait à Tunis, à Tripoli et jusqu'en Egypte. La matière principale, qui est la corne de buffle, s'achetait par cargaisons, les manufacturiers avaient nommé des commissaires, qui étaient chargés d'acheter les matières premières, pour être distribuées à chaque fabricant, selon l'importance de son établissement. Avec peu de capitaux ils fesaient un très-grand commerce, et cette branche industrielle occupait un grand nombre de bras. Après la démolition de ce bazar, tous les ouvriers se virent sans ressources et réduits à l'état de mendicité.

Le même général a encore fait détruire un troisième bazar nommé Soug-el-Sabaghim qui servait aux teinturiers. Les Arabes et les Bédouins venaient exprès à Alger pour teindre toutes leurs étoffes: Cette manufacture était considérable, on y consommait une grande quantité de cochenille, d'indigo, de garances et d'autres ingrédiens pour les couleurs.

Quand ces trois bazars furent détruits, une grande partie de l'industrie fut aussi anéantie.

On a démoli un autre bazar nommé *Ferraria*; il était destiné à toute espèce d'objets en fer limés, comme serrures, platines, canons de fusil, etc., etc. On n'a laissé qu'une huitaine de boutiques détachées.

On a aussi fait démolir trois mosquées destinées aux habitans de ces trois bazars. On a encore détruit des manufactures de soie. Cette industrie était aussi une des principales d'Alger. On recevait des cargaisons de soie de *Bairout* et de *Smyrne* avec lesquelles on fabriquait des étoffes, et d'autres productions qui étaient reportées et vendues dans le royaume de *Maroc*, à Tunis, à Tripoli, en Turquie, en Egypte et même en Syrie.

Un autre bazar nommé Soug-el-Kebir, dans lequel on vendait des toiles, de la bonneterie, où l'on confectionnait les cordons de soie, les tresses et les boutons, a été en partie démoli par le général Clauzel et le reste par le duc de Rovigo.

Les lieux d'aisances si nécessaires pour la salubrité de la ville et pour la commodité des habitans n'ont pas été épargnés; les magasins destinés aux pêcheurs ont été démolis.

Les lieux que l'on a destinés pour former la place à Alger, ne sont pas proportionnés avec la grandeur de la ville et ne cadrent pas avec son architecture. Car la place d'Alger est aussi grande que la place Vendôme à Paris, et la circonférence de la ville est à peu-près comme le jardin des Tuileries. Cette place est à la ville ce qu'un bonnet de grenadier est sur la tête d'un enfant de 5 à 6 ans.

Le général Clauzel avait autour de lui des Juifs en nombre suffisant qui ne lui inspiraient que leur propre morale, laquelle a été assez définie par Vattel et Grotius. Tacite dit en parlant d'eux : « *A cause de leur fanatisme, les Juifs portaient aux autres nations une haine implacable*». Les agens subalternes sont aussi entourés par la même race d'hommes qui les conduisent d'après leurs faux principes.

Lorsque ces hommes connurent le faible du général, c'est-à-dire son avidité pour les richesses, ils lui firent jouer le rôle le plus ridicule : on lui fit croire que la mosquée nommée Jameh Essaïda contenait le trésor du dey. Bientôt ce général visita pieusement ce lieu religieux; il allait souvent y *faire des prières et des vœux*, puis il décida dans sa sagesse qu'il fallait s'en emparer, ainsi que des tapis, des lustres, des flambeaux, et d'une tribune en marbre qui s'y trouvait.

En conséquence le général Clauzel fit donc fermer les portes de la mosquée, introduisit pendant la nuit des ouvriers pour procéder à la fouille du trésor prétendu, jusqu'à ce que l'on eût épuisé tous les moyens de recherche et que l'on eût aussi perdu tout espoir. Pour cacher cette honte, on fit immédiatement démolir cette mosquée, dans laquelle se trouvaient plusieurs colonnes d'un marbre rare et des portails qu'on dit avoir été vendus. Comment se fait-il que l'on ait vendu des objets qui n'appartiennent qu'aux Musulmans? Quels ont donc été les acheteurs? On dit que ces objets ont été transportés à Toulouse. Les murs de cette mosquée étaient tapissés de carreaux de porcelaine, que l'on avait fait venir d'Espagne; il y avait aussi de grandes poutres en bois d'*Erz* qui est très rare et que l'on fait venir de *Fez*, par faveur, car l'empereur de Maroc n'en accorde la sortie que difficilement. Avant d'achever la démolition de cette mosquée, qui n'a été faite que pour chercher le trésor supposé, on s'est emparé de tous les objets susmentionnés et l'on a négligé le reste de la démolition. J'estime que les frais de cette démolition ne dépassent pas la somme de 10,000 francs.

Le même M. Clauzel, qui prétend que les Africains désirent vivement son retour, exigea du muphty les mosquées qui se trouvent en face des portes par lesquelles entrent les Bédouins fanatiques, qui approvisionnent la ville d'Alger; il demanda ces mosquées pour qu'elles fussent destinées à servir d'hôpitaux à ses troupes, et prit l'engagement avec le muphty qu'il n'en conserverait la jouissance que pendant deux mois seulement. Le muphty fut obligé d'obéir à cet ordre supérieur.

Il y a beaucoup d'autres faits que je pourrais citer comme étant contraires à nos mœurs, et qui, pour ce motif, indisposent les habitans contre l'autorité. Ce sont toutes ces causes qui rendent Alger incolonisable, et on peut dire que M. Clauzel en est le principal auteur.

Lorsque j'étais membre du conseil municipal, le maire d'Alger, sous l'administration de Bourmont, nous demanda la permission de prendre des mosquées pour former des hôpitaux pour la troupe, en nous disant qu'elle n'avait aucun endroit pour se loger pendant l'hiver. Nous lui répondîmes que ces édifices avaient des destinations que l'on ne pouvait changer, qu'il n'aurait pas notre assentiment volontaire, mais que s'il employait la force pour s'en emparer nous serions impuissans pour l'en empêcher. Après quelques pourparlers nos observations furent rejetées et on s'empara des mosquées arbitrairement.

En employant la violence, le gouvernement français indispose et excite les habitans contre lui, d'ailleurs il agit en outre contre les traités et les engagemens qu'il a passés.

Selon nos institutions, les mosquées sont des propriétés publiques, destinées seulement aux cérémonies des Musulmans, et le cady même ne pourrait en changer la destination. Une mosquée est un lieu sacré et inviolable pour tout Musulman, soit qu'il habite la Perse, le Maroc ou la Chine ; ainsi, comme la capitulation a reconnu ce droit d'inviolabilité, qu'elle a promis de le garantir, les habitans d'Alger réclameront toujours contre cette violation.

Nonobstant ces observations, M. Genty de Bussy a déclaré hautement que les mosquées et les dotations pieuses étaient dépendantes des domaines, et cette administration en dispose et jouit comme bon lui semble en les louant pour magasins, etc.

Ce qui nous étonne à ce sujet, c'est l'autorisation du président des ministres, car, d'après les observations faites par M. Pichon à ce sujet, sous la date du 11 mai 1832, il est évident qu'il a donné des ordres en conséquence. Voici le paragraphe :

« J'ai étudié la question des locaux appartenant au culte musulman. Depuis mon arrivée, et dès que j'ai entendu parler de la commission dite des *locaux militaires*, je n'ai entendu qu'un *houra* continuel sur les mosquées, et sur la nécessité d'en prendre encore cinq ou six, outre les six ou sept que nous avons déjà. C'était avec une espèce de jubilation et d'ironie que certaines personnes, qui s'avisent ici, sans se soucier de savoir si cela entre dans les vues du gouvernement et dans ses intérêts, d'être des exterminateurs systématiques du culte musulman, et des populations qui le professent, m'abordaient pour me saluer de l'impossibilité où je serais *de les sauver*. »

« Ces impertinences ne m'ont jamais ému. J'ai heureusement d'autres juges de mes actes que ces juges ignares et passionnés. J'ai donc attendu que le travail de la commission m'arrivât. »

« Vous sentez bien, Monsieur le président, qu'à mes yeux la première loi étant le salut de l'armée, je ne pourrais un moment hésiter à concourir à prendre toutes les mosquées jusqu'à la dernière, s'il y avait nécessité. Mais pour les personnes que je signale, c'est une affaire de goût et de passion. Il ne s'agit point de la nécessité, etc. »

En voyant de semblables procédés, nous pouvons nous attendre à beaucoup d'autres encore. Ainsi le projet de christianiser Alger peut bien exister dans la pensée de nos gouverneurs, comme semble l'indiquer le *Courrier français* du 20 juin 1833, qui s'exprime en ces termes : « *Ce que le public n'apprendra pas sans surprise, c'est que le véritable président du conseil, depuis la révolution de juillet et tout récemment encore, a écrit à l'inten-*

dant civil d'Alger pour lui recommander de christianiser la régence. »

Le silence des journaux ministériels à ce sujet n'est pas non plus d'un bon augure.

Quoique je ne pense pas qu'il fût nécessaire de christianiser l'Afrique, pour y introduire la civilisation et la liberté, comme nous ne possédons pas la science gouvernementale de MM. les ministres, nous nous contenterons de dire que ce projet nous paraît assez difficile à exécuter.

Je répéterai que la grande quantité de bâtimens démolis à Alger doit présenter un remboursement assez considérable, si toutefois les promesses d'indemniser ne sont pas encore de vaines promesses. Nous croyons cependant que le plus grand nombre de ces démolitions n'a pas été constaté; et, pour rembourser, il est indispensable d'avoir pris note avant la destruction d'un bien susceptible d'être réclamé.

Sous l'empire de l'arbitraire et de la tyrannie, tout ce que l'on peut imaginer en fait de mal est possible.

Dès le principe on établit une commission composée de deux notaires publics près du tribunal, de *Sidy Mohamed Ben Ibrahim Raïs*, de *Sidy Haggi el Arby Ben-el-Raïs*, tous deux membres du conseil municipal, et de moi *Hamdan*.

Il fut convenu que la valeur des biens serait

constatée d'après les loyers, c'est-à-dire à raison de cinq pour cent pour les maisons, et de deux et demi pour cent pour les magasins et les boutiques : ainsi, la maison qui se louait 1,000 fr. devait être évaluée à 20,000 fr., et le magasin dont le loyer était de 100 fr., à 4,000 fr. Du moins je crois bien que c'est de cette manière que nous réglâmes les valeurs des bâtimens démolis. Les loyers furent fixés d'après leur valeur sous le gouvernement turc, et non d'après ce qu'ils valaient depuis l'occupation de l'armée française. Le général Clauzel fit publier à ce sujet un arrêté dont voici la fidèle copie :

« Le lieutenant-général commandant en chef, sur le rapport de l'intendant du royaume d'Alger et la commission de la grande voirie entendue, arrête ce qui suit :

» Art. premier. Les habitans d'Alger dont les maisons, boutiques et magasins ont été ou seront à l'avenir compris dans les démolitions ordonnées pour cause d'utilité publique, pour l'élargissement des rues, l'embellissement et la salubrité de la ville, seront indemnisés au prorata de la valeur locative des maisons, boutiques et magasins abattus ou hors d'usage.

» Art. 2. Les immeubles tombés dans le domaine public seront spécialement affectés à ces indemnités aussitôt que le recensement qui s'opère en ce moment, aura fait connaître ceux dont le gouvernement français peut disposer.

» Art. 3. La commission instituée précédemment à cet effet continuera à tenir registre des réclamations, pour y faire droit en tems et lieu.

» Art. 4. L'intendant du royaume d'Alger est chargé de l'exécution du présent arrêté ».

» Au quartier-général d'Alger, le 29 octobre 1830. *Signé* comte CLAUZEL.

» Pour ampliation, le secrétaire-général du gouvernement. *Signé* F. DE CAZE.

Cependant il existe une différence entre le texte français et le texte arabe. (Cette proclamation fut faite dans les deux langues). Nous ne pouvons expliquer si c'est par ruse du traducteur ou par ignorance; par exemple, dans le texte arabe, à l'article premier, au lieu de dire : seront indemnisés au prorata de la valeur locative, etc., il est dit en arabe : *On paiera aux propriétaires à peu près le montant des loyers des maisons ou de tout autre bien ; on donnera à ceux qui ont été privés de la jouissance de leur bien, etc.* Quoique nous ayons pu lire et comprendre que l'indemnité serait un loyer perpétuel, d'après ce que dit la pièce écrite en arabe, bien que l'on considère comme légal le texte de l'arrêté rédigé en français et signé par le général au nom du gouvernement français, il résulte toujours de cet arrêté que le gouvernement français est devenu responsable vis-à-vis des Algériens de la valeur de leurs locations démolies sans le moindre prétexte, et que, s'il veut chercher à se soustraire à cette responsabilité, il sera à juste titre taxé de mauvaise foi.

En vertu de cette proclamation, tous les propriétaires qui se trouvaient à Alger se présentèrent avec leurs titres.

La liste des valeurs constatées fut remise au cady, en langue arabe, et le duplicata en français au maire.

Quelques habitans s'étant présentés auprès du directeur des domaines pour réclamer les loyers, d'après ce qui avait été compris dans le texte arabe, la réponse de ce directeur fut d'aller chez le cady Maliky, afin qu'il pût attester la validité des titres. Pour l'accomplissement de cette formalité, il a pris cinq francs par chaque certification, et ce n'a été ensuite qu'avec la plus grande peine que quelques personnes ont pu obtenir de la caisse des domaines le montant de six mois de loyer. D'autres ont été renvoyés à une époque plus éloignée; et ceux-là, après avoir réclamé inutilement, n'espèrent plus rien aujoud'hui.

Cette démolition a duré pendant tout le tems que M. le général Clauzel a administré Alger. A cette occasion, on dit qu'il a été commis beaucoup d'actes arbitraires de la part des agens de ce gouverneur; car, au moyen d'une indemnité, plus d'une maison a été respectée, lors même que l'ordre avait été donné de la faire démolir. D'autres personnes, qui sont employées dans le génie, ont eu aussi l'indélicatesse de louer, pour leur propre compte, à un vil prix, et d'acheter moyennant une rente perpétuelle. Les démolitions étaient donc considérables, mais au moins, dans ce tems là prenait-on note du nombre des bâtimens démolis; et, depuis la nomination de M. Genty de Bussy, on ne prend même pas cette peine, croit-on agir légalement? M. Genty de Bussy a dit hautement à un des membres de la municipalité : *Nous avons pris Alger, nous en sommes les maîtres absolus, et* NOUS *ferons tout ce que bon nous semblera à l'égard des démolitions ou de toute autre chose.*

Lors de mon arrivée à Paris, j'ai exposé à S. E. le ministre de la guerre, un grand nombre de griefs, et entre autres cet acte arbitraire (1); mais n'ayant reçu de ce ministre constitutionnel qu'une réponse à laquelle j'étais loin de m'attendre, je crus devoir m'adresser au roi lui-même, par une humble requête dont la teneur est à la fin de ce volume.

---

(1) Voir la requête N° 4.

Je n'ai pas été plus avancé après cette nouvelle démarche. Nos propriétés sont garanties par la capitulation, et les proclamations qui ont été publiées, soit par le maréchal Bourmont, soit par le général Clauzel, confirment cette garantie. Devons-nous croire que les avantages des traités ne s'obtiennent que par les peuples puissans au détriment des faibles? Mais alors que deviendront les principes moraux sur lesquels on se repose? Pourquoi dans toute l'Europe, pourquoi en France professe-t-on la science du droit public? Pourquoi des écoles de civilisation et de liberté sont-elles établies? Il y a surtout incompatibilité avec les principes du christianisme, auxquels les Européens ajoutent foi cependant. Que deviendra donc la morale du Christ, ou celle de notre prophète? Mahomet a dit : « *La morale et la loi de mes prédécesseurs sont mes préceptes.* »

Pour revenir à mes argumens : Si j'avais la libre faculté d'exposer au grand jour tout ce que je pourrais alléguer, sans être persécuté, que n'apprendrait-on pas! Je marche sur une terre inconnue, sais-je où se trouvent les précipices? Je craindrais de subir le sort de quelques-uns de mes compatriotes : d'être emprisonné pour le reste de mes jours ou expulsé loin de ma famille et de mon pays ; on m'accuserait peut-être d'être d'intelligence avec les Kabaïls. Et comment pourrais-je connaître l'acte d'accusation et me défendre?

Quoique je n'aie pas la même opinion que *Aboudarba*, cependant je lui rendrai justice en disant que tout ce qu'on a allégué contre lui est faux. Il n'a jamais été pour les Arabes et les Kabaïls contre les Français. Il est étonnant que Messieurs les gouverneurs osent ajouter foi à des mensonges, et plus étonnant encore, que dans un pays comme la France, *Aboudarba* réclame la justice sans pouvoir l'obtenir.

Durant l'autorité de M. Clauzel en Afrique, on s'est emparé des tombeaux des marabouts et on en a fait des logemens. J'ai déjà expliqué combien il était nécessaire de respecter ces sortes d'établissemens, qui tiennent si fortement aux mœurs et aux préjugés de la basse classe. Sous le pouvoir des Turcs, ceux-ci ont toujours compris qu'ils devaient ménager ces préjugés, pour captiver les esprits.

Le gouvernement français s'est donc emparé de ces tombeaux au profit de l'administration des domaines et quelques-uns ont été loués à des négocians. En vertu de quelle loi cette administration se les est-elle appropriés? Est-ce pour aliéner les esprits des Africains? Pour renouveler le fanatisme, ou pour augmenter les vexations et rendre le pays incolonisable? Ou bien emploierait-on tous ces moyens pour enrichir la France et accroître ses trésors? Non, c'est pour rendre odieux sur ce continent, le nom français ou plutôt le nom européen, car on y distingue les hommes par le chapeau ou par le turban.

On ne conçoit vraiment pas pour quelle raison un gouvernement si éclairé permet à ses agens de s'enrichir, par des exactions et des déprédations, au détriment de la France et de son honneur.

Sidy Ibrahim Ben Mustapha Pacha, a exposé aussi au gouvernement français une partie des actions notoires exercées avec violence sur nos concitoyens. La réponse du gouvernement a été, que l'on allait écrire à Alger pour empêcher ces actes arbitraires; cependant, malgré cette assurance, toutes les nouvelles que nous recevons d'Alger, nous apprennent que le despotisme y continue et qu'on l'y perfectionne, s'il est possible d'employer ce mot; que l'on s'est encore emparé du *tombeau du marabout* appelé *Sidy-el-Joudy*, pour en retirer le modique loyer de 100 francs. Le gouvernement a-t-il réellement écrit à ce sujet? Ferait-on l'opposé de ce qu'il commande? C'est une énigme pour moi.

Lorsque M. le général Clauzel gouvernait encore à Alger, avant que je ne donnasse ma démission de membre du conseil municipal, j'entrai un jour chez mon oncle Haggi Mohamed Amin-el-Séka, je trouvai chez lui MM. Fougéroux, inspecteur général des finances, Girardin, directeur des domaines ; et M. Deval, président du tribunal. Il était question d'une créance dont il était débiteur et que soi-disant on avait trouvée sur les registres de la régence ; la visite de ces Messieurs avait pour objet de décider mon oncle à transiger avec eux et de leur payer une bonne somme. Mes lecteurs pourront voir, à la fin de ce volume, tous les détails de cette affaire qui a été portée au conseil d'état.

Un autre tour fut joué au bey d'Oran. Comme nous l'avons déjà dit, ce bey, aussitôt après la capitulation et l'entrée des Français à Alger, envoya sa soumission au général en chef, en lui témoignant son vif désir d'évacuer la place en faveur de l'armée française. Le général était alors très-occupé à ramasser les trésors du dey, il se borna donc à lui répondre de garder Oran et d'attendre ses ordres. Mais après les événemens de juillet, le bey fatigué, se rendit à Alger, avec sa famille et sa suite. Ce bey, pour contenir l'avidité de certaines personnes, fit beaucoup de présens ; et donna non seulement à M. C... et à sa famille, mais aussi à ceux qui étaient autour de lui, des bijoux, des yatagans en or et d'autres armes de luxe, garnies de pierreries. Mais pour de l'argent il n'en a donné qu'à M. C... Hassan Bey d'Oran m'a raconté lui-même, avoir envoyé à ce général d'abord, 2,000 quadruples en or (170,000 francs). Celui-ci lui en ayant encore demandé, il lui envoya de nouveau 10,000 *Sultanis* en or (90,000 fr.).

Nous serions curieux de savoir si ce général faisait ces emprunts forcés pour compte de son gouvernement, ou bien seulement s'il s'adressait au bey d'Oran, pour faire un emprunt personnel? Dans ce dernier cas, comme cet emprunt a été fait de confiance et qu'entre gens d'honneur les écrits sont de trop pour prouver une dette, nous aimons à croire qu'un grand personnage comme M. le général C... n'attend qu'une occasion favorable pour restituer son emprunt, si toutefois, je le répète, c'est pour son propre compte qu'il a été fait.

Hassan Bey est un de mes anciens amis; je le connais pour être un parfait honnête homme et je dois lui rendre publiquement cette justice. Lorsqu'il vint à Alger, je ne me suis fait aucun scrupule de me trouver avec lui, d'autant plus qu'il agissait bien envers les Français; c'est pourquoi, ayant occupé Oran pour le compte des Français pendant sept mois, il devait s'attendre à de certains égards de la part de l'autorité, et méritait qu'on lui accordât quelques faveurs. Loin de là il n'a reçu que des visites intéressées. C'est lui-même qui, en gémissant sur sa position, disait à haute voix : « MM. F........ et V..... et beaucoup d'autres de la suite du général, n'ont cessé de venir me voir pour obtenir toutes sortes d'avantages. » Leurs favoris, les Juifs, disaient aux Français que ce bey était plus riche que Hussein Pacha, dey d'Alger; que lorsqu'il venait à Alger il avait l'habitude de faire de grands présens à tous les membres de la cour du dey et qu'ils étaient en droit d'attendre et même d'exiger de lui les mêmes avantages. Etranges conseillers! devait-on suivre leurs avis ? Ce fut à cette époque que le général C.... reçut l'ordre de rentrer en France, et que Hassan Bey, fatigué des caresses de ses nouveaux amis, craignant d'ailleurs de refuser d'alimenter des êtres insatiables, voulait prendre le parti de s'éloigner d'Alger, le général C.... lui ayant proposé de se rendre avec lui en France, à bord d'un bâtiment de l'état.

Hassan Bey m'ayant consulté à ce sujet, je lui répondis de bonne foi: « *Vous pouvez rester ici tranquillement, les Français vous traiteront bien, car vous avez lieu d'être bien traité par eux.* » Je lui fis observer aussi que le bey de Titery en prenant les armes contre eux avait forcé les Français d'agir rigoureusement envers lui et que son collègue le bey de Constantine n'avait fait aucun cas de ces mêmes Français. « *Ainsi donc en considération de votre conduite amicale, je ne pense pas que vous soyez tourmenté, au contraire vous serez récom-*

pensé. *Ils vous confieront peut-être le commandement des Arabes ; vous serez général;* » et j'ajoutai ainsi que je le pensais : « *Tous les Arabes se soumettront facilement à vous ; à cause de votre fortune brillante et indépendante, ils ne craindront pas, de votre part, des impositions exorbitantes.* » Mon désir était de voir ce personnage rester à Alger, pour contribuer à soulager la classe indigente, puisque tous les riches ou les gens aisés quittaient le pays. On commençait déjà à ressentir une grande misère. Les vieillards turcs, les infirmes, ceux qui autrefois recevaient des soldes ou des pensions de l'état, les ouvriers en tous genres étaient les seuls qui restaient dans la ville où ils avaient peu ou point de ressources. Cet excellent homme céda enfin à mes instances. Le général C..... était plus clairvoyant que moi ; il pressentait peut-être que quelques personnes à Alger n'avaient pas des intentions biens honorables en faveur de *Hassan Bey,* voilà sans doute pourquoi il lui proposait de l'emmener en France !

Après le départ du général C...., *Hassan-Bey* commença à être persécuté ; je relaterai ces détails dans le chapitre qui a rapport au général Berthezène, pendant son gouvernement à Alger. Néanmoins, je dirai que les persécutions qu'on lui fit supporter furent assez fortes pour le décider à partir pour Alexandrie, en m'accusant de l'avoir trompé sur le compte des Français ; d'Alexandrie, s'étant rendu à Méka, il est mort dans cette ville, où il a laissé ses trésors. Cependant, si on l'eût traité comme il méritait de l'être, ses millions seraient restés à Alger, et le gouvernement en aurait sans doute hérité. Mais il est beaucoup de personnes qui ne consultent que leur intérêt personnel et qui, pour le satisfaire, oublient ceux d'une nation entière.

Je me souviens qu'une fois M. le général Clauzel m'invita à dîner avec les membres de la municipalité, et, ce jour-là même il nous annonça que nous étions destitués, parce que, disait-il, nous n'étions pas d'accord entre nous ! l'interprète Zakar étant entré ensuite, celui-ci se mit à plaisanter sur notre réunion chez le général, auquel il dit toujours en plaisantant : « *Je vous en supplie, mon général, ne coupez pas les têtes de ces braves gens, ce sont des pères de famille*». Quant à moi, je ne fis aucun cas de cette plaisanterie, mais il y en eut parmi nous qui s'en formalisèrent ; la conversation s'étant animée on parla de la conduite du bey d'Oran. Quelqu'un alors fit observer que sous tout autre gouvernement que celui des Français, ce bey aurait eu beaucoup à craindre, qu'on l'aurait décapité et que l'on se serait emparé de sa fortune. Aucun pays ne lui convient donc mieux que la France, et il doit rester sous la domination des Français. Dans ce moment je pensais comme eux, je leur donnais raison et je ne m'apercevais pas que c'était par ruse que l'on parlait ainsi, car on savait que j'étais son ami et que je lui conseillerais de rester.

Pour raconter quelles sont les vertus du général Clauzel, je n'ai qu'à citer quelques-uns des actes mémorables de son administration en Afrique. De son tems, on a dépouillé les morts de leurs sépultures; on a permis l'introduction des ossemens humains dans le commerce; on a vendu les pierres des tombeaux que l'on a fait transporter à Bab-el-Wad, pour les faire calciner en chaux; on s'est aussi emparé des briques des cimetières, etc. Ces abus étaient devenus si grands que le kady crut devoir faire des représentations à ce sujet, auprès du général Clauzel, qui ne lui répondit que d'une manière vague, comme pour se débarrasser de lui. Il est des personnes qui ont pensé que la profanation des tombeaux n'avait été autorisée par le gouvernement français que par haine contre notre religion; selon nous, cependant, aucune considération ne peut autoriser à dépouiller les morts de leur dernier vêtement, et à disperser leurs os dans la poussière!

Pendant le gouvernement de Clauzel à Alger, on n'écoutait aucune plainte; les hommes de lois auraient voulu protester au nom de leurs concitoyens, ils ne le pouvaient pas, et à chaque représentation qui était faite, on nous répondait par une action plus arbitraire et plus offensante. Il a donc fallu se taire et se résigner. A cette occasion ces infortunés, qui selon le général Clauzel sont régis par le fatalisme oriental, dirent en se résignant : « *C'est la volonté de Dieu! et il n'est pas en notre pouvoir d'empêcher que ce ne soit pas ainsi.* » En effet pouvaient-ils protester contre l'arbitraire ? Avaient-ils les moyens et la puissance de le repousser ? Ce général qui a répété ces mêmes termes d'une manière ironique, ne croyant peut-être pas en la puissance de l'Eternel, aurait dû au moins employer un langage respectueux envers ce Dieu son bienfaiteur, puisqu'il ne parle qu'avec respect à son roi, qui lui-même attribue toutes ses actions à la volonté de l'Etre Suprême. Les tyrans même ne commencent leurs discours que par son Saint Nom. Quoique ce Dieu soit aussi clément que puissant, ce général aurait dû, ce me semble, se servir d'un langage plus convenable.

CHAPITRE XII.

Explications sur les possessions des Européens à Alger.

Les Européens acquièrent des propriétés en Alger à des conditons fort avantageuses pour eux; au moyen de rentes perpétuelles, et à des prix très minimes ceux-ci peuvent devenir propriétaires. Cette manière de posséder les biens est nouvellement importée dans ce pays, notre loi musulmane ne l'autorisait pas. C'est pourquoi les vendeurs et nouveaux possesseurs ont-ils continuellement des contestations, surtout quand il y a d'un côté mauvaise foi et de l'autre côté ignorance. Ce mode d'acquisition doit donc être un sujet de confusion et de procès interminables.

Les habitans qui ont quitté le pays de leur propre gré, pour que leurs habitations fussent soignées et qu'il leur fût possible d'en tirer quelqu'avantage ont consenti à ce genre de transaction ; mais il est des possesseurs européens qui ont abusé de la confiance et ils ont commis toutes sortes de dégats ; ils ont détruit tout ce qui pouvait être vendu pour en tirer profit et les anciens propriétaires se sont vus lésés dans ces affaires. Il y avait destruction et impossibilité de s'en faire rembourser ; d'autant plus que la plupart des actes de vente se faisaient par les intrigues de courtiers juifs.

Dans la partie qui doit traiter de la jurisprudence musulmane, je parlerai plus longuement de ces abus et de ces actes qui, je le répète, sont contraires à nos lois.

Néanmoins je vais citer à cet effet un fait circonstanciel :

Un de mes parens possédait un jardin avec une maison de plaisance élégamment construite. Cette propriété fesait partie du nombre des biens occupés militairement. En voyant sa munificence et le luxe dont elle était ornée, on imagina qu'elle renfermait un trésor caché (car la plupart de

MM. les Européens ne rêvent que des trésors.) En conséquence on s'empressa de fouiller sous les parquets et de démolir quelques murs que l'on soupçonnait devoir receler des richesses ; n'ayant rien trouvé on vendit tous les matériaux qui avaient quelque prix pour faire de l'argent.

Le tuteur de ces orphelins à qui appartenait ce jardin préféra le louer plutôt que d'y faire des réparations. Un médecin anglais se présenta pour l'acheter, mais le tuteur ne pouvant que le louer et non le vendre, ne traita que de l'usufruit et non de la propriété. On s'est adressé à moi pour la rédaction des clauses et conditions, selon la loi, et il fut expliqué que ce bien était seulement loué moyennant telle somme annuelle, laquelle convention n'avait lieu qu'autant que la somme serait payée exactement. L'acte conclu, le médecin a pris possession et il a fait toutes les réparations nécessaires à cette habitation.

Le consul anglais à Alger ayant appris que l'on faisait des marchés de cette nature et qu'il y avait un jardin appartenant aux mêmes orphelins, occupé aussi militairement, proposa audit tuteur de le lui céder à des conditions semblables à celles qui avaient été stipulées avec le médecin anglais; le tuteur ayant demandé 1,800 francs de loyer par an, par suite de cette proposition, le général C...... crut devoir se mêler de cette négociation ; il fit dire au tuteur que s'il louait ce jardin au consul anglais, il ferait immédiatement démolir les bâtimens et déraciner les arbres. Ce tuteur sous le joug de la tyrannie ne put donc louer au consul anglais. On a dit depuis que ce jardin avait été loué au général C...... moyennant 1023 fr. par an à ce que je crois. Mais celui-ci au lieu de faire des améliorations et de le rétablir dans son état primitif l'a laissé dépérir encore davantage.

Le général C...... s'est approprié de la même manière une grande et belle ferme qui appartenait à *Ally-Pacha*, et renferme des bâtimens bien construits et ayant toutes les commodités imaginables, les propriétaires se plaignent de ce que M. C. ne paie même pas les loyers. En effet il regarde tous ces biens comme étant les siens propres, il a les titres chez lui et ne veut rien restituer, dit-on. Le même général a pris aussi possession d'une autre ferme connue sous le nom de *Waly-dade*, appartenant aux dotations pieuses, ainsi que d'une autre grande ferme connue autrefois sous le nom de l'*Aga*, et maintenant de Maison Carrée, que *Yahia Aga* fit construire et qui lui est revenu à plus d'un million de francs. Cependant en échange de cette ferme, le général C...... n'a donné qu'une boutique, appartenant aux domaines, et que l'on a substituée pour contre-valeur aux orphelins de *Yahia Aga*. Ainsi donc si le tuteur de ces orphelins a consenti à cette transaction illégale, c'est parce qu'il n'a pu s'opposer à cet acte arbitraire qui certes n'aurait pas eu lieu sous le règne des Turcs. Ce tuteur consentit alors à prendre en échange ce qu'on lui offrait plutôt que de perdre le tout.

Voilà de quelle manière M. le général C...... a des possessions à Alger! Il ne veut ni payer les loyers ni rendre les titres à ceux à qui ils appartiennent. M. C....., prétend être libéral et fait de l'opposition contre son gouvernement, parce qu'il n'occupe pas de charge ; M. C...... membre de la chambre des députés est chargé de discuter les intérêts publics en France ; que n'aurait-on pas en Afrique à lui contester? Néanmoins c'est un grand personnage! En vertu de quels principes moraux agit-il donc de cette manière? Car nous voyons que ce législateur met en pratique au moins deux espèces de principes tout-à-fait différens, si nous comparons ceux qu'il a suivis en Afrique avec ceux qu'il réprouve en France. Nous le voyons aussi ayant deux faces, d'un côté libéral et de l'autre absolu. Nous lui demanderons enfin si c'est en vertu des lois des codes de Napoléon ou des anciennes lois de la féodalité qu'il voulait régir les Algériens et protéger leurs propriétés?

Il résulte de ce qui vient d'être dit ci-dessus,

que le général C...... s'est enrichi au détriment des Algériens et aux dépens de l'honneur de la nation française; ce général reçoit un fort loyer du gouvernement français pour le jardin d'*Ally Aga*. Il sait bien se faire payer pour ce qui a rapport à ses prétendus biens, mais aux Algériens que l'on a délogés de leurs propres habitations par la force armée il ne leur est rien payé ni rien alloué. Pour couronner son œuvre ce même général n'a pas craint de mettre en avant la proposition d'exterminer les Algériens, après les avoir exilés et dépouillés de tous leurs biens.

Je prie mes lecteurs de croire que je ne me suis déterminé à retracer dans cet écrit la conduite de M. le général C..... qu'après avoir vu ses actes et lu ses écrits; personnellement je n'ai point de haine contre ce général; je n'expose donc ici que des faits dont j'ai été le témoin oculaire et je puis même dire que je passe sous silence des circonstances qui m'auraient fait dépasser les limites que je me suis prescrites, mais qui n'eussent pas laissé d'intéresser les amis de l'humanité et de la justice.

Tout homme impartial verra clairement que M. C...... a dérogé aux dispositions de la capitulation; que cette première faute suffit pour démontrer les mauvais procédés à l'égard des Africains, et que cette manière d'administrer a été tout-à-fait contraire aux intérêts des Français.

L'égoïsme d'un seul homme est donc la cause du déshonneur et du blâme qui rejaillissent sur le gouvernement français en Afrique? Et cela est si vrai, que les Kabaïls répondent à ceux qui voudraient leur faire croire à quelque arrangement pacifique : « *Que l'on ne doit pas ajouter foi à ceux qui ne tiennent pas leurs promesses.* » En effet quel crédit accorderait-on à un marchand qui ne remplirait pas ses engagemens? Qui acquitterait ses billets avec de belles paroles? Il sera donc forcé de tout acheter au comptant. Eh bien le gouvernement français se trouve dans la situation de ce marchand vis-à-vis des Kabaïls. Ceux-ci ne font même aucune distinction entre les Européens, ils les généralisent tous. Ils disent : *Que ce sont des Chrétiens, qu'ils ne peuvent être leurs amis, ni oublier leur haine religieuse; attendu que s'ils trouvent l'occasion de les opprimer, ils les oppriment, et qu'ils portent leur animosité non-seulement contre les vivans mais aussi contre les morts en détruisant leurs sépultures, etc, etc.*

Les procédés de M. le général C...... et son administration à Alger n'ont donc fait qu'aliéner l'esprit des Algériens et des Africains en général. Il leur a inspiré de la méfiance sur les intentions de la France à leur égard et ne leur a que trop prouvé que les Français, au lieu de venir chez eux pour propager des principes de liberté et de civilisation lui ont au contraire apporté le despotisme et l'esclavage, qu'ils savent encore mieux mettre en pratique que les Turcs eux-mêmes. Ces Turcs au moins unissaient leurs propres intérêts à ceux des indigènes ; ils respectaient leurs propriétés, leurs usages et même leurs anciennes habitudes bien qu'elles fussent déraisonnables.

C'est avec cette politique, c'est en suivant cette marche qu'il venaient à bout de gouverner ce peuple, qu'ils captivaient le cœur des Africains envers lesquels ils n'ont jamais employé ni la force ni la violence. L'arbitraire n'a qu'une courte durée, la justice est éternelle et la liberté est une des bases de l'ordre social.

On a remarqué qu'au moment de quitter Alger, ce général répandait de grosses larmes. Quel attachement et quelle tendresse pour ce pays !!

La soif des richesses ne saurait être tempérée, plus on boit plus on en veut boire, aussi pourrait-on dire que l'ivresse du maréchal C..... dure encore. Dans ses ouvrages il compare Alger à la terre promise ; et le plus mauvais sol d'Alger est selon lui bien supérieur à celui des Indes et des îles. Mais ce qui est plus étonnant encore, c'est qu'il prétend qu'on l'aime beaucoup et que tous les habitans d'Alger désirent vivement son retour. Dans d'autres circonstances il parle des Algériens comme devant lui nuire pour la réalisation de ses projets, et il demande à M. *Desfontaines*, si pour se débarrasser d'eux il y a d'autres moyens à employer que celui de l'extermination.

Le général C....., selon nous, forme des projets insensés et impraticables. Sa théorie nous paraît difficile à mettre en œuvre, puisqu'il veut faire de Mitidja une ressource pour la France, rendre cette plaine salubre et tempérer l'air malsain qu'on y respire. Avant d'entreprendre cet ouvrage, nous pourrions avoir le droit de lui conseiller de chercher à tempérer l'avidité de quelques personnes, la colère des habitans de la même plaine de Mitidja contre lui, et à captiver le cœur des tribus et de tous les Algériens. Il me reste à présent à faire observer à mes lecteurs les contradictions qui résultent des paroles et de la conduite de M. le maréchal C...... Ce général ne voit d'autres moyens pour établir la sûreté des colons que de construire des forts, et ne compte pour rien de bonnes lois et une administration paternelle. Il serait, ce me semble, bien affligeant pour les colons, ainsi que pour les indigènes, de se voir dans la nécssité de faire une guerre permanente et de nourrir entre eux des dispositions hostiles qui offriraient à l'Europe entière le tableau de la civilisation que M. C...... voudrait imposer aux Africains.

Si les Algériens ont regretté l'absence ou le départ de M. C....., ainsi que ce général a bien voulu nous le faire croire par ses écrits et par ses journaux ; s'il est aimé dans ce pays, pourquoi donc faire des projets qui ont pour but de prendre une position hostile ? S'il est ami, pourquoi donc craindre d'être traité en ennemi? Non il n'est pas aimé par les Algériens et il ne peut l'être. Il voudrait que le gouvernement français le nommât vice-roi en Afrique, afin de pouvoir compléter ses œuvres et accomplir ses projets.

En lisant mon ouvrage qui dévoile en partie sa conduite et ses procédés à Alger, je pense bien que M. le général C...... se mettra en colère contre moi ; je déclare donc d'avance que, pour ma défense, je me bornerai à invoquer le témoignage de ses propres amis. Et pourquoi aurais-je besoin de me défendre? je ne raconte ici que des faits que lui-même ne peut nier, et ma main ne fait que tracer un écrit qui ne rappelle que des circonstances et des faits authentiques. Or donc, si M. le maréchal C...... a des reproches à faire, il doit les adresser à ses passions et à sa conscience, mais non à ma plume qui n'a écrit que des vérités. Dans cette lutte qui se prépare, mon principal avantage sera que mes lecteurs, appartenant à une nation aussi impartiale qu'elle est grande et généreuse, plutôt que de m'accuser, lui conseilleront de garder le silence, car la publicité augmenterait encore le blâme qu'il mérite.

Dans son propre intérêt, il faut que M. le maréchal réfléchisse, qu'il fasse un retour sur lui-même et qu'il se juge d'après sa propre conscience, et s'il trouve que ce miroir offre une image peu flatteuse de sa personne, il doit encore lui rendre grâces puisqu'il s'y voit tel qu'il est, et que cette vue peut contribuer à le rendre encore tel qu'il doit être !

J'ai parlé (1er chapitre du 1er livre) de la population de la régence d'Alger, j'ai dit qu'elle s'élevait à dix millions d'âmes ; quelques-uns de mes lecteurs croiront peut-être que j'exagère, je leur ferai remarquer cependant qu'il ne faut que parcourir l'intérieur de la régence pendant une seule semaine pour se former une idée à-peu-près exacte du nombre de ses habitans et de leurs dispositions, et ajouter foi à mes assertions.

La fertilité de son sol, la salubrité de ses montagnes et la sobriété de ses habitans sont très-propices à l'accroissement de l'espèce humaine dans la régence.

Chez les habitans de Sahara et les Kabaïls, peuples très-nombreux, on voit rarement des infirmes, jamais de maladies chroniques ni repoussantes.

Deux voyages que je fis à Constantine, et les entretiens que j'eus avec les marabouts et mes amis qui m'escortèrent me mirent à même d'examiner l'intérieur de la régence.

C'est alors que je fixais mon attention en simple observateur et m'adressais aux collecteurs des impôts des villes, des villages et des tribus, pour savoir le nombre des familles de chaque lieu, et fixant le nombre de chaque famille l'une dans l'autre à, père, mère, un enfant et un domestique. Je leur demandais aussi leur avis sur le nombre des habitans des villes ou tribus voisines, afin d'éviter l'erreur et l'exagération; en me rendant dans ces dernières, dans mon calcul, je suivis le terme moyen, et puis affirmer que la régence d'Alger est habitée par dix millions d'âmes.

Les écrivains qui ont publié des ouvrages sur Alger, n'ont donné que des notions incertaines sur ce vaste continent. Avant l'invasion, les Européens ne connaissaient même que la partie littorale du royaume d'Alger qui est limitée à l'ouest par Wijda, au sud-est par Ghadames (royaume de Tripoli).

Quelques généraux illustres n'ont pas hésité de proposer l'extermination d'une nation entière, en fondant leur proposition sur le petit nombre des habitans, car, en admettant que ce petit nombre ne surpasse pas deux millions comme l'ont dit quelques écrivains, ne serait-ce pas un crime aux yeux des peuples civilisés, et de l'humanité entière, que d'exterminer deux millions d'hommes?

Ce n'est pas, je pense, la différence d'un culte qui doit être un motif pour ravir les droits sociaux.

La fertilité du sol algérien est incontestable, la proximité de ce continent de la France est évidente, la soumission des habitans de la ville d'Alger est assez connue, mais les dispositions hostiles du reste de la régence envers les Français sont excitées soit par le fanatisme puisque l'on profane les mosquées, les tombeaux des marabouts et même la sépulture des morts, soit aussi par les mauvais procédés exercés par des administrateurs français à Alger.

Le gouvernement français ne pourra profiter des avantages de la régence sans vider ses trésors et exposer son honneur, en faisant la guerre à ce peuple opposé à ses vues; car ce n'est certainement pas de moi et de mille autres hommes pacifiques qui se plieront aux circonstances qu'il entend tirer les avantages de la régence. Je ne puis donc tromper mes lecteurs, ni flatter la grande nation française, en lui assurant qu'elle pourra réaliser les avantages supposés de la régence d'Alger. Tout homme qui flatte le gouvernement français et prétend lui indiquer les moyens de vaincre tant d'obstacles, n'est qu'un intrigant qui cherche à s'enrichir au détriment des indigènes et de la France elle-même. Mais au contraire, tout homme impartial, d'après mes argumens mathématiquement démontrés, et le gouvernement lui-même ne pourront nier cette vérité, qu'Alger soit un fardeau pour la France, par rapport à l'occupation onéreuse, et opposé aux principes du gouvernement qui prêche le soulagement des maux du peuple et son émancipation. D'un autre côté, ce même gouvernement se voit forcé de céder à un petit nombre la gestion des affaires d'Alger et de les livrer à l'arbitraire, principe diamétralement opposé à ses institutions libérales. L'expérience de trois années d'occupation a dissipé tout espèce de doute à ce sujet. La France ne tirera aucun avantage d'Alger, et n'y introduira la civilisation qu'en mettant un de ces deux principes en vigueur ; le premier l'extermination, et le second d'inviter tous les habitans de la régence d'une manière loyale, pour l'intervention de l'empereur de Maroc, du bey de Tunis et du pacha de Tripoli, à vendre leurs biens et à évacuer la régence d'Alger ou de donner à la France des garanties de lui rester soumise sans qu'elle soit obligée de verser le sang humain. Le journal le Courrier Français dit à cette occasion dans son numéro du 6 septembre : « Mais que prétend-il en faire? (parlant du gouvernement). Une colonie ou un champ d'extermination? (parlant d'Alger). Car les procédés de MM. les gouverneurs à Alger ont rendu le mal incurable. Cependant les deux moyens sont anti-constitutionnels.

Moi qui voit les choses du côté de la vérité, je n'ai pu m'abstenir de dire franchement ma façon de penser; peut-être quelques personnes s'en trouveront-elles offensées, elle m'accuseront d'intérêt personnel ou de prévention contre les institutions européennes. Je défie cependant qui que ce soit de pouvoir apporter le remède à Alger, sans employer un des deux moyens expliqués ci-dessus, ou bien d'évacuer le pays et renoncer à toute idée de conquête, en établissant un gouvernement indigène libre et indépendant, comme on en avait fait un en Egypte, qui professât la même religion et suivît les mêmes usages, et stipuler avec lui des traités favorables aux deux peuples. La France trouverait alors indubitablement mieux ses avantages, que si Alger restait sa colonie, cet acte de générosité serait applaudi par tout le monde entier.

C'est alors que de son côté, la Russie sera obligée de céder à l'établissement de la nationalité Polonaise, et ne pourra reprocher à la France sa conduite à Alger.

Cette émancipation libérale, d'autant plus que les Algériens ne professent pas la même religion que les Européens, ajoutera encore à la célébrité de notre siècle.

Voici mon opinion, si toutefois la France comme je le présume ne cherche qu'à introduire la civilisation sur le sol algérien, que d'abolir le despotisme et qu'à mettre de côté tout esprit de vengeance et de haine.

Le gouvernement français pourrait suivre le même système déjà mis en usage en Egypte. Ses progrès seront évidens et on ne peut douter de son succès. Car ce n'est pas avec une administration française ni avec la violence, que l'on a pu réformer l'Egypte et y établir l'influence française, ce n'est que par la présence du vice-roi et en son nom qu'on est parvenu à civiliser, à introduire les arts et à augmenter les ressources de ce pays, qui sous les Mamelouks étaient nulles ou paralysées; ce n'est encore que par la présence du vice-roi que l'on a pu établir entre les Français et les Egyptiens ce lien indissoluble qui existe.

Parmi les nombreux écrivains sur la régence d'Alger, chacun d'eux a envisagé la question selon ses intérêts en donnant une théorie à lui particulière, et aucun n'a indiqué la méthode et n'a fait attention à la possibilité et à l'utilité générale de son application, excepté M. Pichon, car en lisant attentivement son ouvrage, on verra que mes idées sont classées et développées sous d'autres formes, dont l'ensemble démontre clairement la mauvaise route que MM. les gouverneurs ont suivie à Alger; et une partie des abus commis, comme: *Confiscation des biens des Turcs, appropriation des dotations pieuses, profanation des mosquées et des sépultures, occupation militaire*, etc. dont nous nous plaignons. Quel fruit les Français ont-ils tiré de ces procédés? Ils ont rendu Alger incolonisable et ont aliéné l'esprit des habitans de ce *grand et vaste continent*, et cependant les observations que M. Pichon a faites l'ont été il y a plus d'un an. Que dira-t-on aujourd'hui, que les abus sont augmentés et que le mal est à son comble. J'appelle en témoignage de mes argumens, le général Berthezène et tant d'autres; de qui le gouvernement ni la nation française ne peuvent contester le patriotisme et le zèle.

Mes lecteurs verront dans mon second volume la bonne administration de ces deux excellens magistrats (Pichon et Berthezène) ainsi que les regrets qu'ils ont laissés parmi mes compatriotes.

Si je n'ai pas publié les deux volumes en même tems, c'est parce que j'ai le cœur oppressé par les nouvelles que je reçois tous les jours d'Alger, qui m'apprennent que des flots de sang ont été répandus, l'exaspération des esprits, et me présagent la ruine de mon pays. Je laisse juger à mes lecteurs quelles doivent être les pensées d'un homme sensible, lorsqu'il voit que c'est au nom de cette même France qui défend l'intérêt des peuples et combat l'absolutisme, qui possède les meilleurs maîtres de morale et du droit des gens ; lorsque cet homme voit que son pays seul est excepté des bienfaits de ces principes.

Je fus engagé par un de mes amis, à publier un aperçu afin de faire sympathiser les vrais Français à nos maux, cet aperçu fait à la hâte, choquera peut-être mes lecteurs par la répétition des faits et totologies des expressions, et ils croiront peut-être que ce style tient à la littérature orientale, cependant qu'ils observent que tout homme qui aime véritablement son pays ne peut tracer avec sang-froid et sans s'arrêter à chaque fait qui lui présente l'extermination ou le massacre de ses concitoyens ou la profanation des tombeaux de ses ancêtres.

Cet ouvrage n'est qu'un simple rapport, et je désire vivement que le gouvernement français veille sur la question de la régence d'Alger, et qu'il ordonne au moins que la commission qui vient d'être envoyée dans ce pays, écoute les plaintes et les communications de ses habitans afin que justice soit rendue, car je ne suis que l'écho des faits et l'organe de mes compatriotes.

PIÈCE N° 1.

3 Juin 1833.

REQUÊTE adressée à S. E. le président des ministres, ministre de la guerre, M. le maréchal Soult, duc de Dalmatie.

A l'honneur d'exposer à V. E. que l'entrée de l'armée française à Alger fut par suite d'une capitulation qui garantit et promet à chacun sûreté, l'inviolabilité des meubles et immeubles, le libre exercice de notre religion, la conservation de nos lois, le respect dû à nos femmes et à nos mosquées.

1° Le premier acte fut une injustice faite relativement à l'arrestation et à l'exil du cady et du muphty, pour s'approprier les biens de la *Meka Medina*, établissement de bienfaisance fait par nos pères, lequel provient de dotations pieuses, et dont l'usufruit est destiné, selon nos institutions, aux pauvres, aux veuves et aux orphelins.

C'est sans aucun droit que le gouverneur français s'est emparé de cet établissement, ainsi que du numéraire qui se trouvait entre les mains des administrateurs. Nous réclamons en conséquence la restitution de ces biens, des recettes et des loyers perçus dans cet intervalle, le loyer des jardins occupés militairement, ainsi que le garantit notre capitulation.

2° La démolition de nos propriétés baties, de celles des particuliers et des établissemens pieux et de bienfaisance, a été faite soi-disant dans le but d'élargir les rues et pour la formation d'une place. Le général Clauzel a fait publier une proclamation, sous la date du 29 octobre 1830, laquelle mentionnait que le gouvernement français indemniserait chaque propriétaire de ces biens ; ce général a nommé une commission, dont je faisais partie, à l'effet de constater et évaluer ces biens démolis, en suivant pour base de l'évaluation le loyer payé sous le régime des Turcs. On a payé la huitième partie de notre estimation. La démolition a continué jusqu'aujourd'hui, plus du quart de la ville a été démoli. Sous l'administration de M. Pichon, on tenait registre de tous les bâtimens détruits et de tous les dommages, maintenant, sous celle de M. Genty de Bussy, il paraît qu'on a cessé d'en prendre note, comme si c'était un acte légal.

Nous réclamons, M. le ministre, le loyer jusqu'à ce jour et la valeur des propriétés démolies, soit de celles des particuliers, soit de celles de la Meka Medina et des mosqués. Quant à la valeur des loyers estimés sous le gouvernement des Turcs, ou la valeur d'aujourd'hui, nous remettons cette décision aux lois.

3° On a détruit une mosquée nommée Jameh Essaïda, on s'est emparé de ses portails, de ses belles colonnes de marbre, des carreaux de porcelaines, des portes de bois fin, appelé *erz* (bois que l'on tire de Fez).

De même on a détruit trois ou quatre autres petites mosquées qui l'entouraient pour former la place. D'ailleurs, 1° la formation de cette place ne fait pas condition de notre capitulation pour violer ces lieux sacrés. 2° Il n'est pas besoin de place pour notre ville. 3° En admettant même que cela a été fait dans un but d'utilité publique, au moins on ne doit pas négliger le paiement d'un objet qui est garanti par la capitulation, ainsi que cela existe en France.

Nous réclamons, Monsieur le ministre, la valeur de ces mosquées détruites, ainsi que la valeur des objets qui y étaient enfermés, et que l'on a enlevés. Car les mosquées sont un bien communal, et ni souverain, ni cady, ni muphty n'a le droit d'en disposer. C'est le bien de tous, et personne ne peut changer cet ordre de choses qui dure depuis un tems immémorial, qui a été suivi par toutes les générations passées, et tout Musulman a le droit de réclamer le rétablissement de ces biens.

4º On s'est emparé de nos mosquées, chapelles, il ne reste plus aux Musulmans que le quart de ces lieux sacrés, les trois autres quarts sont affermés à des négocians pour leur servir de magasin, ou sont occupés par l'autorité. Nous réclamons encore, Monsieur le ministre, que ces propriétés soient rendues et toujours selon la capitulation. Nous réclamons aussi des dédommagemens pour les dégâts commis par cette occupation et la valeur des objets enlevés, car nous-mêmes Musulmans nous ne pouvons pas avoir la jouissance de ces lieux, excepté pour la prière et les momens des cours publics destinés à l'instruction, quand même ces bâtimens tomberaient en ruines.

5º On s'est emparé aussi de la mosquée Jameh Kachawa pour la convertir en une église. C'est une de nos plus modernes mosquées d'Alger, ornée dans le dernier goût, d'une grande beauté d'architecture et de luxe.

Nous réclamons avec instance pour que cette mosquée soit rendue à son état primitif. Le gouvernement français peut bien faire bâtir une église s'il le désire, plutôt que de s'aliéner l'esprit du peuple africain en froissant sa religion, et de faire une tache à son honneur en violant les capitulations.

6º On s'est emparé des établissemens de bienfaisance, dits Zawia, destinés aux indigens pour les loger, comme aussi aux riches quand ils prouvent qu'ils ont eu quelque adversité.

Ce sont donc tous les pauvres qui réclament le rétablissement de ces fondations, et l'autorité n'a pas le droit de se les approprier.

Nous joignons nos réclamations à celles des pauvres, tant pour leur rétablissement que pour la restitution des fonds pris ainsi que des loyers tirés de ces locaux, afin que nous puissions faire la distribution en faveur des pauvres et de ceux qui ont été forcés de se déloger si promptement qu'ils n'ont eu que le tems d'emporter leur lit sur leurs épaules.

7º Les lieux d'aisance, sorte d'établissemens publics formés par des personnes bienfaisantes et pour la salubrité de la ville, l'autorité française s'en est emparé et les a affermés à des particuliers.

Cet établissement intéresse tout le monde, peut-être n'aurions-nous pas dû entretenir votre excellence d'un sujet semblable, cependant, comme MM. les administrateurs français n'ont pas craint de ternir l'honneur de leur nation par cet acte vil et illégal, je ne vois pas pourquoi nous nous abstiendrions de vous exposer ce fait, et nous réclamons que cet établissement soit rendu à son état primitif. Nous demandons que l'usufruit reçu nous soit rendu pour que la répartition soit faite par nous en faveur des pauvres.

8° D'après notre religion, ou plutôt d'après la politique nécessaire à nos usages, les tombeaux des marabouts sont un objet de respect parmi nous, et le coupable même qui choisirait un de ces lieux pour asile, ne peut y être poursuivi par les exécuteurs des lois; pour le saisir, on surveille ses pas et on attend sa sortie, (ainsi que cet usage existe dans des églises en Europe) et le même respect que nous avons pour nos mosquées, nous le portons aux tombeaux des marabouts. L'autorité s'est emparée d'un assez grand nombre de ces lieux sacrés, dans la ville et hors la ville, pour affermer les uns à des négocians pour servir de magasins, les autres pour servir de logemens.

On nous mande d'Alger, depuis notre départ, que l'on s'est emparé encore d'un marabout (tombeau) nommé Sidy-el-Joudy et que ce lieu a été affermé pour cent francs.

Comment se fait-il que ces Messieurs osent deshonorer la nation française pour une semblable somme? Quand même on admettrait que ces lieux peuvent appartenir *aux domaines !* mais ils ne leur appartiennent nullement.

Pour l'intérêt de la France, Monsieur le ministre, nous réclamons que ces biens soient restitués, la réparation des dégradations, et le montant des objets pris pour que ce montant soit distribué par nous aux pauvres.

9° Sur des dénonciations mal fondées, l'autorité a contraint les Turcs à s'exiler d'eux-mêmes, d'autres ont été expulsés violemment; les biens qui leur appartiennent ont été saisis, mais tous ces Turcs se sont mariés avec nos filles, ils en ont eu des enfans, ils ont des droits aux biens de leur mari et de leur père; l'article 4 de la capitulation les garantit.

Nous réclamons donc que la restitution de tous ces biens leur soit faite. Quand nous avons marié nos filles avec ces Turcs, ils possédaient des biens, et nous n'aurions pas consenti à leur union sans cela; de plus, il ne faut pas que les femmes et les enfans souffrent aussi des injustices faites aux pères.

La capitulation n'accorde à la France que l'occupation de la Casauba et des forts, ainsi que des domaines qui en dépendent, et non pas des biens des particuliers qui, au contraire, sont garantis sur l'honneur de la nation française.

Nous réclamons l'accomplissement de cet acte

sacré, et que tous ces biens et leur usufruit, les loyers perçus soient rendus à ces veuves et à ces orphelins (si on peut les qualifier ainsi, attendu l'exil des chefs de famille).

10° » Des tapis de grand prix ont été enlevés de nos mosquées, par les autorités, pour orner leurs salons. Le dernier a été pris par M. Bernadet, lequel est entré de force dans une mosquée, et en a fait lui-même le choix. De même il a été pris des flambeaux et des lustres, une tribune de très beau marbre que l'on avait transportée d'une première mosquée démolie. Ces tapis, comme j'ai dit, pour orner leur salon, les flambeaux et les lustres pour éclairer leur société.

Nous réclamons, Monsieur le ministre, que les objets susmentionnés soient restitués ou bien leur valeur, à cause des dégâts qui peuvent avoir été faits, puisqu'on les a destinés à marcher dessus, et qu'ils ne pourront plus nous servir pour nos cérémonies. Tout Musulman a le droit de faire cette réclamation, et même le souverain ou cady, ne pourrait en disposer, ainsi qu'il a été déjà dit.

11o Des propriétés particulières et des établissemens de bienfaisance sont occupés militairement. Il n'est point question d'en payer le loyer, des jardins et maisons de plaisance sont occupés de même, et dans ces propriétés on a causé de nombreux dégâts, coupé et déraciné des arbres fruitiers, dévasté les habitations, abimé les plafonds, cassé et brûlé les portes, etc, etc.

Nous réclamons que ces dommages soient estimés par des experts et leur valeur remboursée.

12° L'orsqu'on a voulu faire les routes pour la circulation des charettes, sur la colline, on a pris à droite et gauche des terrains particuliers.

On a coupé les arbres sur le chemin et démoli des murs. Nous autres Musulmans, nous n'avons pas l'habitude de nous servir de charettes.

Nous réclamons la valeur des terrains, des arbres détruits et des murs, ainsi que cela se pratique en France. Comme il est d'usage parmi nous que nos femmes ne se montrent pas en public, il est de première nécessité que nos jardins soient entourés de murs.

13° Depuis le commencement de l'entrée de l'armée française à Alger jusqu'aujourd'hui, on n'a pas cessé de fouiller le terrain qui sert de sépulture à nos ancêtres, afin d'avoir des briques et des pierres pour bâtir. Les ossemens de nos morts ont été introduits dans le commerce, et plusieurs cargaisons de ces ossemens envoyées à Marseille. M. Pichon avait bien l'intention de changer cette infâme mesure, mais son changement étant survenu, les mêmes horreurs ont continué.

Les lieux qui étaient destinés à l'enterrement de nos morts, quand même ils ne suffiront pas, on est revenu de nouveau les fouiller. Une partie de ce terrain appartient à des particuliers, une autre partie est destinée à ceux qui n'ont pas le moyen d'en acquérir; et une grande portion de ce lieu provient d'une fondation faite par la famille Boughâdoura. Chaque pauvre a donc son droit. Ce terrain a été converti par l'autorité, une part pour former la place, une autre pour faire des rues et des jardins qui ont été vendus au profit de l'autorité. Nous réclamons la restitution de tout ce qui pourra être restitué. Quant aux ossemens de nos pères et de nos ancêtres, nous réclamons au nom du droit des gens, du droit de la nature, des lois chrétiennes, de Moïse, et des lois de Mahomet.

Quel est l'honnête homme, quel est l'homme sensible qui pourra voir de sang-froid des actes semblables devant ses yeux? Comment ose-t-on remuer ainsi des corps morts, même depuis peu de tems, puisqu'on a aperçu parmi ces dépouilles mortelles des crânes de femmes avec leur chevelure, des joues ayant conservé leur barbe.

Nous soumettons ce fait à l'attention du gouvernement français et de la nation, et nous demandons s'il est quelque moyen de réparer ce tort?

14° Il a été ordonné de faire des visites domiciliaires, afin de constater le nombre, l'âge, l'état de santé et le nom des individus. Ce fait a encore été une cause de vexations ; cette visite a été faite par des Français, accompagnés d'un Musulman et d'un Juif, mais un des Français, le subalterne de M. le grand prévôt, ayant dépassé les convenances sociales, s'étant permis des attouchemens indécens et contraires aux bonnes mœurs, alors le Musulman s'est retiré, et a laissé les autres personnes continuer leurs visites sans sa présence. C'est là une violation de la capitulation, puisque une des conditions est de respecter nos mœurs, et qu'il est bien entendu que nos femmes ne se montrent jamais en public. Il n'y a pas même d'utilité de faire cette visite, car supposons aujourd'hui une famille dans une maison, dans six mois elle peut ne plus y être, elle peut déloger et se transporter dans une autre, sans que l'on fasse des déclarations de déménagement, et beaucoup d'autres cas qui empêchent de constater le nombre de la famille, et ce procédé de M. l'intendant civil semble évidemment n'avoir pour but que des vexations.

Oui, je dirai vexations ! Car on a violé mon propre domicile, et l'on a employé à mon égard des procédés tout-à-fait contraires à nos mœurs ; voici le fait :

A l'occasion du mariage de mon fils, les convenances sociales m'engagèrent à inviter Madame la duchesse de Rovigo, et les femmes de Messieurs les intendans, mais en les invitant, en présence de leur mari, je leur ai bien expliqué que nos usages ne permettaient pas qu'aucun homme fut présent à cette cérémonie; et que moi-même le père de l'époux, je me verrais obligé de ne pouvoir les accompagner et dans l'impossibilité de faire les honneurs. Malgré cet avis, l'intendant civil accompagna ces dames avec un autre Français. Ils forcèrent ainsi la consigne en pénétrant chez moi malgré la défense. Mon fils même fut obligé d'employer la violence, car toutes les femmes jetaient des cris d'alarme. Cet excès d'audace a répandu la consternation dans une famille qui, ce jour, devait s'attendre, au contraire, à trouver la joie et le bonheur.

Nous réclamons que ces torts soient réparés conformément à l'honneur et à la dignité de la nation française. Nous sommes persuadés qu'aussitôt que le gouvernement de S. M. le roi des Français aura connaissance de ces plaintes, il nous rendra une éclatante réparation. Nous tenons de bonne source que le but de cette visite domiciliaire est un arrêté rendu pour constater quelle est la fortune de chacun, en y comprenant les bijoux de nos femmes, avec l'intention de répéter cette visite chaque fois qu'on le jugera à propos sans doute afin que nous ne dissipions pas notre fortune; mais lors de l'exécution de cet arrêté, la force armée ayant refusé de prêter son assistance, avant la production d'un ordre ministériel à cet effet, comme on n'avait pas cet ordre, on s'est donc borné à ce commencement de mesure.

Au reste, votre excellence pourra bien prendre des informations à ce sujet.

15° On a exigé, de la part de tout homme aisé, une somme d'argent pour former une réserve de blé destiné à l'approvisionnement de la ville pendant l'hiver. Tout le monde ayant refusé de se prêter à cette mesure, alors comme nous avons tous été persécutés et menacés de la prison, nous avons consenti à cette exigence; cependant un acte pareil, qui a pour but le bien public; l'autorité devait employer toute autre chose que la contrainte. Puisque la mauvaise administration et les abus sont cause que nos communications sont interrompues, que nous ne pouvons plus recevoir de l'intérieur des grains et autres denrées, il n'est pas juste que nous payions de nos propres deniers.

Nous réclamons la restitution de notre argent, et nous réclamons aussi avec instance une bonne administration afin que nos communications avec l'intérieur puissent se rétablir. Elles ont existé pendant trois cents ans sous le régime des Turcs, et non-seulement les provisions se payaient bon marché, mais encore il nous était possible de fournir des grains à l'Europe.

Sous le gouvernement turc qui est irrégulier et faible en comparaison du gouvernement de S. M. le roi des Français, on faisait des réserves de grains avec les deniers du trésor public ; pour les vendre en hiver à la classe ouvrière au prix coutant, sans pour cela imposer les riches à contribuer avec lui. De même le gouvernement turc a commencé à tranquilliser le pays, il s'est assuré des communications par une bonne politique, plutôt que de faire usage du sabre; et un gouvernement libre et paternel comme celui de S. M. le roi des Français, il est de sa dignité de donner l'exemple de la modération et de la justice, au lieu de s'aliéner l'esprit d'un peuple et de l'exaspérer.

On a imposé chaque maison d'une contribution de 50 centimes par mois et l'on a pris d'avance trois mois. Cette contribution était soi-disant pour faire face à une somme de 1,200 fr. que M. le gouverneur d'Alger a dépensée en faveur d'un étranger arrivé de Sahara nommé Tawaïr-el-Janna, lequel venait d'un pélérinage et que la circonstance lui a fait rencontrer. Cette politesse ou hospitalité a été faite sans avoir consulté préalablement les principaux de la ville; si même on y avait consenti, dans tous les cas cette contribution ne peut rester permanente.

Et nous réclamons, Monsieur le ministre, que la somme perçue soit restituée, et que cet abus cesse.

Quoique la somme de 30 sous pour chacun soit minime, on ne doit pas perdre de vue l'effet que produira sur l'esprit des habitans la restitution. Ce sera une sûreté pour eux, et une preuve de la justice du gouvernement de sa. M. le roi des Français. Ils seront convaincus qu'aussitôt que l'on signalera quelqu'abus il sera promptement réparé.

17° Les marabouts morts et vivans sont respectés dans tout le royaume d'Alger, comme on l'a déjà dit; et leur attribution dans la société est de contribuer à soulager les malheureux, d'exercer l'hospitalité envers tout le monde. Par ce moyen ils acquerrent une grande influence vis-à-vis du peuple. Ils pourront donc prêter une médiation officieuse afin de calmer la guerre civile. Par leur bon office on obtiendra la sûreté des routes et tout ce qui doit amener la tranquillité publique.

Il y a à *Colea* une famille de marabouts, laquelle exerce une grande influence, et lorsque les malveillans ont voulu se porter sur Alger, afin de l'attaquer, sous l'administration de M. le duc de

Rovigo, toute cette population turbulente est sortie de *Colea*, et il n'est resté dans la ville que des marabouts, des vieillards et des infirmes. Mais bientôt l'armée française s'est approchée de *Colea*, alors ces marabouts se sont présentés avec humilité devant cette armée, marchant à pieds, sans armes ni aucun moyen de défense, avec des signes de soumission, protestant contre les turbulens qui avaient voulu faire la guerre aux Français. Ces personnes respectables montrant tant de soumission, il appartenait à la dignité française de les bien accueillir, on ne devait nullement exercer sur eux des actes de violence, cependant on a emprisonné marabouts et cady, on a exigé d'eux une contribution d'un *million* ! Ces infortunés ne pouvant rien opposer à la force, contraints de se prêter à cette mesure, on a donc vendu tout ce qu'ils possédaient, bétails, grains et même les semences, et le prix de tout n'a pas excédé la somme de dix mille fr., qui a été payée, et leur emprisonnement devient perpétuel! Voilà déjà huit mois qu'ils sont enfermés, Monsieur le ministre! et il est aussi difficile à ces pauvres gens de payer une contribution d'un million, qu'à un âne de porter une grande montagne sur son dos.

Selon toutes les religions, d'après les principes de morale connus, d'après l'opinion des publicistes, d'après les principes du droit des gens, il est impossible de reconnaître qu'il est juste que la faute de l'un doive être payée par l'autre.

Depuis ce jour là les communications sont interrompues.

Nous ne recevons plus de grains des pays de Meliana et Wajer, lieux dont ordinairement on arrivait pour approvisionner les marchés d'Alger et de Mitidja, car ces marabouts eux-mêmes font partie des cultivateurs de ces pays, et c'est à eux que l'on doit la sûreté des routes pendant le tems de l'occupation française. C'est aussi par l'influence qu'exercent ces marabouts que les routes de la partie occidentale, qui sont aujourd'hui interceptées, peuvent être ouvertes et rendues tranquilles, et c'est ce qui fait que maintenant nous manquons de vivres. Nous ne tirons notre subsistance que de l'Europe, et voilà pourquoi nous mangeons le pain si cher!

Nous réclamons, Monsieur le ministre, la liberté de ces marabouts. L'équité, l'honneur et la dignité de la nation exigent que cette somme de dix mille fr. leur soit restituée, et que les torts commis envers eux soient réparés, pour le bien général et pour la tranquillité, en considération de l'influence qu'ils exercent sur l'esprit du peuple, et la France doit employer le bon moyen de se les rendre favorables, plutôt que de les tourner contre nous! et je dis nous, car nos intérêts maintenant sont liés à ceux des Français.

» 18° Il a été publié à Alger un ordre de S. E. le ministre de la guerre, afin que tout possesseur de biens vienne déposer à l'administration des domaines les titres qui constatent qu'il est réellement propriétaire ; que chaque quartier serait vérifié à ce sujet. On a commencé par *Bab-el-Wad* jusqu'à l'ancien palais du dey. En conséquence, tous les propriétaires se sont présentés en foule avec leurs titres. Après quelques jours on a restitué les titres de cinq maisons seulement, et les autres titres sont restés plus de deux mois aux domaines. Chacun en particulier était effrayé de ce retard ; on se figurait que c'était un piége tendu pour nous dépouiller de nos biens, et plusieurs se sont empressés de vendre leurs biens au prix le plus bas, le premier qui leur était offert, craignant de perdre tout.

Plusieurs courtiers juifs ont employé ce moyen d'épouvante afin de les engager à se déposséder.

J'aurai l'honneur de faire observer à V. E. que si l'on veut appliquer une grande rigueur relativement à certains propriétaires dans la vérification de leurs titres, on dépouillerait le plus grand nombre de ce qu'il possède, et selon cette mesure, on ne trouverait aucun titre légal, car ce sont nos lois qui règlent la validité de nos titres, et c'est la décision du cady qui en fait le mérite; et je le répéte, d'après la capitulation, le libre exercice de nos lois, et nos biens, meubles et immeubles sont assurés.

On ne pourra changer cet ordre de choses qu'en exposant les habitans d'Alger à une confusion sans bornes, par les raisons suivantes :

1° Notre loi admet d'abord, pour constater la propriété, le témoignage des notables avant de se rapporter à des titres écrits que l'on pourrait aisément falsifier.

2° Plusieurs possesseurs ont été expatriés, ils ont emporté avec eux leurs titres, les parens qui restent ne doivent pas être privés de la jouissance des biens qui leur appartiennent.

3° Des titres égarés par la suite des tems, il n'en est pas moins vrai que le bien peut leur appartenir. On ne doit pas les déposséder pour cette raison, d'autant qu'il n'existe personne pour contester la légitimité de la possession que les notables du quartier pourraient attester au besoin.

Nous réclamons que toute confusion à ce sujet soit abolie, afin que certains propriétaires ne vendent pas leur bien à vil prix.

Nous connaissons pour quel motif, certaines personnes ont induit le gouvernement en erreur à ce sujet, mais il ne nous est pas permis de l'exposer dans cet écrit.

Je m'abstiens, Monsieur le ministre, de vous citer d'autres faits plus rebutans que minutieux, qui feraient rougir tout Français qui les entendrait. De même aucune personne ne donnera son assentiment à un acte qui aurait pour but de contraindre les particuliers à se déloger de leur habitation brusquement et dans le délai de trois jours, afin que ces habitations servent à loger messieurs tels ou tels, dont voici un exemple récent.

Le 13 de the-el-heja, qui correspond au 5 du mois de mai de la présente année, on a fait donner avis aux locataires qui occupent des maisons de donations pieuses, qu'on appelle *Meka Medina,* d'évacuer ces maisons avant que leur terme ne fut expiré, afin de les mettre aux enchères. Les locataires ont refusé l'évacuation en faisant valoir qu'ils avaient des droits, par un acte de l'administrateur de ces biens nommé par les Français, lequel leur accorde la jouissance d'un certain laps de tems. Cet acte est enregistré chez l'administrateur; d'ailleurs, il est d'usage si l'on veut donner congé, d'avertir six mois d'avance, afin de donner le tems nécessaire pour trouver un autre logement. On n'a pas pu faire valoir ces droits près de l'autorité.

Je ne passerai cependant pas sous silence les indécences et les impertinences des Juifs envers les Bédouins qui viennent du dehors, et que le dernier des Français n'aurait pas osé faire. Malheureusement ces Bédouins ne font aucune distinction, et généralisent les abus. De même il y a jalousie de ce que dans les démolitions de bâtimens et de mosquées on ait fait une exception en faveur des Juifs, et de ce que l'on a respecté davantage les sinagogues. Cette rivalité a encore exaspéré l'esprit des Musulmans et semble leur faire désespérer de tout bien de la part du gouvernement français.

Voilà un aperçu des plaintes et des réclamations que j'ai l'honneur de vous exposer, Monsieur le ministre.

Avant tout, j'invoquerai le souverain des souverains, puis je m'adresserai à la personne de S. M. le roi des Français, dont les qualités connues en lui sont l'équité, la modération! Et dont l'âme est compatissante. Puis encore au corps législatif qui forme une des bases du gouvernement français, est le conservateur du droit des gens, et à son organe Monsieur le président des ministres.

Nous dirigeons tous nos mouvemens pour arriver au but par la route usitée, et comme votre excellence est la personne chargée d'organiser le gouvernement, qu'elle est son organe, que notre sort est entre ses mains, c'est pourquoi nous nous adressons à elle avec pleine confiance, et nous avons l'espoir qu'aussitôt qu'elle connaîtra ces faits incontestables elle se hâtera de nous justifier dans notre confiance.

Peut-être que quelques faits seront parvenus à son excellence tout-à-fait dénaturés ou dictés par quelqu'esprit de parti, mais ce sont les faits réels que je viens d'avoir l'honneur de lui énoncer.

J'espère, Monsieur le ministre, que la réponse à la présente requête ne sera pas égale aux termes employés à l'égard de Sidy Ibrahim Ben Mustapha Pacha.

Lorsque vous lui avez ordonné de se rendre à Alger en lui disant que les personnes de qui il se plaint fourniraient les renseignemens. Votre excellence pourra-t-elle compter sur des informations données par ceux de qui on se plaint? Comment est-il présumable que l'oppresseur avouera son oppression? Et si votre excellence voulait s'adresser pour avoir des éclaircissemens au cady ou au muphty, il est bon de lui faire observer que l'indépendance d'opinion qui existait dans ces deux charges publiques, n'existe plus, depuis que MM. Bourmont et Clauzel ont exercé un acte de violence contre les anciens cady et muphty, parce que ces derniers ont fait quelques observations sur les abus et les actes qui leur paraissaient opposés à la capitulation et à l'honneur de la nation française. Ces généraux ont fait exiler ces personnages pour ne point rencontrer d'opposition, et à ce sujet il leur a été allégué des motifs sans fondement.

Depuis lors les ulémas ont perdu tout courage et toute indépendance de pensée. Ils n'osent dire la vérité parce qu'ils se figurent que le gouvernement français veut étouffer tout sentiment de justice. C'est pourquoi ils ne veulent pas contrarier la volonté prononcée des gouverneurs, et maintenant ces deux fonctionnaires, le cady et le muphty, n'exercent leur autorité qu'en jugeant simplement les questions ordinaires.

S'ils gardent le silence sur les actes répréhensibles c'est parce qu'ils craignent, comme leurs prédécesseurs, d'être arrêtés et exilés. Toute décision entre nous et l'autorité de laquelle nous nous plaignons est nulle.

Monsieur le ministre, nous sommes en ce moment à Paris un nombre suffisant de notables d'Alger pour que vous veuilliez bien ajouter foi à nos réclamations et les croire sincères et vraies.

Au besoin, pour appuyer et attester nos assertions nous appellerons plusieurs Français qui ont connaissance des faits, soit ceux qui ont publié des ouvrages, soit d'autres qui méritent la confiance.

De plus encore, votre excellence pourrait nommer une commission d'enquête, composée de personnes impartiales, qui n'auront pas le désir de dépouiller les Algériens, lesquelles soient animées des nobles sentimens de l'équité, qui ne souffriront pas qu'aucune injustice soit commise et puisse être alléguée au gouvernement, et qui se rendront sur les lieux pour faire leur rapport.

Nous ne réclamons, Monsieur le ministre, que la modération et la justice qui caractérisent la nation française.

Veuillez excuser, Monsieur le ministre, un langage qui vous paraîtra un peu dur, parce qu'il est excité par un sang remué et aigri par l'oppression et l'iniquité. Peut-être avons-nous passé les bornes du respect, vous n'interpréterez pas cela comme provenant d'un mouvement naturel, mais au contraire, vous considérerez notre déplorable position et elle nous servira d'excuse à tout.

Recevez, etc., etc.

Signé en Arabe :

Hamdam Ben-Othman Khoja, d'Alger, et Ibrahim Ben Mustapha Pacha.

PIÈCE N° 2.

REQUÊTE au même.

J'ai eu l'honneur de présenter à V. E. le 3 juin dernier, une requête à l'effet d'exposer la situation déplorable de mes compatriotes. J'ai invoqué en leur faveur l'équité et l'honneur qui caractérisent le gouvernement de S. M. le roi des Français. J'avais l'espoir de quelque satisfaction à un certain nombre de réclamations dans le but de soulager les infortunes des Algériens ; cependant voilà plus d'un mois écoulé, sans avoir aucun indice qui prouve que nos plaintes ont été entendues.

Le gouvernement de S. M. le roi des Français, aurait-il donné des preuves de sa bienveillance et de sa justice par des faits plutôt que par des paroles?

J'aurai l'honneur de rappeler à V. E. que le nombre des plaintes ou réclamations s'élève à 18.

La *première* est relative aux dotations pieuses de la *Meka Medina*, ces biens proviennent des bienfaits en faveur des pauvres et ils ont une destination trop honorable pour que notre réclamation ne soit pas considérée comme juste.

La *deuxième* a rapport aux démolitions de différentes propriétés.

Ces démolitions durent toujours et sont maintenant considérables. S'il était possible d'épargner la ville d'Alger de tant de destructions. Il serait aussi à désirer que l'administration française voulut remplir les conditions annoncées dans la proclamation du général Clauzel à ce sujet, en date du 29 octobre 1830, et nous prendrons la liberté de faire ces deux questions :

1° Est-il vrai que les démolitions sont faites sans que préalablement la valeur de la propriété qui doit être démolie, pour ensuite le propriétaire être indemnisé, ne soit constatée?

2° Les propriétaires des bâtimens démolis seront-ils remboursés de quelque manière, et cela à quelle époque ?

Nous avons besoin d'obtenir une réponse de votre E. afin de rassurer une partie des habitans d'Alger.

Nous prendrons encore la liberté de recommander à votre E. nos mosquées... Quelques-unes servent de magasins, peut-être serait-il possible de trouver pour cela des lieux plus favorables. L'autorité, nous l'espérons, se créera des ressources plus conformes aux mœurs des Algériens.

On nous mande d'Alger qu'une réunion de magistrats, du *cady* et du *muphty* a eu lieu dans le but, m'assure-t-on, de demander leur avis pour savoir quelles seront les mosquées à leur rendre et celles qui resteront au pouvoir de l'autorité. La réponse sera naturellement conforme au désir de l'autorité, car l'indépendance de l'opinion dans ces deux charges n'existe plus depuis que MM. Bourmont et Clauzel ont exercé un acte de violence sur les personnes de ces fonctionnaires. Ceux-ci redouteront toujours de subir le sort de leurs prédécesseurs, comme j'ai eu l'honneur d'exposer à V. E. dans ma susdite requête.

Si nous osions exprimer notre vœu, M. le ministre, nous dirions : que toute les mosquées soient rendues au culte musulman ! Toutes ou le plus grand nombre possible ! Cela touche si fortement à notre religion, et s'il était possible encore de faire remettre dans son état primitif la mosquée convertie en église. V. E. comprendra bien que ce vœu a un but essentiellement politique.

6° Pour la restitution des biens dits *Zawia*, dont la définition de cet établissement de bienfaisance est assez détaillée dans la susdite requête.

7° Pour les lieux d'aisance. Cet établissement si utile à la salubrité de la ville.

L'art. 8 concerne les tombeaux dits marabouts. Cet objet touche encore nos mœurs, et il est si nécessaire de les respecter ! Toute la vie morale d'un peuple est là, elle gît dans ses préjugés. Pour les arracher, pour extirper de l'esprit les croyances il faut des siècles, n'importe pour quel peuple. Il n'y avait qu'un souverain aussi despote et aussi cruel que le fut *Pierre* 1er pour oser dire à ses sujets, aux Moscovites : « Vous aurez la tête rasée ou coupée. » Il n'entre pas, nous en sommes certains, dans la pensée du gouvernement français, de se servir d'un moyen semblable.

L'art. 9 des réclamations a rapport à la confiscation des biens des Turcs exilés. Ces Turcs faisaient partie de la grande famille d'Alger et leurs femmes et enfans qui sont privés de ces biens, doivent donc être réduits à demander l'aumone ? Nous espérons que le gouvernement français reviendra sur une détermination inique, contraire au sentiment français, contraire à l'esprit de la capitulation, contraire à l'article 57 de la Charte. Faites-nous jouir des bénéfices des lois françaises, et nous serons de dignes citoyens comme eux, leur cause sera la nôtre! L'arbitraire n'a qu'une courte durée, la justice est éternelle, la liberté est une des bases de l'ordre.

A cette occasion nous ferons remarquer à V. E. que l'autorité, dit-on, a fait vendre une partie des biens des Turcs. Nous vous exposons le fait.

10. Les riches tapis et autres objets enlevés des mosquées. Ces déprédations sont du désordre. V. E. ne peut les approuver, elle aura donné des ordres pour faire punir les auteurs et leur faire restituer ces valeurs.

11. Plusieurs propriétés de la ville et de la campagne ont été occupées militairement; de nombreux dégâts y ont été commis. Voilà de l'indiscipline et du désordre qui doivent être punis et réprimés; la valeur des dommages remboursée au propriétaire.

12. Nous demandons à V. E. si les terrains pris aux propriétaires, si les arbres coupés et les murs détruits, pour la formation des routes, ont été évalués et seront remboursés aux propriétaires?

13. Nous rappellerons aussi tout le mal qui a été fait relativement aux fouilles des terrains qui

servent de sépultures aux morts. L'administration aura-elle égard à nos plaintes à ce sujet? Nous pensons que cette réclamation aura été entendue par V. E., et nous espérons que des ordres de sa part seront donnés pour mettre fin à cette espèce de sacrilège....

15. Les habitans d'Alger, contraints de faire des avances d'argent pour la formation d'une réserve de blé, cet argent leur sera-t-il remboursé?

16. Une contribution extraordinaire de 30 sous a été payée pour chaque maison d'Alger; la somme est minime, mais est-elle légale et avait-on le droit de la faire payer?

17. Les marabouts de *Coléa* doivent-ils rester en prison jusqu'au parfait paiement d'une contribution forcée *d'un million?* Dans ce cas là il y sont pour toute leur vie. Nous avons dit à V. E. qu'ils étaient innocens. Ce sont des hommes de paix et de tranquillité! Mais souvent dans les tems de trouble leur voix n'est plus écoutée pour empêcher le mal, et ils ont été punis de la faute des malveillans. Est-il juste de les tenir enfermés? V. E. daignera écouter nos supplications en leur faveur.

Ces hommes mis en liberté pourront rendre des services à l'humanité et à la cause française. Nous rappellerons aussi que tous leurs biens ont été vendus.

Deux articles de nos réclamations, savoir :

l'art. 14 relatif aux visites domiciliaires, leur inutilité et surtout les difficultés pour obtenir le but, ont été reconnues. Et l'art. 18 qui a rapport aux titres des propriétés, il paraît que l'autorité a découvert que des agens de l'administration avaient commis des actes de corruption ou de concussion. Nous ferons observer à V. E., à cette occasion, que beaucoup d'actes de cette nature ont été commis à Alger et que l'autorité ne saurait exercer un contrôle trop vigilant et trop sévère.

Il y a plus d'un mois, je le répète, que j'ai adressé le mémoire de ces réclamations et je n'ai reçu aucune espèce de réponse. Il nous est arrivé plusieurs lettres d'Alger mais aucune ne nous apprend qu'il est survenu dans cette ville quelque changement favorable.

Avant moi, Sidy *Ibrahim Ben Mustapha Pacha*, avait exposé des griefs au gouvernement de S. M. le roi des Français, et V. E. lui a répondu, le 30 janvier dernier, « que la ferme intention du gouvernement est de faire droit aux réclamations dont la justice sera reconnue et de donner aux Algériens toute la protection qu'ils mériteront par leur attachement à la France. »

Le gouvernement français ne doit avoir aucun doute sur l'attachement des Algériens et il n'aura qu'à se louer de leur humble soumission.

Cependant je viens supplier V. E. de ne pas négliger des réclamations qui sont si importantes pour les habitans de la régence. Il s'agit de soulager leurs souffrances et de réparer leurs malheurs qui durent depuis trois ans. C'est là le but de mon voyage à Paris, comme aussi de servir la cause française dans ce pays, et je ne regretterai aucuns sacrifices : ni les fatigues malgré mon âge avancé, ni aucune autre considération si je puis parvenir à des résultats favorables.

Je suis sur le point de faire publier un aperçu historique sur la régence d'Alger. J'aurais voulu, avant d'offrir cette publication, connaître que quelque amélioration a été faite par le gouvernement français à Alger, afin d'orner mon ouvrage de ce bienfait.

J'ai l'espoir que V. E. voudra bien m'honorer d'une réponse et d'une manière catégorique.

En attendant, agréez, etc.

Paris, le 9 juillet 1833.

Signé en arabe :
HAMDAN BEN OTHMAN KHOJA.

PIÈCE N° 3.

10 Juillet 1833.

LETTRE AU ROI.

Sire,

C'est moi que M. le duc de Rovigo a chargé de l'importante et périlleuse mission de Constantine dans les mois d'août et d'octobre 1832.

J'ai exécuté l'ordre de votre gouvernement avec beaucoup de plaisir, dans l'espoir de pouvoir amener les deux parties à un arrangement pacifique. J'étais tellement animé par des sentimens généreux et philanthropiques que j'ai fait ces deux voyages à mes frais. J'ai bravé tous les dangers et les obstacles qui étaient assez connus par le duc de Rovigo.

Mon influence et la réputation pacifique dont j'ose me flatter, m'ont ouvert un chemin parmi un peuple nombreux, fanatique et hostile à la cause française. Rien n'a pu m'empêcher de suivre mon impulsion. V. M. ne doit pas ignorer le détail de cette mission ; jusqu'à quel point elle a été menée. Je n'ai aucun intérêt en vue si ce n'est de voir ma malheureuse patrie plus heureuse ; pays qui était le berceau de la prospérité et de la tranquillité ! Nous étions contens avec nos faibles ressources ; mais ces trois années consécutives en ont fait le théâtre des terreurs et des persécutions. Toutes les familles riches qui étaient les soutiens de la classe ouvrière et indigente, se sont expatriées ou ont été expulsées. Il n'est resté dans la ville d'Alger que ceux qui sont impuissans, ou qui n'ont pas le moyen de se transporter, ou ceux qui, comme moi, ayant quelques notions d'un gouvernement représentatif, espéraient la liberté sur le sol africain.

A mon arrivée à Paris, Sire, j'ai fait présenter à M. le président du conseil une requête qui renferme les plaintes notoires de mes concitoyens (sans que je parle de mon affaire personnelle qui est pendante devant le conseil d'état, me reposant sur la justice qui caractérise ses membres.); espérant qu'il soulagerait leur infortune ; mais le tems s'écoule sans que je sois informé qu'aucune décision eut été prise en leur faveur. Les nombreuses lettres que je viens de recevoir successivement d'Alger, me mettent dans la nécessité de m'adresser à votre majesté.

Ce n'est pas que je veuille me plaindre de M. le président. Ce n'est que l'urgence, Sire, de l'affaire.

De plus, l'irrévocable opinion formée dans mon esprit de votre gouvernement paternel m'a permis de m'adresser à V. M. afin d'avoir l'honneur de lui remettre ci-joint la copie d'une seconde requête adressée à M. le président.

Je supplie V. M. de donner des ordres pour qu'on se hâte d'apporter quelque remède aux maux de ce peuple que la providence a mis sous sa tutèle.

V. M. ne souffrira pas qu'il soit dit et répété dans l'histoire que des actes répréhensibles et arbitraires ont eu lieu pendant le règne de Louis-Philippe.

Je suis parfaitement convaincu qu'avec l'équité et la sensibilité de son âme V. M. aura compassion en voyant les maux que souffre l'humanité, quand elle connaîtra les faits.

C'est dans cettte considération, Sire, que je prends la liberté de m'adresser à V. M. et de lui parler avec tant de franchise et si peu de réserve. Ce n'est pas à un roi qui aime la flatterie, ce n'est pas au protecteur des courtisans, c'est à Louis-Philippe que je parle, père de famille, qui connaît la valeur des malheurs, qui a sacrifié son repos pour le bien-être de la France et de l'humanité entière.

Daignez, Sire, avoir la bonté de me justifier dans mon opinion, et vouloir bien écouter la voix plaintive de votre très-humble, obéissant serviteur et fidèle sujet.

Signé en arabe :
HAMDAN BEN OTHMAN KHOJA.

PIÈCE N° 4.

Analyse des Notes et Réclamations présentées à S. E. le premier ministre du roi des Français, par Sidy-Ibrahim-Ben-Mustapha Pacha.

Par une note du 28 décembre 1832.

Il a été exposé qu'une contribution de cent mille francs a été levée forcément sur la population pour former une réserve de dix mille mesures de grains. Cette contribution extraordinaire, vu la position critique des habitans d'*Alger*, a jeté la désolation dans cette ville. Les principaux Maures se sont présentés auprès de la famille de Mustapha Pacha, pour lui dire que puisque le fils de leur ancien souverain se trouvait maintenant en France, ils espéraient qu'il plaiderait leur cause et éclairerait le ministre.

Par une note du 2 février 1833.

Il a été exposé : 1° Que l'on s'est emparé des mosquées et des temples sacrés pour les faire servir à des magasins et à des hôpitaux, neuf grandes mosquées et d'autres petites sont une privation pour la ville ; et les pauvres sont privés des dotations qui en dépendent et qui étaient établies pour secourir les pauvres. La mosquée métropolitaine a disparu.

2° Beaucoup de propriétés particulières ont été démolies, leur revenu était l'unique moyen d'existence de ceux qui les possédaient. Un grand nombre de ces maisons sont occupées par des Français, les loyers n'en sont pas payés ; ce qui aggrave encore tant de maux, c'est que le prix des denrées s'est élevé à un taux double.

3° On s'est emparé de la dotation dite de la *Meka Medina* dont le revenu était destiné au soulagement des pauvres.

4° On a pris la caisse de *Beït-el-Mal* que possédait la ville et qu'elle employait pour subvenir aux besoins des nécessiteux.

5° On a mis sous séquestre les propriétés des Turcs qu'on a exilés.

6° Les Musulmans sont insultés sur la voie publique; et des soldats tentent d'enlever le voile qui couvre le visage des femmes, et malgré les plaintes tous les jours pareille chose se renouvelle.

7° Quand les Bédouins se soulèvent, le général en chef va les châtier; et lorsqu'il rentre, des Maures sont accusés d'avoir été d'intelligence avec eux. Nous sommes dans le feu : les Français nous accusent de conspirer avec les Arabes, et ceux-ci nous massacreraient si nous tombions dans leurs mains parce que nous soutenons les Français.

Nous sommes devenus sujets de la France et nous ne saurions trahir les intérêts communs : Heureux! si on voulait nous traiter comme tels!

8° Après l'affaire de Bouffarich, Amido, lieutenant de l'aga, a été calomnié et jeté en prison où il est mort de la manière la plus misérable.

9° Les fils des marabouts qu'on a pris à Coléah gémissent encore en détention. Ces hommes aiment la paix, prêchent la concorde et ils ne sont point ennemis des Français.

10° On a violé la sainteté d'un marabout, où 45 habitans de Belida s'étaient réfugiés, et ces malheureux y ont été massacrés.

11° On a détruit nos cimetières et on a exposé à la profanation les restes de nos ancêtres, et une partie des ossemens humains a été envoyée à Marseille pour y être brocantée.

NOTE.

Le chef du bureau d'Alger dans la dernière conférence qu'il a eue avec Ibrahim Ben Mustapha Pacha, touchant les intérêts de la population algérienne, pressé de répondre à des intérêts de principes bien précisés, l'a fait d'une manière évasive.

Le gouvernement ainsi que le garantit la capitulation, indemnisera-t-il les propriétaires des maisons démolies ou occupées militairement ?

Le gouvernement a déjà payé pour environ 10,000 fr. d'indemnités, demande aux chambres des fonds pour y être affectés, et en ce moment se fait rendre compte de l'état des choses ; sa ferme intention est de rendre justice à qui de droit, mais il ne peut encore prendre aucun engagement formel.

Un pareil langage est bien vague surtout envers des Musulmans, qui sont le peuple du monde à qui il faut le plus de positif, et lorsque depuis près de trois ans, nous avons pris et n'avons pas rempli des engagemens tels que s'ils n'existaient pas, il faudrait faire ce qu'ils portent. Non-seulement nous avons plongé la population algérienne dans la misère, mais encore l'état pitoyable où elle se trouve empire chaque jour; outre que les ressources de chacun sont épuisées, l'on continue à démolir et à occuper les propriétés; les Turcs qui tenaient à l'ancien gouvernement ayant été expulsés d'Alger, les atteintes que nous avons portées aux pratiques religieuses des Maures ayant fait abandonner le pays à presque tous ceux qui avaient de la fortune, les marchands et les artisans ne trouvent plus les moyens de vendre, et de travailler; nos querelles avec les Bédouins et l'accroissement de la population européenne ont fait monter le prix des denrées à un taux exorbitant, comparativement à ce qu'il était avant. Le séjour d'une armée enrichit ordinairement le pays où elle se trouve, à Alger notre occupation a ruiné les particuliers.

Ibrahim-Bey-Mustapha Pacha exerce sur ses

compatriotes une influence qu'il doit tant à son caractère personnel qu'à son nom et à sa fortune; il est uléma, et ce n'est pas un vain titre qu'on lui a conféré. Quand un homme pratique avec une sévère attention les rites de la foi de Mahomet, qu'il donne les preuves d'un grand savoir et professe les principes de probité, la voix publique le proclame uléma. Dès-lors il est appelé à décider ce qui n'est point dans le texte de la loi et à interpréter sa lettre. Depuis longtems Mustapha était pressé par sa famille d'émigrer comme tous les autres, il a même fait des dispositions pour cela, mais le penchant qui le porte vers les Français l'a décidé, avant de prendre ce parti, à venir en France pour tenter les moyens de porter remède aux maux qui désolent son pays. Ses compatriotes lui ont fait exprimer par correspondance combien ils espéraient de ses démarches, et lui, lorsqu'il a vu qu'il ne pouvait rien leur porter de positif, a déclaré qu'il allait porter ses pénates à Alep; s'il persistait dans une telle détermination tous ceux qui à Alger ont conservé quelques moyens pécuniers suivraient son exemple: attendu qu'ils désespéreraient de leur cause en voyant les efforts généreux du fils de leur ancien souverain, rester infructueux. Peu importerait que plusieurs Maures quittassent Alger, si leur émigration ne devait animer encore plus ces Bédouins contre nous. Que l'on ne se méprenne pas sur la cause de leurs attaques, ce n'est pas parce que nous sommes Chrétiens et Français qu'ils nous harcellent, mais parce qu'ils craignent pour eux-mêmes ce qu'ils voyent à Alger.

S'ils pouvaient avoir assez de confiance en nous pour croire que nous n'exigeons pas d'eux, ainsi que nous leur avons promis, les impôts qu'ils payaient au dey ; que nous ne voulons pas leur ravir ce qui leur appartient ; ni porter atteinte à ce qui tient à leur culte, certainement qu'ils ne seraient pas nos ennemis. L'on sait quelle confiance le général Berthèzene avait inspirée aux Maures. Aussi pendant les cinq derniers mois de son gouvernement l'on n'a pas tiré un seul coup de fusil contre nous, et l'on a vu les Bédouins ramener des hommes égarés, des déserteurs, et jusqu'à 29 bœufs qui avaient été volés dans la campagne. Même avant le 20 juillet 1831, le caïd d'*Elfkeschnah-Omar-Ben-el-Bedeoni* écrivait au grand prévôt qui faisait fonctions d'Aga, pour lui demander la protection des Français contre les Kabaïls et la tribu de *Ben-Zamoun*. Au mois d'août suivant, les Oulad-el-Gossayar-el-Sabih-el-Fares-el-Sindjas-el-Hamis, qui étaient sur la route d'Oran à Alger, écrivirent au général pour lui donner l'assurance qu'ils ne s'uniraient pas au scherif de Maroc, qui marchait contre nous, et pour l'informer des dispositions qu'ils lui voyaient prendre. Outre qu'il est nécessaire de vivre autant que possible en bonne intelligence avec les Arabes parce qu'ils nous fournissent ainsi qu'à la population algérienne les denrées, il ne faut pas perdre de vue l'état où nous nous trouverions si une guerre maritime venait à avoir lieu, que ces peuples ne pourraient être refoulés en peu de tems et sans qu'il nous en coûtât du sang (1).

---

(1) Cette note a été faite par un Français.

PIÈCE N° 5.

Mai 1833.

Lettre à Monsieur le rapporteur du conseil-d'état.

« A l'honneur de mettre sous vos yeux une affaire qui est déjà à votre examen.

» Avant d'entrer dans aucun détail, il est nécessaire de vous apprendre qui je suis, sans vanité, seulement pour vous faire part que j'ai des droits à m'adresser à vous, et non par la considération que peut mériter ma position à Alger.

» J'ai vécu en Europe. J'ai goûté le fruit de la civilisation, et je suis un de ceux qui admirent la politique qui existe dans plusieurs gouvernemens. Je me suis félicité quand notre pays s'est vu placé sous la protection du gouvernement français.

» Par la grâce de Dieu, je suis un des notables et l'un des plus sincèrement dévoués aux Français. Sous l'administration du maréchal Clauzel, j'étais l'un des membres de la municipalité de notre ville. Si quelques-uns des Français ont ignoré ce que je vaux et quel est mon attachement pour la France, cependant on n'aura pas à m'alléguer rien de contraire.

» Au milieu de la guerre allumée, quand tous les Barabers et Bédouins étaient acharnés contre les Français, que toutes les routes étaient interceptées, et toute communication amicale interrompue, M. le duc de Rovigo, sachant que j'exerçais quelque influence dans le pays, m'a chargé d'une mission à Constantine, qui avait pour but de calmer les esprits et de ramener la paix entre les tribus soulevées et les Français, je n'ai pas hésité à me charger de cette mission qui était aussi dangereuse que difficile, afin de prouver que j'étais animé de sentimens philanthropiques et mon attachement à la France. Deux fois j'ai fait le voyage et j'ai traversé un pays dont la population était en proie à l'anarchie, malgré la rigueur de la saison et l'aridité des montagnes ; et pour obtenir quelques succès, je n'ai pas craint de distribuer, chemin faisant, de mes propres deniers, des dons considérables, et d'employer efficacement tous les amis que j'ai conservés parmi ces populations. Je n'ai donc pas balancé, et je ne balancerai jamais à faire des sacrifices de ma bourse et de ma personne, quand il s'agira d'être utile à la cause française et à l'humanité.

» Mon oncle *Haggi Mohamed Amin-el-Seka*, était âgé à peu près de quatre-vingts ans, connu dans le pays pour être un honnête homme, doué d'un caractère intègre, ayant servi sous l'administration successive de huit pachas turcs à Alger, et toujours avec la même faveur, et ayant mérité la considération et le respect de ses compatriotes, une voix unanime pourrait l'attester. Il était d'une fortune indépendante.

» A l'entrée de l'armée française, M. Fougeroux exigea de mon oncle susnommé un million de francs, disant qu'il devait cette somme aux anciens gouvernemens d'Alger, comme provenant de la vente des laines qui lui avait été faite. Mon oncle répondit par la vérité. Il demanda en vertu de quels titres on lui faisait cette réclamation, et qu'il fallait s'adresser devant les tribunaux pour connaître la vérité. M. Fougeroux a refusé toute voie de justice, et fait enfermer mon oncle dans un cachot où l'on n'oserait pas y faire mettre même le dernier des hommes et le plus criminel. Il m'a fait arrêter aussi et emprisonner dans un autre lieu. Il a séquestré nos biens, visité nos maisons pour effrayer nos familles, les a fait sortir des appartemens pour y apposer les scellés; et enfin interdit toute communication entre nous. Ensuite M. Fougeroux en personne, s'est présenté à la prison, accompagné par Benderan, Juif interprète, et là, a contraint mon oncle à lui souscrire une obligation de 130,200 francs.

» Un homme si âgé, et dans un état de santé délicate au milieu des tourmens dont il n'avait jamais eu la pensée, ni la crainte, même sous les gouvernemens des pachas, de qui on pourrait concevoir l'oppression et l'injustice; mon oncle enfin, accablé par l'âge, a consenti à tout ce qu'on exigeait de lui pour obtenir sa liberté et la vie. Il a donc souscrit à cet acte d'iniquité.

Il ne connaissait pas l'Europe, mais ce qu'il en avait entendu raconter par moi des principes d'équité et la sage administration qui y régnait, surtout en France, pouvait causer son admiration. Il a été bien détrompé en éprouvant un pareil traitement de la part des Français.

M. Fougeroux, auprès du cady, a montré deux registres du gouvernement d'Alger, où se trouvait inscrit le poids des laines, lui a demandé quel registre était le plus correct et devait être reconnu vrai? et cela sans que nous soyions présens, et même sans qu'il ait été question que mon oncle était débiteur. Le cady, en lui donnant cet avis par écrit, comme le prouve cette pièce par la signature du muphti qui était alors cady, et le ministre nous a fait observer que tout cela avait été fait en vertu de jugement du cady qui nous condamnait; et c'est M. Fougeroux qui lui avait fait croire que c'était la vérité.

Cependant, vous avez entre vos mains la décision du cady, la première et la seconde pièces, et la fausseté du rapport fait par M. Fougeroux ne peut échapper à vos observations et à vos lumières.

Pour donner un caractère d'authenticité à cette réclamation, voici, en peu de mots, comment il a présenté la question, afin de faire prévaloir sa décision :

Il y a deux registres, tous deux contenant note du même objet, tous deux portant le même chiffre de 130,700; l'un spécifie livres, l'autre quintaux ! Voilà où se trouve l'erreur palpable. D'ailleurs, c'est une chose qui ne pourrait exister à Alger, et qui a été motivée dans la décision du cady, sur la quantité usuelle que pourrait fournir la régence, et que les gros chiffres étaient hors de probabilité.

A l'échéance de l'obligation, nous avons refusé le paiement, et par aucun moyen nous n'avons pu obtenir la justice. On nous a menacés de la prison si nous ne satisfaisions pas à cet engagement : Nous avons payé, mais en protestant contre cette force majeure.

Comme la monnaie française, en circulation à Alger, était peu abondante, nous avons été obligés d'effectuer ce payement en séquins d'Alger et en quadruples d'or espagnols. La valeur ordinaire du séquin chez les changeurs est de 9-30 et celle du quadruple d'or est de 95. On n'a voulu prendre le quadruple que pour 85 fr. chaque, et le séquin que pour 8-50. Nous avons donc été forcés de céder à cette nouvelle exigence.

Nous avons formé une plainte de ces griefs, et nous avons chargé un fondé de pouvoirs, M. Salmon, de se rendre à Paris, afin de l'exposer en notre nom, et les frais occasionés par cette affaire se sont élevés à ce sujet à la somme de 9,000 francs.

Voilà un résumé de ce que j'avais à vous exposer. S'il y a quelques législations qui admettent ces faits comme des droits, ou si l'honneur de la nation française les admettait ainsi, même vis-à-vis de ses ennemis jurés, alors nous prendrons patience.

Mais c'est contre tout principe du droit des gens

et la capitulation qui permet à l'armée française d'occuper notre ville, nous garantit contre tout acte semblable, et les principes libéraux du gouvernement de S. M. le roi des français les rejettent.

Nous vous prions de faire accorder la justice en faveur de ceux à qui elle est due, et vous soulagerez nos maux.

Cette affaire doit être considérée comme si elle était entre des nationaux français. Mais dans toute circonstance, il n'est pas douteux que vous appliquerez vos principes de morale et d'équité.

Quoique le conseil d'état, quand il s'agit d'argent, ménage la partie représentant la nation, cependant il est contre vos sentimens d'honneur de souffrir un acte arbitraire, et c'est à la haute sagesse qui vous caractérise que je remets le soin de la réparation.

Mon oncle, à cause de son âge avancé et aussi par suite des vexations et de la terreur qu'on lui a fait éprouver, a terminé ses jours. Cependant on doit avoir égard à ses enfans, et leur restituer le fruit des travaux de leur père qui a été pris injustement.

Pour vous prouver évidemment cette injustice, j'aurai l'honneur de vous exposer que, peu de tems après ce qui nous est arrivé, une circonstance toute semblable à la nôtre s'est présentée, et elle a été jugée différemment : On a trouvé dans l'ancien registre du gouvernement d'Alger qu'une personne devait une certaine somme pour valeur de toiles, cette personne a déclaré l'avoir acquittée.

Cette affaire a été devant le cady, et le tribunal a prononcé l'acquittement. Comment se fait-il que nous ayons été obligés de payer une somme? en vertu de quelle loi avons-nous été condamnés, puisque l'affaire est pareille? La loi ne peut juger une même affaire par deux jugemens différens, sans qu'il n'y ait un vice quelconque, et c'est au conseil d'état à casser l'arrêté qui est fait d'après un principe vicieux et illégal.

Voilà, Monsieur, ce qui nous regarde personnellement! Mais pour les abus et les actes d'oppression dont tous les Algériens ont à souffrir, ils sont assez nombreux Il faut penser que le gouvernement français les ignore, car il ne voudrait pas que certains actes lui fussent attribués, comme par exemple : de s'emparer des biens particuliers, et de les occuper militairement sans indemnité ; de démolir une très-grande partie de la ville d'Alger sans acquitter la valeur des bâtimens démolis, de s'emparer des établissemens de bienfaisance de la ville, fondés par des donations pieuses en faveur des pauvres ; de s'emparer de nos mosquées et d'en démolir une partie, d'en affermer un grand nombre à des négocians pour leur servir de magasin ; de s'emparer des lieux d'aisance, sorte d'établissemens formés par des personnes bienfaisantes et pour la salubrité publique ; comme aussi de violer nos domiciles ; de froisser notre religion et nos mœurs ; de fouiller nos cimetières, de troubler nos morts dans leurs sépultures, enlever les ossemens humains dont quelques-uns sont si nouvellement enterrés qu'ils ont conservé leur chevelure et leur barbe ; plusieurs cargaisons de ces ossemens sont arrivées à Marseille pour y être trafiqués et vendus, et tant d'autres faits qui sont sans exemple même dans les tems les plus reculés et le moyen-âge.

Les personnes qui avant nous ont exposé ces griefs aux ministres, il leur a été répondu que l'on prendrait des informations sur la validité de leurs assertions afin de réformer les abus.

Mais cette réponse semble illusoire. A qui va-t-on s'adresser pour avoir des renseignemens? A ceux qui font les actes dont on se plaint? Et l'oppresseur avouera-t-il son oppression?

Monsieur, la situation actuelle des habitans d'Alger offre l'exemple d'une misère inouie. Et comment l'histoire racontera-t-elle un jour la présence des Français parmi eux? Et quels moyens employés par la civilisation pour faire la conquête de ces pays? Devait-on heurter les mœurs et froisser la religion? Mais hélas! qu'il nous soit permis d'espérer que le gouvernement français ouvrira les yeux sur nous; qu'une meilleure administration régira notre pays.

En vous exposant ces faits nous sommes sûrs de trouver en vous tous les sentimens nobles qui distinguent la nation française.

Recevez, Monsieur, etc., etc.

Signé en arabe :
HANDAM-BEN-OTHMAN KHOJA.

PIÈCE N° 6.

20 Juillet 1833.

Au même.

« Par une requête du mois de mai, j'ai eu l'honneur de vous rappeler une affaire qui me concerne et qui est à l'examen du conseil d'état depuis quelque tems; je vous prie de vouloir bien faire entendre aux honorables membres de cette cour tout ce qui pourrait être en faveur de la justice. Voilà bientôt trois mois que je suis à Paris pour obtenir une décision, et je désire vivement la solution de cette affaire.

Quoique je n'aie pas le moindre doute sur l'équité et sur l'impartialité qui caractérisent les honorables membres de cette assemblée, cependant mes propres affaires exigent mon retour à

Alger, aussi bien que les orphelins de mon oncle dont le soin m'a été confié, lesquels sont impatiens d'entendre dire que la restitution de la somme enlevée d'une manière inique de la main de leur père, sera faite.

» Pendant mon séjour à Paris, j'ai senti la nécessité de composer un ouvrage dont le but est d'éclairer l'Europe, particulièrement la France, sur la situation d'Alger, de faire un résumé de l'histoire de la régence, de ses lois, de ses usages, des relations sur les événemens arrivés depuis l'invasion de l'armée française et des actes d'administration.

» Je désire vivement de pouvoir orner une partie de cet ouvrage par une décision de cette cour supérieure et indépendante, et de communiquer à mes propres compatriotes l'existence de cette cour qui est chargée de redresser les actes de l'administration contraires à la justice; et je ne doute pas que cette communication contribuera à effacer la mauvaise impression qui, jusqu'à ce jour, a été dans l'esprit des habitans de la régence.

» Veuillez, M. le rapporteur, m'aider dans cette bonne œuvre, et recevoir l'assurance de ma considération trés-distinguée.

Signé en arabe :
HAMDAN-BEN-OTHMAN KHOJA.

PIÈCE N° 7.

AU ROI, EN SON CONSEIL-D'ÉTAT.

RECOURS

Pour le sieur Haggi-Mohamed-Amin-Zeccha, ex-directeur de la monnaie de la régence d'Alger, y demeurant :

Sire,

« L'exposant vient dénoncer à la censure du conseil d'état une décision ministérielle du département des finances, du 16 novembre 1831.

FAITS.

» Dans le mois de janvier dernier, M. Fougeroux, inspecteur général des finances à Alger, envoya chez Haggi Mohamed-Amin-Zeccha, ancien directeur de la monnaie de l'ex-régence, quatre gendarmes en garnisaires.

» Haggi Mohamed Amin Seka demanda les motifs d'une mesure aussi violente et attentoire aux droits sacrés de la propriété.

» M. l'inspecteur des finances lui répondit qu'il était débiteur de diverses sommes à l'ancienne régence, en sa qualité d'ex-directeur des monnaies.

» A l'instant même, Haggi Mohamed Amin Seka fit appeler MM. Hamdan Ben Othman Khoja, son neveu, et Mustapha Ben Esaggi qui se portèrent caution jusqu'à la production des titres dont on excipait.

» Quelques jours après, M. Fougeroux présenta, comme titres, les cinq notes qui suivent et qui sont ainsi conçues ;

Première note.

» Cette fois par l'entremise de Haggi Mohamed Amin Seka, la laine que nous avons envoyée (pays chrétien). Quand la facture viendra, nous la marquerons, année 1240 de ce mois Regeb 130,710.

Deuxième note.

» Haggi Khalil Effendy a cédé ses créances, et par conséquent Amin de la Seka est débiteur de piastres 3,000, de cette somme 2,000 ont été pris par Sidi Hamet Zmarti dans le trésor, il les a donnés à Demetri, et par ce motif Amin de la Seka est resté débiteur de piastres 2,000 à la régence, année 1235.

Troisième note.

» On a donné au Juif pour couper de très-petites monnaies 200 livres argent, l'année 1235, il a donné à compte 615 francs, le Juif est tenu de rendre ces 200 livres argent monnayé.

Quatrième note.

» Dans cette date, à connaissance d'Haggi Mohamed, le riz qui a été vendu de la régence 5,348, année 1240, qui forment la valeur de 1469 patachiques, de huit Mouzonnées.

Cinquième note.

» On demande 400 bottes d'argent, 10 bottes d'or qui étaient à la Seka pour le compte de la régence.

Haggi Mohamed répondit à la première note.

« La régence d'Alger, au nom du ministre de la marine, avait expédié un bâtiment de guerre chargé de laines et d'autres marchandises, et ce bâtiment avait été adressé à Livourne à la maison Busnach et Neftali, chargée des affaires de la régence. J'ai en main la preuve écrite que cette laine a été payée à la régence. Que au surplus, au lieu de 130,710 livres qui ont été réclamées, il n'en avait été expédié que 1,310 quintaux, ce qui déjà réduisait de beaucoup la demande, comme il est facile de le voir.

Comment d'ailleurs le poursuivre raisonnablement?

Pour faire de cette note un contrat obligatoire, il faudrait que Haggi Mohamed Amin Seka eût reconnu que la laine envoyée l'a été pour son compte, et que c'est conformément à ses desirs. Or, où est la déclaration d'Haggi Mohamed Amin Seka?

Nulle part.

Voudrait-on la faire résulter des termes mêmes de la note? Cette note porte précisément tout le contraire. Nous insistons *sur ce point,* quoique nous ayons la preuve écrite que cette laine a été payée à la régence par la maison qui l'a reçue.

Sur la seconde note,

Khalil-Effendy arriva à Alger avec une grande partie de marchandises, après l'avoir vendue partie comptant et partie à terme, il fut obligé de partir; il était très bien à la cour du dey, il obtint que le ministre lui comptât les fonds des créances qu'il avait à recouvrer; mais en même tems, il chargea Demétri qui était employé chez

Haggi Mohamed de ses recouvremens avec ordre de verser les rentrées au fur et à mesure à la caisse du trésor.

C'est sous le patronage d'Haggi Mohamed que Demétri a été chargé de ses recouvremens ; de là cette note au compte d'Amin Seka.

Mais on omet d'inscrire au crédit d'Aggi Mohamed les sommes que versa Demétri, et cependant celui-ci s'est acquitté de sa mission.

Amin Seka n'aura pas plutôt justifié des paiemens qui ont été faits, il n'aura pas plutôt invoqué le témoignage de M. Smerly, caissier du premier ministre et celui de M. Jacob Amar qui a reçu et compté le solde des créances en sequins d'Egypte, que tout l'échafaudage des prétentions des ayans-cause de la ci-devant régence d'Alger, s'écroulera.

Eh bien! Ce témoignage existe, et la prétendue dette tombe devant lui.

Si de pareilles notes faisaient titres il n'y aurait sécurité pour personne, les fortunes disparaîtraient devant l'erreur ou la passion des hommes, et personne ne pourrait dire : je possède.

Sur la troisième note.

Elle se refutait par un calcul fort simple et par une circonstance bien décisive.

Et d'abord, la monnaie que le Juif devait

rendre est connue à Alger sous la dénomination de *Draam Sgar*, il en faut 696 pour en faire un boudjou (1 fr. 86 c.) la demande ne pourrait donc s'élever qu'à une somme très minime.

Mais dans tout état de choses, c'était en second lieu, au chef des Juifs à qui on devait faire cette réclamation, car il est de notoriété publique que depuis un tems immémorial, c'était lui qui était chargé de cette partie des monnaies.

Sur la quatrième note,

Il n'y avait rien à répondre tant elle était insignifiante. Et en effet, quoi de plus vain que l'énonciation d'une vente qui aurait été faite à l'on ne sait qui, sans mention, ni de paiement de la part de l'acheteur, ni de réception du prix par le vendeur, ou par tel ou tel qu'il se sera substitué.

Que d'argumens ne fournirait pas la réfutation d'une prétention fondée sur de telles bases ?...

Relativement à la cinquième note,

Elle nous force à revenir sur des faits deshonorans et à rappeler les pillages qui ont eu lieu lors de l'entrée des Français à Alger.

Pendant les derniers jours du règne du dey, Haggi Mohamed qui était possesseur de 68 livres d'or et de beaucoup d'autres effets renfermés à la Seka étant resté auprès d'Hussein Dey, n'avait pas pu aller prendre son argent au trésor.

Les 68 liv. d'or et les effets dont on vient de parler s'y trouvaient donc encore au moment de la prise d'Alger par les Français.

Le matin même du jour de la capitulation, la clé de la Seka avait été remise à l'intendant, et les scellés avaient été apposés par son ordre.

Ces scellés subsistaient lorsque trois jours après leur apposition, Haggi Mohamed, accompagné d'un Juif et en présence de M. Deval, consul français, fit une demande à M. l'intendant général Denniée à l'effet d'être autorisé à retirer ou faire retirer du trésor les 68 liv. d'or qu'il renfermait lui appartenant.

M. l'intendant général, après avoir fait déclarer à Haggi Mohamed quelles étaient les valeurs qui appartenaient à la régence, ayant reconnu la justice de la demande de l'ex-directeur des monnaies du dey, envoya un officier porteur de la clé avec cet agent pour en consommer la remise.

Mais ces mêmes valeurs qui devaient se trouver à la Seka d'après la déclaration d'Haggi-Mohamed, d'ailleurs conformes aux registres du trésor, avaient disparu.

Cette retraite avait été pillée; l'officier porteur des clés, Haggi-Mohamed et ceux qui les assistèrent dans cette opération, s'en aperçurent;

ils estimèrent que le crime n'avait pu être commis que récemment.

Néanmoins, le sieur Fougeroux prétendit que lorsqu'on avait reçu les clés, tout avait déjà été enlevé.

Mais ceci est moins que probable, car comment admettre que l'intendant se soit fait remettre, le matin même de la prise d'Alger, les clés de la Seka, si tout ce qui s'y trouvait auparavant avait été enlevé ?

Comment, les choses en cet état, il a fait apposer les scellés ?

Comment l'a-t-il fait sachant ce qu'il en était ?

Quoi ! un administrateur se munit des clés d'un trésor, et il ne fait pas constater que ce trésor a été enlevé ?

Cela serait par trop absurde, et les graves présomptions que nous venons d'établir sont toutes en notre faveur, et ne peuvent être détruites que par une enquête.

Mais tant qu'une enquête ne viendra pas démontrer que lorsque M. Denniée a fait apposer les scellés, que lorsqu'il s'est mis en possession des clés, qu'il a pris pour ainsi-dire le trésor sous sa garantie, ce trésor avait disparu.

Certes, on ne reconnaîtrait pas là l'administrateur et surtout l'administrateur éclairé comme l'est M. Denniée.

Faisons aussi la part d'Haggi-Mohamed dans cette affaire; la demande qu'on lui fait est injurieuse, elle tend à prouver qu'il a volé.

Or, est-il un acte dans sa longue existence qui puisse justifier une pareille injure? non, sans doute; il peut livrer sa vie et sa conduite aux investigations les plus sévères, il sera toujours à l'abri du reproche.

L'homme qui se serait approprié quatre cents livres d'argent, et dix livres d'or appartenant au gouvernement, serait-il venu demander aux agens de ce gouvernement les fonds qu'il aurait eus personnellement dans le trésor?

Et cette démarche ne prouve-t-elle pas que sa conscience lui ait fait aucun reproche; s'il en eut été autrement, s'il se fut emparé des fonds du trésor, il se serait bien gardé de venir faire des réclamations aux agens de ce même trésor.

Telle fut la réponse de Mohamed.

Du 28 janvier au 16 mars, M. l'inspecteur Fougeroux garda le plus profond silence.

Le 16 mars, il écrivit à Mohamed, une lettre ainsi conçue :

« M. le directeur des domaines a eu l'honneur
» de vous écrire pour vous inviter à vous mettre
» en mesure de verser à la caisse du payeur gé-
» néral de l'armée, les sommes dont vous êtes

» débiteur envers le gouvernement algérien,
» savoir :

» 13,710 quintaux de laine à 20 boudjoux, ci. 274,200
» Avance à Demetri sous votre cau-
» tion, ci 6,000
» Avance à Benkasi sous votre cau-
» tion, ci. 3,000
» Pour 250 bottes destinées à la
» monnaie, ci. 24,960
» Pour 150 bottes destinées à la
» monnaie, ci. 7,200
» Pour 10 bottes d'or destinées à la
» monnaie, ci. 6,400
» Total. . . 321,760

» Vous avez été prévenu que les explications
» que vous aviez produites n'infirmaient en rien le
» titre du gouvernement, résultant des livres qui
» vous présentent débiteur des sommes détaillées
» ci-derrière. Veuillez, Monsieur, en verser le
» montant dans la caisse du receveur des domaines
» et revenus publics, le 18 de ce mois, pour
» dernier délai. Faute par vous d'effectuer ce
» paiement à l'époque déterminée, je serai forcé
» de faire usage de mes titres, et de poursuivre
» le recouvrement des sommes dues au gouver-

» nement français, tant sur les personnes que
» sur les biens.

» J'ai l'honneur, etc.

» Signé, FOUGEROUX. »

Sidi Hamdan, en sa double qualité de caution et de neveu de Haggi Mohamed, écrivit à M. le baron Berthezène, gouverneur d'Alger, pour solliciter de sa justice d'être renvoyé devant le tribunal français établi à Alger.

M. le baron, dans une audience qui fut accordée sur cette demande, répondit que c'était à l'administration civile à prononcer, sa mission étant, quant à lui, de faire respecter et de protéger les habitans d'Alger, quelles que fussent d'ailleurs leurs castes.

Sur ces entrefaites, et le 21 mars, M. Fougeroux écrivit à M. Roland de Bussy, commissaire général de police, en l'invitant à poser les scellés chez Amin Seka et ses cautions, et d'envoyer des gendarmes pour les emprisonner. Ce magistrat, dont le caractère est tout conciliateur, se présenta chez Hamdan, neveu et caution d'Amin Zeka, lui fit part de l'ordre écrit qu'il avait reçu de M. Fougeroux, et après quelques pourparlers, il arrêta les conventions suivantes qu'il devait faire à M. Fougeroux :

« Je soussigné, Hamdan-Ben-Othman-Khoja,

» m'engage à déposer au greffe de la cour de
» justice pour 160 mille boudjoux de billets
» payables à six mois.

» Moyennant ce, les prétentions de M. Fou-
» geroux seront portées devant la cour de justice
» qui prononcera en première instance.

» Et dans le cas où le procès ne serait point
» terminé lors de l'expiration du délai fixé dans
» mes engagemens, il demeure expliqué qu'ils
» seront prorogés jusqu'à ce qu'il soit définitive-
» ment statué en dernier ressort par la voie
» d'appel.

» Si je triomphe devant les tribunaux, mes
» billets seront considérés comme non avenus et
» me seront remis. »

Le 23 mars, M. le général Feuchères écrivit
à Hamdan :

« M. le général baron Berthezène, comman-
» dant le corps d'occupation, me charge de vous
» écrire relativement aux paiemens que l'adminis-
» tration exige de vous, et de vous prévenir qu'il
» serait obligé, quelque regret qu'il en éprouvât,
» de prêter son appui à l'administration, si vous
» vous refusez plus longtems à vous rendre aux
» demandes fondées qu'elle vous a faites. Il
» ajoute qu'il a appris avec peine que vous prêtiez
» l'oreille aux conseils de quelques personnes qui

» vous induisent en erreur, et qui vous engage-
» raient à refuser d'entrer en arrangement avec
» l'administration. M. le lieutenant-général a ob-
» tenu qu'elle vous fît des propositions raison-
» nables, et c'est dans l'espoir que vous vous
» rendrez aux conseils de la prudence, qu'il
» vient de faire surseoir momentanément aux
» mesures de rigueur que l'administration a le
» droit d'exercer contre vous.

» Je regrette, mon cher M. Hamdan, d'être
» l'organe de nouvelles aussi peu agréables; mais
» M. le lieutenant-général qui a vu l'intérêt que
» je vous ai porté en lui parlant de votre affaire,
» a cru convenable que je vous prévinsse moi-
» même de ses dispositions.

» Je vous engage donc à faire ce que vous
» étiez disposé à exécuter vous-même, d'après
» ce que vous m'aviez dit, c'est de suivre ce que
» la justice vous prescrira.

» Agréez, etc.

» Signé, BARON DE FEUCHÈRES. »

M. Hamdan répondit à M. de Feuchères qu'il ferait exactement ce que la justice lui prescrirait, et que quand ses organes auraient prononcé, on le trouverait prêt à obéir.

Le 25 mars, M. le général commandant en

chef pour S. M. le roi des Français, sur la proposition de M. l'intendant baron Vollant, rendit, au nom de Louis-Philippe Ier, un arrêté portant en substance que Haggi Mohamed Amin Seka était reconnu débiteur envers le trésor d'une somme de 318,760 boudjoux, pour valeurs de laines et de matières d'or et d'argent à lui livrées par la régence.

Cet arrêté fut, à ce qu'il paraît, notifié à M. Mendiry, grand-prévôt; car le 28 mars au matin, ce magistrat envoya deux gendarmes à chacun des débiteurs et cautions, et les fit conduire ainsi escortés de chez eux à son cabinet.

Arrivés là, au milieu de cette force armée, il leur déclara verbalement qu'ils eussent à payer les 318,760 boudjoux que réclamait la direction des domaines, sous 24 heures, ou qu'il les y contraindrait par la force.

Après cette allocution, M. le grand prévôt renvoya la partie chez elle avec une escorte de deux gendarmes qui tinrent leurs victimes en charte privée dans leurs domiciles respectifs. Elles ne pouvaient agir sans que toutes leurs démarches fussent épiées. Une investigation aussi extraordinaire les arrêta longtems. Cependant quelques amis s'étant réunis, on parvînt à faire rédiger une protestation et une lettre à M. le général Berthezène; mais elles ne furent point notifiées, parce que l'huissier craignît qu'en prêtant son ministère pour la consommation d'un pareil acte, il ne fut incessamment destitué.

Haggi Mohamed allait enfin s'adresser aux tribunaux et au gouvernement pour obtenir sa liberté et le renvoi de la cause devant les juges qui devaient en connaître, ainsi que cela avait été convenu, lorsque M. Mendiry dont la menace était immuable, après s'être présenté chez M. Rolland de Bussy, juge de paix, pour le requérir d'apposer les scellés sur les propriétés d'Haggi Mohamed, se rendit, en effet, au domicile de ce dernier et fit procéder à cette opposition malgré la protestation la plus mesurée, mais en même tems la plus énergique de la part d'Haggi Mohamed par l'organe de son conseil.

M. Mendiry, à défaut de raisons logiques, répondit que si le conseil ne se retirait, il le ferait empoigner.

Celui-ci insista, mais force fut de partir en renouvelant toutefois sa protestation, au moins devant Dieu, puisque les hommes ne voulaient pas l'entendre.

C'est alors qu'en paix, M. Mendiry continua son opération en faisant séquestrer tout ce qui appartenait à l'ancien directeur des monnaies; le harem même fut l'objet de ses investigations.

Et à la suite de cet attentat, M. le grand prévôt auquel le conseil d'Haggi Mohamed avait rappelé le texte de la capitulation d'Alger qui exprime qu'il ne sera porté aucune atteinte soit aux personnes, soit aux propriétés des habitans, et que leurs femmes seront respectées, fit conduire et mettre au secret ce vieillard, lui interdisant jusqu'à ses communications avec son neveu Hamdan-Ben-Othman-Khoja qui voulait partager sa captivité.

Dans cette occurence, le conseil d'Haggi Mohamed Amin Seka rédigea une lettre à M. le général Berthezène qui ne fut ni signée ni remise, attendu qu'on ne pût pénétrer dans son cachot.

On attendait au lendemain pour faire signer cette lettre qui était ainsi conçue : « Monsieur le
» général, ont l'honneur de vous exposer très-
» humblement Haggi Mohamed Amin Seka, et
» Hamdan-Ben-Othman-Khoja, tous deux négo-
» cians à Alger.

» Qu'ils viennent d'être victimes des actes
» les plus vexatoires et les plus arbitraires qui,
» de mémoire d'homme, aient été commis par
» des Français, même en pays étrangers.

» Et d'abord, Monsieur le général en chef, le
» 28 de ce mois, des gendarmes se sont introduits
» sans ordre, sans aucune autre intervention de
» l'autorité soit judiciaire soit administrative, que
» l'invitation verbale de M. Mendiry, grand pré-

» vôt, dans le domicile des exposans, et se sont
» saisis de leurs personnes, à l'effet de les conduire
» chez ce magistrat pour répondre aux interpella-
» tions qu'il leur ferait.

» Déjà ce premier acte, on va le voir, est atten-
» toire au droit des gens et de défense, mais
» passons.

» Là, le sieur Mendiry déclara aux exposans que
» s'ils ne versaient entre les mains de l'inspecteur
» général des finances, Fougeroux, dans un dé-
» lai de vingt-quatre heures, une somme d'environ
» 700,000 fr. que ce fonctionnaire disait être due
» au trésor par Amin Seka, comme débiteur
» principal, et par Sidy Hamdan, comme cau-
» tion, ils seraient administrativement saisis, exé-
» cutés en leurs meubles et personnes.

» Les exposans forts de la légitimité de leurs
» droits, garantis par le traité du 5 juillet dernier;
» certains d'ailleurs que Amin Seka prétendu
» débiteur de la ci-devant régence d'une somme
» de 700,000 fr. ne l'était nullement, et que con-
» séquemment, Sidy Hamdan ne pouvait être
» inquiété comme caution, se bornèrent à récla-
» mer qu'il fut statué et sur les prétentions du
» sieur Fougeroux, au nom qu'il agissait, et
» sur leurs moyens de défense par les tribunaux
» compétens.

» Mais loin d'obtempérer à d'aussi justes récla

» mations, ce matin leur domicile a été envahi
» sur les onze heures par cinq à six gendarmes,
» a été violé de nouveau le même jour par M.
» Mendiry qui a fait apposer les scellés, malgré
» les protestations les plus pressantes et les plus
» respectueuses.

» Non contens de cette exécution, et comme
» s'ils n'eussent pas assez violé la capitulation, ils
» ont encore pénétré dans le harem, lieu de re-
» traite des femmes, et porté ainsi l'atteinte pré-
» vue par l'art. 5 de ce même acte de capitulation.
» Et, à la suite de tous ces attentats, sans doute
» pour les couvrir d'un voile impénétrable, les
» exécuteurs des volontés du fisc ont fait empri-
» sonner et mettre au secret Amin Seka.

» En France, Monsieur le général, et sous le
» règne de l'arbitraire on disait ici : *Si le roi le sa-*
» *vait!...* Les exposans disent: *La France le*
» *saura!!!*

» Un dernier refuge, avant d'aller plus loin,
» est dans les principes d'équité qui vous distin-
» guent; ils osent espérer que, fidèle aux précédens
» de votre vie entière, vous ordonnerez la main-
» levée des scellés indûment apposés et la mise en
» liberté d'Amin Seka, et le renvoi de la cause
» devant les tribunaux compétens pour connaître
» du double attentat qui vient d'être commis.

» Mais si les ennemis des exposans étaient par-

» venus par de perfides insinuations à surpren-
» dre un esprit aussi juste que le vôtre, ils se ver-
» raient forcés d'en instruire la nation tout en-
» tière ; votre honneur y est intéressé ; et devant
» l'exposé des faits, vous désavouerez l'acte bru-
» tal des agens du fisc.

» Dans le cas contraire, ils porteront devant la
» chambre des députés, dans le cabinet du roi,
» devant le conseil des ministres, plainte contre
» les coupables.

» Agréez, etc. »

Une chose qu'on remarquera à la lecture de cette lettre, c'est qu'alors on ignorait entièrement l'existence de l'arrêté du 25 mars, dont nous avons parlé plus haut.

Mais pendant ce tems le sieur Fougeroux s'introduisit, accompagné du Juif Durant, à la prison où Amin Seka était au secret.

Arrivés là, ils parvinrent à lui faire souscrire un billet de 70,000 boudjoux, soit 130,200 fr. payables à quinze jours de date. Amin Seka éloigné de tous ses parens, relégué dans une prison, céda aux menaces qu'on lui fit de l'embarquer à l'instant même.

Ainsi fut consommé le billet qui portait qu'au moyen du paiement que ferait Haggi Mohamed de ce billet, l'arrêté qui le constituait débiteur de 318,760 boudjoux, soit 572,793 fr. 60 serait rapporté, et qu'il ne pourrait lui être fait aucune autre réclamation, le paiement devant éteindre toute prétention du gouvernement contre lui à raison de sa gestion,

Le lendemain de la signature de ce billet, le sieur Fougeroux se rendit chez le muphty :

Qui dit que l'article du livre n'exprimait pas 13,710 quintaux ni 130,710 quintaux, mais bien 1300 quintaux et 710 liv.

Puis pour mettre l'arrêté d'accord avec le billet, un arrêté sous la date du 4 avril, porta qu'Amin Seka n'était débiteur que de 70,000 boudjoux, savoir :

Pour 1300 quintaux de laine.
Pour 250 bottes d'argent.
Pour 150 idem.
Pour 10 idem d'or.

Et, dans l'arrêté du 4 avril, il fut enjoint à M. le payeur de l'armée de recevoir le montant du billet, et de payer la gratification de 2,000 boudjoux à Durant.

C'est ainsi que Haggi Mohamed Amin Seka recouvra sa liberté.

Sur ces entrefaits, MM. Vollant et Fougeroux partirent.

Amin Seka se présenta chez M. Bondurand, nouvel intendant général, demandant comme faveur communication des pièces en vertu desquelles on lui faisait payer 130,200 francs.

M. l'intendant général répondit : « *Présentez-moi une requête, et je vous ferai donner communication des titres.* »

Voici la requête sous la date du 11 avril :

« Monsieur l'intendant, depuis mon emprison-
» nement arrivé le 29 mars dernier, relativement
» à 318,760 boudjoux que l'administration des
» domaines me réclamait comme étant dûs à l'an-
» cienne régence, j'ai souscrit dans ma prison
» un billet de 70,000 boudjoux payable à quinze
» jours. J'ai cherché les pièces pour prouver que
» je ne suis point débiteur, mais il me manque,
» et il m'a toujours manqué dans cette affaire la
» communication des livres de la régence d'où on
» a tiré les articles dont on fait des titres contre
» moi.

» J'ai donc recours, Monsieur l'intendant, à
» votre justice pour qu'il vous plaise de me faire
» donner communication de ces registres.

» Veuillez, etc. »

La requête resta sans réponse.

Le 12 au matin, Mohamed en adressa une autre à M. le président de la cour de justice :

« Monsieur le président,

» A l'honneur de vous exposer très-humble-
» ment Haggi Mohamed Seka, ancien directeur
» des monnaies sous la régence,

» Qu'au mépris de toutes les lois et surtout
» encore de l'acte de capitulation de la ville d'Alger,
» il a été arrêté et incarcéré le 29 mars dernier,
» en vertu d'un arrêté signé Berthezène et Vollant
» sous la date du 25 mars aussi dernier.

» Que cet arrêté le constituait débiteur d'une
» somme de 318,760 boudjoux qu'on prétendait
» qu'il devait à l'ancienne régence.

» Qu'avant cet acte extraordinaire, provoqué
» par un sieur Fougeroux, inspecteur général
» des finances, il avait fait tous les efforts pour être
» jugé, mais que contre son attente et arbitrai-
» rement, il a été emprisonné et mis au secret,
» après qu'on eût apposé les scellés sur ses pro-
» priétés.

» Que cependant, tandis qu'il était au secret,
» ledit Fougeroux se présenta accompagné d'un
» nommé Durant, à son cachot, où ils lui fi-
» rent souscrire par des menaces un billet de
» 70,000 boudjoux payables à quinze jours de
» date.

» Qu'au moyen de cet engagement, M. l'ins-

» pecteur général des finances transigea et accorda
» quittance de toutes les sommes qu'on réclamait.

» Qu'alors même que l'exposant aurait été dé-
» biteur, la transaction serait nulle par l'effet de
» la disposition des articles 1,111 et 1,112 du Code
» civil, et parce que le sieur Fougeroux n'était
» pas capable pour transiger sur les intérêts de
» l'administration sans l'autorisation du roi des
» Français.

» Qu'elle est encore comme ayant été passée
« sous les verroux.

» Pourquoi, vu ce qui précéde, il vous plaise,
» Monsieur le président, autoriser l'exposant à
» faire citer à votre prochaine audience, les sieurs
» Bondurand, intendant général de l'armée, et
» Benadet, inspecteur général des finances, pour
» voir dire et juger : que l'obligation de 70,000 b.
» souscrite au profit du directeur des domaines
» sera déclarée nulle et comme non avenue;
» qu'icelle sera visée, paraphée et déposée *ne*
» *varietur* au greffe de la cour pour être au besoin,
» par M. le chancelier, représentée en justice.

» Condamner lesdits sieurs Bondurand et
» Benadet aux dépens.

» Sans préjudice de l'action criminelle du sieur
» Haggi Mohamed contre les provocateurs, au-
» teurs et exécuteurs des actes dont s'agit, pour
» raison de la séquestration de sa personne, et de

» tous les dommages et intérêts, pour lesquels ré-
» serves les plus expresses sont faites.. »

M. le président repondit :

Alger le 12 avril 1831.

« Monsieur,

» J'ai pris connaissance de la requête que vous
» m'avez adressée ce matin pour demander l'auto-
» risation de faire citer à comparaître devant la
» cour de justice MM. l'intendant en chef et l'ins-
» pecteur des finances, pour entendre dire et
» juger que l'obligation de 70,000 boudjoux sous-
» crits par vous au profit du directeur des do-
» maines soit déclarée nulle et non avenue.

» Je m'empresse d'y répondre qu'elle ne peut
» être admise par la cour :

» 1° Parce que l'affaire dont s'agit étant pure-
» ment administrative n'est pas de sa compétence,
» et ne peut être portée que devant le conseil
» d'état.

» 2° Parce que les personnes que vous mettez en
» cause ne sont pas justiciables de la cour de
» justice.

» 3° Parce que les art. 1,111 et 1,112 du Code
» civil que vous invoquez, ne peuvent vous être
» applicables en votre qualité de Musulman, tant
» qu'Alger n'aura pas été soumis à la législation
» française.

» Je n'entrerai point d'ailleurs dans l'examen
» du fond de la question dont je ne suis pas apte
» à connaître; mais je dois vous observer que,
» dans aucun état de choses, je n'aurais pu ad-
» mettre une requête dans laquelle vous vous
» écartez d'une manière que je me dispense de
» qualifier, du respect dû au général en chef et
» aux principales autorités qui vous gouvernent

» J'ai l'honneur de vous saluer,

» Le vice-président de la cour de
» justice d'Alger :

» Signé, Florant Thierry. »

Le billet n'était point encore échu, cependant on en réclamait le paiement. Pour éviter une incarcération nouvelle, M. Amin Seka écrivit à son neveu Hamdan de payer, et de suite celui-ci écrivit à M. Marc Bacuet, banquier à Alger, la lettre suivante :

« J'ai l'honneur de vous prévenir que mon on-
» cle a souscrit le 29 mars dernier, un billet a
» quinze jours de date à l'ordre de l'inspecteur
» général des finances de la somme de 70,000 b.
» Cet effet a été souscrit en prison, et moyen-
» nant quoi le trésor représenté par le sieur Fou-
» geroux a éteint une prétendue créance de

» 318,760 b. J'ai depuis vainement demandé à
» être jugé.

» J'ai également demandé communication des
» titres en vertu desquels mon oncle, dont je suis
» le procureur général, est débiteur, je n'ai pu
» les obtenir.

» J'ai également présenté une requête à la cour
» de justice qui l'a refusée.

» Dans cette alternative, pour éviter un nouvel
» emprisonnement de mon oncle, je vous prie de
» payer les 70,000 b. au porteur du billet.

» Toutefois, et pour me mettre à même de faire
» mes réclamations devant les autorités compéten-
» tes, je vous prie de retirer quittance au bas du
» titre, en protestant que vous payez, mais comme
» forcé contraint, attendu que les voies judiciaires
» me sont fermées à Alger par le rejet qu'a fait la
» cour de justice de ma requête.

» Je porte donc à votre crédit 70,000 b., vous
» demandant de m'en débiter et de m'accuser ré-
» ception de la présente.

» J'ai l'honneur, etc. »

Le banquier répondit : « J'ai reçu la lettre que
» vous m'avez fait l'honneur de m'écrire le 12
» courant, me portant l'avis du paiement d'un
» billet de 70,000 boudjoux, souscrit par

» M. Haggy Mohamed, votre oncle, au profit du
» trésor. *J'ai été obligé de payer cette somme, le*
» *12 courant, jour de réception de votre lettre,*
» *parce que les agens du fisc m'ont dit que si cette*
» *somme n'était payée le jour même avant quatre*
» *heures,* Monsieur votre oncle serait de nouveau
» *emprisonné*, ainsi cette valeur du 12 courant
» que votre compte a été débité des 70,000 b.
» ci-dessus dont je vous prie de me créditer.

» J'ai retiré des mains du payeur de l'armée
» l'engagement de Monsieur votre oncle. J'avais
» également demandé le cautionnement que vous
» aviez fourni ainsi que M. Ben Esaiggi dans cette
» affaire, *mais je n'ai pu l'obtenir* ; Monsieur l'ins-
» pecteur des finances ainsi que l'intendant en
» chef ont prétendu ne pas l'avoir.

» Le susdit billet qui avait été acquitté le 12 cou-
» rant par le payeur de l'armée qui a reçu les
» fonds, a de nouveau été acquitté sous la date
» du 18 courant par M. Devout, receveur des do-
» maines et des revenus publics, qui a biffé le
» premier acquit prétendant avoir seul le droit
» d'acquitter cette pièce.

« J'ai l'honneur, etc. »

Après tant de malheurs et de dénis de justice,
Mohamed s'adressa à Monsieur le ministre des fi-

nances pour obtenir la restitution de la somme importante illégalement réclamée, illégalement payée. Il lui présenta un mémoire dont nous avons extrait tout ce que nous venons de rapporter.

La réponse de M. le ministre a été que la somme avait d'abord été fixée *sur les livres de la régence* à 318,760 boudjoux, mais que plus tard Amin Seka ayant invoqué un livre tenu par un autre écrivain, une vérification a été faite par les membres *de la justice maure assemblés à cet effet et qu'à la suite de leur décision,* un nouvel arrêté du général en chef réduisit la somme à 70,000 b. définitivement exigés et payés.

Au fond, la créance était fondée sur des registres authentiques, inattaquables, et cependant Amin Seka fut admis à faire ses observations, qui n'ont pas prouvé qu'il se fût libéré. Donc il n'y a pas eu d'arbitraire, au contraire, on a réduit en sa faveur une créance établie.

Quant à la forme. Débiteur des deniers de l'état, c'était la voie administrative, et non la voie judiciaire qui devait être prise.

Du reste, c'est après quatre mois de négociations qu'il a fallu, tous les moyens de conciliation épuisés, avoir recours *à la contrainte par corps,* qu'il pouvait d'ailleurs éviter en se libérant, sauf son recours. Le billet n'a d'ailleurs été payé qu'à son échéance.

Tels sont les motifs à la suite desquels M. le ministre a prononcé le rejet de la réclamation de Mohamed Amin Seka.

Mohamed s'est pourvu devant le roi en son conseil.

L'exposé simple et fidèle des faits suffit pour le succès de cette cause. Il ne nous reste que peu de mots à ajouter pour repousser les motifs de la décision de M. le ministre.

Avant tout, la question du procès est ici : *La somme était-elle dûe ?*

La réponse est écrite dans les observations présentées par Mohamed (pages du 386 présent mémoire.)

Cette réponse prouve victorieusement qu'il n'y avait pas de créance établie 1° Le livre ne disait pas ce qu'on lui a fait dire ; 2° il n'aurait pas suffi pour prouver la créance ; 3° les lettres de la maison Neftali Busnach prouvaient le paiement de 1310 quintaux de laines ; les témoignages qu'invoquait Mohamed auraient prouvé que la seconde créance était soldée; la troisième note ne pouvait concerner que le chef des Juifs; la quatrième ne disait rien, et le pillage du trésor anéantissait tout droit de réclamation relativement à la cinquième.

M. le ministre veut s'appuyer sur une décision rendue par les membres de la justice maure, réunis à cet effet. Qu'est-ce à dire ? existe-t-il un jugement ? non.

Le prétendu débiteur a-t-il comparu devant des juges ? Non.

A-t-on usé de quelques-unes des formes voulues par la loi du pays pour établir la dette ? Non.

Ni le tribunal du cadi, jugeant en première instance, ni le tribunal des hanaphi et de malaki, jugeant souverainement avec le muphti n'a rendu aucune décision. On n'en produira pas. Il est donc certain qu'il n'y a pas de jugement.

EN LA FORME.

C'était par la voie administrative et non par la voie judiciaire qu'on devait poursuivre le débiteur. Oui, s'il y avait un débiteur ; mais où est le titre ? Dans vos notes et non ailleurs. Or, Alger n'était pas un pays sans tribunaux et sans loi. Et ni un tribunal d'Alger, ni un tribunal français n'a déclaré Mohamed débiteur.

Après quatre mois de négociation il a fallu recourir à la contrainte par corps !

Ne dirait-on pas que sur un jugement ou une décision légalement rendue et signifiée, Mohamed a refusé le paiement d'une dette certaine, et qu'on s'est vu contraint d'exécuter ?

Rien de cela, des notes déniées par lui, réfutées, anéanties ; cautions fournies, proposition de soumettre le débat au juge compétent et de payer de suite, s'il y a condamnation, et c'est dans cet état de choses qu'on s'empare violemment d'un vieillard, qu'on le précipite dans un cachot, et qu'on lui fait souscrire un billet de plus de 130,000 fr.; non, non, ce n'est pas là de la justice à la française. Les Turcs eux-mêmes n'ont pas recours à une pareille tyrannie.

Le billet n'a été payé qu'à son échéance.

Il en serait ainsi qu'il n'en serait pas moins nul: 1° parce qu'il n'y avait pas de titre légal ; 2° parce qu'il y a violence et absence de liberté.

Mais il est évident qu'on a payé même avant l'échéance; le billet le prouve.

On a donc trompé M. le ministre des finances, et contre la foi des traités, contre les lois, une administration française a exigé, par des moyens violens, le paiement d'une somme importante qui n'était pas due.

Nous concluons dans les termes suivans :

Attendu qu'il n'y avait aucune obligation ni titre légal qui établissent la prétendue créance de la régence contre Mohamed;

Attendu qu'aucune décision légale ne l'a consacrée;

Attendu que, renfermé dans une prison, il a consenti à souscrire une obligation sans cause;

Attendu que ce qui est payé sans être dû est sujet à répétition;

Attendu qu'une obligation extorquée par violence est nulle;

Plaise au roi, en son conseil d'état, ordonner en faveur de Haggi Mohamed Amin Seka la restitution de la somme de 130,200 francs avec intérêts depuis le 12 avril 1831, sauf et réservé au gouvernement français le droit de faire valoir ses prétendus titres ainsi qu'il avisera.

PRODUCTION.

1° Certificat signé par plusieurs capitaines.

2° Attestation du capitaine de lazaret, constatant que les laines embarquées à Alger pour compte de la régence ont été remises à la maison Busnach et Neftali.

3° Quatre lettres constatant que la laine était pour compte de la régence, n° 1 à 4.

4° Certificat constatant le pillage de la Seka.

5° Lettre de M. Bacquet, banquier, relativement au paiement fait au trésor.

6° Obligation de Haggi Mohamed Amin Seka de 70,000 boudjoux au profit du trésor.

7° La décision de M. le ministre de la guerre

en date du 16 novembre, relatée par sa lettre du même mois.

Signé, A. CRÉMIEUX,
avocat aux conseils du roi.

PIÈCE N° 8.

Proclamation adressée aux Coulouglas,(1) fils des Turcs et des Arabes qui habitent la régence d'Alger, par l'armée française.

« Nous, les Français, vos amis, partons pour Alger. Nous allons en chasser les Turcs, vos tyrans, qui vous persécutent, qui vous volent

---

(1) Terme qui désigne tous les descendans des Turcs, nés sur le sol arabe. Cette désignation se conserve pendant plusieurs générations. Les Colouglas sont nombreux dans la régence; ils y sont considérés comme les notables et ils font partie de la secte dite *Hanaphy*. Voilà pourquoi le général en chef s'est adressé à eux.

tous vos biens et les produits de vos terres, et qui ne cessent de menacer vos vies. *Nous ne conquérons pas la ville pour en demeurer les maîtres.* Nous le jurons par notre sang. *Soyez unis à nous, Soyez dignes de notre protection, et vous régnerez, comme autrefois, dans votre pays, maîtres indépendans de votre sol natal.*

» Les Français agiront avec vous comme ils agissaient il y a trente ans, avec vos frères bien-aimés les Egyptiens, qui, depuis notre départ n'ont cessé de nous regretter, et qui même envoient leurs enfans pour être instruits dans la lecture, l'écriture et tous les autres enseignemens ou arts quelconques. Nous nous engageons à respecter vos trésors, vos propriétés et votre sainte religion ; car notre roi qui est le bienfaiteur de notre heureuse contrée, protège toutes les religions. Que si vous vous défiez de nos paroles et de la force de nos armes, retirez-vous, et laissez le champ libre à nos bataillons; mais ne vous joignez pas aux Turcs, vos ennemis et les nôtres. Restez en paix, les Français n'ont pas besoin d'auxiliaires pour battre et chasser les Turcs. Nous sommes vos amis sincères, et nous le serons toujours. Venez à nous, vous nous ferez plaisir, et notre amitié vous sera avantageuse. Si vous nous apportez des vivres, des fourrages, des bœufs et des moutons, nous vous les paierons aux prix des marchés. Si vous craignez nos armes, indiquez-nous une place où nos soldats puissent aller sans armes et vous prouver leur bonne foi, en vous remettant leur argent en échange des provisions que vous leur fournirez. Par ce moyen, votre confiance nous sera acquise, et nous vivrons en paix pour votre bonheur et pour le nôtre. »

Cette proclamation était distribuée par le consul français à Tunis.

PIÈCE N° 9.

TRADUCTION.

Proclamation du maréchal Bourmont, commandant en chef de l'armée française aux habitans de la régence d'Alger.

« AU NOM DE DIEU !

» O seigneurs kadys, shérifs, vlémas, notables et vieillards ! recevez de moi le parfait salut d'un cœur sincère avec respect et vénération.

» Mes amis, les habitans d'Alger, et vous peuples des tribus ! sachez, Dieu vous conduise en bon chemin, que S. M. le roi de France, mon maître, m'a nommé général en chef de son armée victorieuse; et que votre pacha, pour avoir insulté le drapeau français par son ignorance, a encouru le châtiment du gouvernement français et vous a exposé à cette guerre.

» Dieu a animé de courage S. M. le roi de France, et malgré sa clémence et sa sensibilité naturelles, lui a permis de punir votre pacha. Le destin a voulu que votre pacha soit malheureux et persécuté parce qu'il le méritait.

» Quant à vous, habitans des tribus et des villes, sachez que je ne viens pas pour troubler votre repos ni pour vous faire la guerre. Soyez rassurés d'une manière positive que personne ne sera troublé dans ses occupations ni dans son commerce; qu'aucune propriété ne sera violée ni aucun ménage. Nous ne sommes pas venus comme des dévastateurs ni des destructeurs, mais bien comme les amis de l'ordre.

» Habitans! je vous assure sur mon honneur que j'exécuterai fidèlement toutes mes promesses; je vous garantis que votre pays, votre sol, vos habitations, vos jardins, etc., etc., soit aux petits, soit aux grands, que le tout restera dans le même état, et que personne parmi nous ne se permettra de vous déposséder de la moindre des choses.

» Habitans! Croyez à cette vérité et à ma sincérité! comme je prends aussi vis-à-vis de vous de remplir l'engagement que je fais d'une manière solennelle, et vous promets d'une manière irrévocable et non équivoque que vos mosquées et chapelles seront respectées, et que votre culte sera toujours exercé librement, comme cela était auparavant. Notre présence sur votre territoire n'est pas pour faire la guerre à vous, mais seulement à la personne de votre pacha qui, par ses procédés est cause qu'il est persécuté.

« Vous connaissez fort bien que son administration était mauvaise, et que son caractère était insupportable; donc par ses actes, bientôt tous vos biens auraient été pillés, vos personnes exterminées, et votre pays entièrement ruiné. Il n'avait pas d'autre désir que de vous rendre pauvres et malheureux. Il est étonnant que vous ne voyez pas clairement l'avenir qui vous était destiné, et que votre pacha ne s'attachait qu'à ses propres intérêts. Il avait en sa possession les meilleures terres, il habitait les plus beaux palais; les plus beaux chevaux, les armes de luxe et les plus riches, les habits les plus magnifiques étaient pour sa jouissance.

« O mes amis, habitans de ce continent, la Providence divine ne veut pas que votre pacha, que celui qui vous opprimait agisse de la sorte; c'est par sa grande clémence qu'il lui a permis, jusqu'aujourd'hui, des actes injustes. Dieu a voulu sa décadence; Dieu a mis un terme à la puissance de votre pacha; le résultat de toutes ces choses sera pour votre bonheur. Hâtez-vous de profiter de la circonstance : Dieu vous envoie sa lumière, ouvrez les yeux pour la voir. Eveillez-vous de votre sommeil léthargique; n'oubliez pas vos intérêts; abandonnez votre pacha pour suivre nos sages conseils, qui ne tendent qu'à vous rendre heureux. Sachez que Dieu ne veut que le bien-être de ses créatures. Jugez de tout selon le libre arbitre que la Providence vous a accordé. Sachez, Musulmans, que ces paroles sont dictées par un cœur sincère; que je n'ai d'autre but que de voir la fraternité et la paix exister parmi vous.

» Envoyez-nous vos parlementaires, et nous nous entendrons avec eux. Nous prions Dieu pour vivre en bon accord avec vous et pour que les avantages soient réciproques.

» Quand vous serez certains que tous nos sentimens ne tendent qu'à vous rendre heureux, alors vous enverrez des vivres pour nos troupes victorieuses, de la farine, du beurre, de l'huile, des bœufs, des moutons, des chevaux, de l'orge etc., etc. Aussitôt que nous recevrons vos denrées, nous les paierons comptant, et selon le prix que vous fixerez; et, dans le cas où vous voudriez nous tenir tête et nous faire la guerre, que Dieu vous préserve de cette pensée, vous vous exposeriez à des dangers incalculables; vous vous exposeriez à nos châtimens. Sachez que ce serait contre notre volonté et contre notre désir si nous vous faisions la guerre, et que notre armée s'emparerait de vous sans la moindre peine. Sachez que Dieu a voulu que nous soyions victorieux, et que, comme sa sainte volonté est toujours exécutée, les victorieux seront clémens; qu'ils ne feront pas usage de leur puissance vis-à-vis des faibles. Dieu ne veut donc pas la destruction de ses créatures, si ce n'est celle des perturbateurs et des méchans; ne vous exposez pas à notre fureur; écoutez nos sages conseils; sachez, seigneurs et amis, que le langage que je tiens envers vous est la pure vérité. Il dépend de vous d'accepter nos propositions, et vous ne laisserez pas échapper cette occasion. Votre malheur dépend de votre refus. Écoutez donc bien mes avis salutaires. Soyez assurés que je ne suis que l'organe de la personne de mon auguste maître et souverain. C'est une promesse solennelle et irrévocable que, dans le cas où vous entreriez dans nos vues, vous jouiriez de ces avantages.

Salut à tous ceux qui m'écoutent et qui obéiront.

PIÈCE N° 10.

Le 16 septembre 1833.

Requête adressée au roi,

Sire,

J'ai eu l'honneur d'adresser, à V. M. une requête le 10 août dernier, afin d'implorer sa bienveillance en faveur des infortunés Algériens mes compatriotes.

Depuis cette époque, une commission d'enquête a été formée. Les Algériens pensent que les membres de cette commission ne négligeront aucune mesure pour obtenir des éclaircissemens dans cette importante mission, et que les griefs qui ont été exposés par plusieurs de mes compatriotes ainsi que par moi, auprès de votre gouvernement, seront examinés avec scrupule et que le résultat sera favorable aux peuples qui habitent une contrée qui est sous la tutelle de V. M.

Je suis chargé de la part des principaux habitans d'Alger de remettre une requête à V. M. que je supplie de recevoir favorablement. Si les habitans de la ville d'Alger, osent s'adresser à V. M. pour lui faire part de leurs souffrances c'est parce qu'ils espèrent en sa compassion et en sa grandeur d'âme.

Tout l'intérieur de la régence est sous l'influence d'un génie destructeur; la guerre décime chaque jour les Africains et même les braves Français.

Il serait digne de V. M. d'arrêter ce cruel fléau! Il serait digne du roi des Français d'émanciper les Algériens, de rétablir l'harmonie entre les deux peuples, de faire revivre le commerce et l'agriculture dans les contrées de cette autre partie du globe.

Les Algériens ont aussi des droits afin de jouir de la liberté et de tous les avantages dont jouissent les nations européennes.

Je suis avec respect, etc, etc.

Signé : HAMDAN BEN OTHMAN KHOJA.

PIÈCE Nº 11.

Requête adressée au roi par les notables d'Alger.

Les soussignés, notables d'Alger, lesquels ont mis tout leur espoir et toute leur confiance en S. M. le roi des Français et en son gouvernement tout paternel, ont l'honneur de lui exposer très respectueusement.

Que depuis trois ans la providence divine a placé Alger sous son auguste tutelle; que pendant tout ce tems les habitans de ce pays ont eu à supporter des maux de tout genre et les privations les plus grandes. C'est vainement qu'ils ont adressé leurs plaintes et griefs au gouvernement de S. M. ; on n'a tenu aucun compte de leurs réclamations, on n'a redressé aucun tort ; et il semble au contraire que plus on se plaint et plus la situation des habitans s'aggrave.

Les soussignés n'attribuent tout cela qu'à une fatale combinaison, car le même gouvernement français répand ses trésors avec largesse pour la propagation des idées libérales et pour coopérer au bonheur des peuples. Les Algériens seuls ne seront pas exceptés de tant de bienfaits et S. M. le roi des Français voudra bien les considérer comme étant dignes de son attention et de sa bienviellance.

Sidy Hamdan Ben Othman Khoja, au nom des soussignés a pouvoir de présenter cette requête à V. M. Nous lui donnons notre procuration pour nous représenter et faire valoir nos droits, soit à la justice du gouvernement français, soit à la faveur du roi des Français, qui est aussi le père du peuple.

Etre l'appui et le défenseur des Algériens, aider à leur émancipation, voilà ce que nous espérons du meilleur des monarques dont le caractère est empreint de toutes les vertus.

Les soussignés osent exprimer à S. M. le roi des Français leur vive reconnaissance, persuadés d'avance de ses bonnes dispositions en faveur de leur pays.

Ils concluent la présente requête avec les termes les plus humbles et les plus soumis, et chacun a signé de sa propre main.

Ils sont avec respect ;

Ses très-humbles et très-fidèles serviteurs.

Alger le 27 août 1833.

(*Selon les signatures.*)

PIÈCE N° 12.

Certificat constatant l'arrivée du vaisseau la *Bonne Joséphine* au port de Marseille, porteur d'ossemens humains.

Je soussigné, docteur en médecine, certifie avoir reconnu qu'il y avait à bord du bâtiment français la *Bonne Josephine*, capitaine *Périfola* venant d'Alger et chargé d'os, des os appartenant à l'espèce humaine, entre autres des *crânes*, des *cubitus*, des *femurs*, etc., etc.

En foi de quoi j'ai délivré le présent pour servir en cas de besoin.

Marseille, le 14 mars 1833.

Signé, Segaud.

Vu par le commissaire de police de l'arrondissement du grand théâtre pour légalisation de la signature du sieur Segaud, docteur en médecine demeurant rue de la Darcie, n° 26.

Marseille, le 15 mars 1833.

Signé, Davaux.

Vu par nous, maire de Marseille, pour la légalisation de la signature du sieur Davaux, commissaire de police, apposée ci-dessus : à

Marseille, en l'hôtel de ville, le 18 mars 1833.

Signé, M. Massoc, maire.

Je soussigné déclare m'être expressément rendu à bord de la bombarde la *Bonne Josephine* commandée par le capitaine Périfola, Français venant d'Alger, pour vérifier si dans la quantité ou partie d'os qu'il a à son bord il y en a de ceux du corps humain ; après les plus exactes recherches, je certifie que dans ladite partie il y en a d'os humains une quelque quantité.

En foi de quoi je délivre le présent certificat.
Marseille, 26 février 1833.

Signé, Froment, pharmacien.

Vu par le commissaire de police de l'arrondissement du grand théâtre. Vu pour légalisation de la signature du sieur Froment, pharmacien, demeurant sur ledit arrondissement.

Marseille, le 15 mars 1833.

Signé, DAVAUX.

Vu par nous, maire de Marseille, pour légalisation de la signature de M. Davaux, commissaire de police, apposée ci-dessus.

A Marseille, en l'hôtel de ville, le 15 mars 1833.

Signé, C. DIMOYER, adjoint.

Je soussigné Girmar Guillaume, demeurant dans cette ville, déclare qu'ayant fait le déchargement du dernier batiment provenant d'Alger, et qu'il était chargé d'os, j'ai reconnu que dans ledit chargement il existait une quantité d'os humains, tels que *crânes, machoires*, etc.

En foi de quoi j'ai signé la présente.

Marseille, le 11 mars 1833.

Signé, de (†) GIRMAR GUILLAUME.

Je soussigné déclare que la Croix apposée sur la présente a été faite par Girmar Guillaume ne sachant écrire.

Signé, LOUIS BRUNO.

Signé pour le sieur GIRMAR GUILLAUME.

Ledit ne sachant pas écrire :

Signé, FRANÇOIS AAINT.

Le commissaire de police de l'arrondissement de l'Observatoire certifie que le sieur Guillaume Girmar qui a fait une croix en notre présence, est domicilié dans ledit arrondissement.

Marseille, le 12 mars 1833

Signé, Rougon.

Vu par nous, maire de Marseille, pour la légalisation de la signature de M. Rougon, commissaire de police, apposée en l'autre part.

A Marseille, en l'hôtel de ville, le 15 mars 1833.

Signé, Annulle.

Amende, 7 fr. 75 centimes.

PIÈCE N° 13.

Dans le Sémaphore de Marseille du 2 mars 1833, on peut lire une lettre de M. Segaud, docteur en médecine, dont nous avons fait un extrait qui explique comment les sentimens religieux des Musulmans ont été tenus en respect par les conquérans européens d'Alger.

« Marseille, 1ᵉʳ mars 1833.

» J'ai appris par la voie publique que parmi les os qui servent à la fabrication du charbon animal, il s'en trouve qui appartiennent à l'espèce humaine. A bord de la bombarde la *Bonne Joséphine* venant d'Alger et chargé d'os, j'ai reconnu plusieurs os faisant partie de la charpente humaine. J'y ai vu des crânes, des cubitus et des femurs de la classe adulte, récemment déterrés et n'étant pas entièrement privés des parties charnues. Une pareille chose ne devrait pas être tolérée....... En commandant au peuple plus de respect pour les morts, il montrerait peut-être moins de mépris pour les vivans. L'existence des raffineries de sucres de notre cité ne serait pas menacée par la répugnance que l'on commence à manifester pour une substance dans la confection de laquelle entre le corps humain.

» Enfin la politique de notre colonie d'Alger serait plus efficace en nous rendant plus favorables ses ennemis, les Arabes et les Bédouins, qui, instruits qu'on leur enlève les ossemens de leurs frères, sont aujourd'hui dans un état de fanatisme religieux tels qu'ils mettent en pièce et dévorent même quelquefois les Français faits prisonniers. »

Avant de livrer l'ouvrage entier à l'impression j'ajoute une lettre que je viens de recevoir du cabinet de S. M. le roi des Français. Je ferai observer que cette lettre est à la forme d'une circulaire presque tout imprimée puisqu'il ne reste que les noms du ministre et le mien qui sont manuscrits, nous espérons que le gouvernement de S. M.

aura plus de compassion à nos maux et qu'il se hâtera d'y apporter les remèdes.

Voici la copie de la lettre que je reçois à l'instant.

« Paris le 3 octobre 1833.

CABINET DU ROI. SECRÉTARIAT.

»Monsieur,

»J'ai l'honneur de vous prévenir que la pétition que vous avez adressée au roi a été mise sous les yeux de S. M. qui en a ordonné le renvoi à M. le ministre de la guerre dans les attributions duquel se trouve placé l'objet de votre demande, avec les pièces qui l'accompagnaient.

»Recevez, Monsieur, l'assurance de ma considération distinguée.

»Votre très-humble et très-obéissant serviteur.
»Le chef du secrétariat
»*Signé* LASSAGNE.

» A Monsieur Hamdan Ben Othman Khodja, rue des Ecuries d'Artois, n° 9. »

En conséquence des lettres que je viens de recevoir d'Alger j'ai adressé au ministre de la guerre la lettre suivante :

» A l'honneur de rappeler à V. E. qu'à mon arrivée à Paris j'ai adressé des pétitions au gouvernement de S. M. concernant l'état d'Alger. Quoique je n'aie pas reçu de réponse directe qui puisse justifier ma haute opinion, cependant une partie des abus dont nous nous plaignons viennent de cesser, ce qui me console infiniment puisqu'ils sont l'effet de la puissance du gouvernement de S. M. et de son équité; nous osons espérer que le reste de nos plaintes sera dissipé de même.

» D'autant plus que le gouvernement de S. M. a pris la résolution de nommer une commission d'enquête pour s'éclairer sur la vraie situation de notre pays et sur la véracité de nos plaintes. Cependant on me mande d'Alger qu'après l'arrivée de la commission, l'administration s'était avisée d'exercer d'autres rigueurs, c'est-à-dire qu'elle a exigé des propriétaires des biens démolis, sans que la valeur soit constatée ni préalablement payée, le paiement des ouvriers qui ont opéré la démolition. On m'a nommé entre ces propriétaires, le muphty, pour une maison appartenant à une mosquée qu'on lui a démolie; et un coiffeur à qui on a démoli la boutique qui lui procurait son existence, elle n'avait tout au plus que cinq aunes de longueur sur deux de largeur, on a exigé de lui, la somme de 150 fr. 82 cent. Celui qui ne peut satisfaire à ce paiement, on lui propose de déposer les titres de ses biens démolis à la caisse des domaines et de lui céder ses droits.

» Quoique tout ne me regarde pas, j'ai cependant, dans le nombre des biens démolis, des propriétés qui m'appartiennent personnellement et d'autres dont je suis fondé de pouvoirs.

» Les domaines ayant fait cette demande aux autres propriétaires, me la feront sans doute aussi. J'ai donc l'honneur de prévenir V. E., persuadé qu'elle ne peut donner son assentiment à ce qui est contraire à toutes les lois, ce serait comme si l'on coupait la main à quelqu'un et qu'on lui fasse payer l'opération lorsque c'est cette même main qui lui procure son existence.

» J'espère que V. E. prendra mes observations en considération et qu'elle aura compassion de ces infortunés impuissans et esclaves algériens, et qu'elle donnera des ordres afin de faire cesser de pareils abus.

» Recevez, etc., etc., etc.

» Paris, le 5 octobre 1833.

» Signé en arabe :
» SIDY-HAMDAN-BEN-OTHMAN KHOJA. »

PIÈCE N° 14.

J'ai eu à supporter beaucoup d'actes d'oppression; mais lorsque j'étais à Alger je pouvais y remédier, ou du moins en détourner les conséquences fâcheuses; actuellement que je suis éloigné de mon pays afin de défendre les intérêts de tous, on profite de mon absence pour attaquer mes intérêts personnels et un jugement en appel qui avait été rendu en ma faveur a été cassé........
M. Genty de Bussy vient de me faire condamner à payer au sieur Jacob Bacri 7,000 piastres, (35,000 francs).

Je donne ci-dessous la copie textuelle du jugement que j'avais gagné en appel et n'ayant pas encore reçu le nouveau jugement qui me condamne, je ne pourrai le relater que dans le deuxième volume.

Louis-Philippe Ier, roi des Français, à tous ceux qui les présentes verront, salut. L'an mil huit cent trente-deux, et le treize novembre, la cour de justice d'Alger a rendu le jugement suivant :

Entre M. Hamdan-Ben-Othman Khoja, demeurant rue de l'Intendance, n° 9, appelant d'un jugement de midjeles en date du six djomaldi-el-ewel mil deux cent quarante-sept, comparant en la personne du sieur Cappé son chargé de pouvoirs.

Et M. Marc Bellard, agissant au nom et comme cessionnaire des droits et actions de Jacob Coœn Bacri, intimé, comparant en la personne du sieur Ranc, son chargé de pouvoirs.

FAITS.

Le six djomaldi-el-ewel, mil deux cent quarante-sept, le midjele rendit, entre Bacri et Hamdan, le jugement dont la teneur suit :

« Le nommé Hassan-Ben-el-Koubabti, en sa
» qualité de procureur de Sidy-el-Mohamed ex-

» amin el-Seka, a discuté avec Jacob-Ben-Zakhout
» Bacri, relativement à 7,000 piastres fortes
» d'Espagne.

» Jacob a dit: qu'il y a quatre années environ,
» que le Pacha-Hussein l'a dépouillé de ce qu'il
» possédait pour payer ses créanciers; que chacun
» de ceux-ci a reçu ce qui lui revenait, soit par
» son aveu (Bacri), soit par billet, soit par acte;
» que ce fait est constaté chez le juge Israélite;
» qu'il a été acquitté de toutes ses dettes, et qu'a-
» près cette répartition, il lui est resté une solde
» de son avoir dans les mains du dey; qu'après
» ce paiement Sidy Haggi Mohamed Amin-el-Seka,
» de son chef, prit deux caisses et un sac conte-
» nant des piastres fortes d'Espagne et les a en-
» voyées à Sidy Hamdan-Ben-Othman Khoja, par
» le Juif Hassar et autres et que le tout est resté
» au pouvoir dudit Haggi Mohamed, et qu'il a des
» témoins pour prouver ce fait.

» Sidy Hassan, procureur, a nié ce fait, en
» disant que Sidy Mohamed n'a pas connaissance
» de cela et qu'il n'a envoyé à Sidy Hamdan,
» ni sultanis ni deniers.

» Les contestations des deux parties ayant été
» multipliées, la cause a été portée par devant
» le Midjeles, en présence de Sidy-Ben-Guellati,
» muphty des Maliki, el-Sidy-el-Haggi Mustapha
» Ben Ally Muphti-el-Hanaphi, Sidy Mustapha

» Cady-el-Maliki et Sidi Mustapha Cady-el-Ha-
»naphi.

» Chacune des parties a exposé ses raisons et
» les membres de Midjeles ont demandé et dit à
» Bacri de produire ses preuves.

» Il a produit pour témoins el-Haggi-Ally-el-
» Nadjdjar, Ben-Mohamed-el-Zetouni et Sidi Ab-
» del Rahman Bach Chaouet Ben-el-Haggi Moha-
» med Alitaï.

» Le premier témoin a dit: qu'il était dans la
» maison du dey, pour y recevoir l'argent que
» Bacri devait à Sidy-el-Haggi Hassan Ben-el-Haffef
» et qu'il y a vu deux caisses et un sac contenant
» des piastres fortes que le Juif nommé Hassar
» avait prises.

» Il a déclaré de plus qu'il a entendu dire par
» Wekil-el-Kharge Damargi, ainsi que par Mus-
» tapha aussi Wekil-el, que cet argent était pour
» Haggi Mohamed, et qu'après avoir perçu ce qu'il
» avait à recevoir il était sorti conjointement avec
» les autres qui étaient présens pour recevoir ce
» qui leur revenait.

» Le second témoin a dit comme le premier,
» et a ajouté qu'il a fait tirer les deux caisses et
» le sac suscités du magasin et les fit déposer de-
» vant le khaznagy et Haggi Mohamed, et qu'en-
» suite le Juif Hassar et autres qui étaient avec
» lui, les ont pris et portés dehors.

» Le susdit procureur ayant persisté à nier ces
» faits, le tribunal a envoyé appeler Sidy Ham-
» dan qui, ayant comparu, il lui a été demandé
» si cet argent lui avait été envoyé.

» Il a répondu que Sidy Haggi Mohamed Amin-
» el-Seka lui a envoyé l'argent par le nommé Has-
» sar, ainsi qu'un billet de sa main dans lequel
» il ordonnait d'envoyer cet argent au Juif Touro
» Nephtaly Busnach, d'après l'ordre du dey, et
» que cet ordre a été exécuté par l'envoi de l'ar-
» gent.

» Pour lors le tribunal a ordonné à Jacob Bacri
» de produire la liste faite par les juges israélites
» de la distribution et des paiemens faits à ses
» créanciers, et lui a ajouté que si elle est faite et
» signée par les juges et que si la somme en ques-
» tion était inscrite sur la liste, ce serait une affaire
» sur laquelle il ne serait plus à revenir et que
» sinon, non.

» Bacri l'ayant produite et ayant été trouvée
» de l'écriture de l'écrivain du chef des Juifs
» nommé Isaac Ben Schehnoun, le juge israélite
» a dit : qu'il ne pouvait constater cet objet et
» que cela s'était passé en présence du chef de la
» nation israélite, nommé Youssef Coœn, ainsi
» qu'en celle de son écrivain.

» Le tribunal ayant interrogé Youssef Coœn à ce
» sujet, il a répondu que Sidy Haggi Mohamed lui

» avait ordonné d'inscrire sur la liste ledit Busnach
» et lui a donné une place avec les autres et que
» l'argent a été envoyé de la manière susdite.

» Sur ceci, il a été reconnu par les ulémas d'a-
» près la justice, qu'ayant disposé des fonds, lui ou
» celui de qui il tenait l'ordre, sans raison juridi-
» que, il avait commis un acte injuste, et celui
» qui commet un acte injuste est responsable
» dans tous les cas, soit qu'il soit savant ou igno-
» rant, qu'il agit avec dessein ou sans dessein, ou
» qu'il ait été poussé par une influence étrangère,
» qu'il soit grand ou petit, ainsi que cela est
» prescrit dans la doctrine de l'Iman Maliki et des
» autres Imans ; qu'en conséquence Sidy Hamdan
» ne pouvait se dispenser de rembourser l'argent
» à Jacob, sans pouvoir employer aucun prétexte,
» ni être écouté de tous tems.

» Après ce, Jacob a demandé aux ulémas de
» déclarer par une sentence la responsabilité de
» Hamdan, ce qui a été fait, et le cady a prononcé
» ladite condamnation. »

Hamdan forma appel dudit jugement devant la cour de justice sur le motif qu'il n'avait reçu et envoyé l'argent que comme mandataire de Busnach un des créanciers de Bacri.

Le 20 décembre 1831, sur l'appel, la cour de justice rendit un jugement ainsi conçu dans ses dispositions :

« Attendu qu'il résulte du jugement attaqué,
» en appel, devant la cour, que le paiement des
» 7 mille piastres, fait à Busnach, des deniers de
» Bacri, aurait été fait indûment et serait le ré-
» sultat d'une fraude ; qu'Hamdan, condamné
» à la restitution des 7 mille piastres, comme
» ayant participé à ce paiement, prétend avoir
» agi de bonne foi, et en sa simple qualité de
» mandataire, et avoir en conséquence le droit
» d'appeler son mandant en cause ; qu'il doit,
» d'autant plus être admis à former cette demande
» de mise en cause, qu'elle doit être considérée
» comme un moyen de le justifier de sa partici-
» pation à la fraude ; qu'elle tend dans tous les
» cas à amener la preuve que les 7 mille piastres
« fortes étaient dues à Busnach, et qu'alors la de-
« mande en restitution de deniers, intentée par
« Bacri, contre Hamdan, se trouvait éteinte. »

« Maintenant toutes choses en état, et sans
» préjudicier à aucun des droits et moyens res-
» pectifs des parties, ordonne que Bacri soit mis
» en cause, à la requête de la partie la plus di-
» ligente, fixe un délai de trois mois à partir de
» ce jour, pour la mise en cause de Busnach
» avoir lieu, les autres moyens de justification
» d'Hamdan être produits, sinon être passé outre,
» entre Bacri et Hamdan, au jugement du
» procès. »

« Sur la reprise d'instance introduite par Bacri
» en mars, après l'expiration du délai de trois
» mois, Monsieur le procureur du roi éleva un
» conflit d'attribution au nom du conseil d'admi-
» nistration. La cour de justice, par jugement,
» fit droit au réquisitoire de Monsieur le procu-
» reur du roi et admit le conflit d'attribution sur
» les motifs que le paiement fait à Busnach par
» Hamdan des deniers de Bacri, et contre lequel
» réclamait ledit Bacri, aurait été fait avec l'au-
» torisation du khaznagy, premier ministre de
» la régence; qu'il y avait lieu dès-lors de consi-
» dérer ce paiement comme un acte consommé,
» ayant reçu la sanction du gouvernement, alors
» investi de l'omnipotence; que c'était à l'auto-
» rité suprême, seule, que l'on pouvait recourir
» contre ces actes. »

Le 11 août dernier, le conseil d'administration rendit sur le conflit, un arrêté ainsi conçu et motivé :

« Considérant qu'il ne s'agit dans la demande
» de Jacob Cocen Bacri, que de la réparation d'un
» dommage qui lui aurait été causé par Mohamed
» Amin el Seka et Hamdan Ben Othman Khoja,
» de leur autorité privée, et sans ordre officiel
» tout aussi bien que sans motifs légitimes; que
» l'existence de cet ordre, qui seul, pourrait
» donner à l'affaire un caractère administratif,

» est niée par le fonctionnaire auquel il est im-
» puté et n'est d'ailleurs établie par aucune preuve
» contraire ; que dans cet état la cause ne pré-
» sente à juger qu'une question d'intérêt privé ;
» par ces motifs annulle le conflit élevé entre les
» jugemens du midjeles et de la cour de justice
» du six djomaldi el ewel an douze cent quarante
» sept de l'hégire et vingt décembre mil huit cent
» trente-un ; ordonne que lesdits jugemens res-
» sortiront leur plein et entier effet. »

Sur ce jugement, le sieur Bacri a assigné le sieur Hamdan devant la cour de justice, en reprise d'instance, et aux fins de voir la cause pendante entre eux, recevoir jugement au fond. A l'audience, les parties, par le ministère de leurs avocats, ont discuté les faits et leurs moyens respectifs.

M. Cappé, pour Hamdan, a conclu à ce qu'il plaise à la cour décharger Hamdan des condamnations prononcées contre lui; mettre le jugement des midjeles au néant ; renvoyer Bacri, ou ses ayans cause, à se pourvoir contre qui de droit et les condamner aux dépens de première instance et d'appel.

M. Ranc, pour Bacri, a conclu à ce qu'il plaise à la cour confirmer, purement et simplement, la sentence du midjeles, en date du six djomaldi el ewel de l'an de l'hégire douze cent quarante-sept; ordonner qu'elle sortira son plein et entier effet ; en conséquence que Hamdan sera tenu de payer à Bacri, par toutes voies de droit, les 7 milles piastres fortes d'Espagne, dont s'agit ; dire en outre que le jugement à intervenir sera exécutoire nonobstant opposition, appel ou recours en révision ; condamner Hamdan aux intérêts au taux du commerce, du jour de l'acte d'appel, jusqu'à parfait paiement ; condamner de plus Hamdan, en 6 mille francs, à titre de dommages intérêts et à tous les frais de tout genre.

En cet état la cause a présenté à résoudre les questions suivantes :

1° Les tribunaux français, institués depuis la conquête, ont-ils mission de réviser les actes civils ou judiciaires consommés sous le gouvernement du dey ?

2° Faut-il prononcer l'infirmation de la sentence du midjeles ?

3° Y a-t-il lieu à décharger Hamdan des condamnations portées contre lui par les premiers juges et à renvoyer Bacri ou ses ayans droit à compter avec Busnach ?

4° *Quid* des dépens ?

La cour :

Après avoir délibéré, conformément à la loi,

Vu le jugement rendu par le midjeles, en date

du six Djomaldi-el-Ewel mil deux cent-quarante-sept;

Vu l'acte d'appel dudit jugement fait par Hamdan;

Vu les jugemens de la cour de justice, en date des vingt décembre mil huit cent-trente-un, et vingt-quatre mars mil huit cent-trente-deux;

Et la décision du conseil d'administration, en date du onze août mil huit cent-trente-deux;

Vu la demande formée par Bellard, au nom et comme cessionnaire des droits et actions de Bacri;

Entendu les parties;

Ouï le ministère public en ses conclusions,

Attendu que, suivant les faits établis par le jugement, dont est appel, faits qui ne sont pas contestés par les parties, Hamdan n'a reçu les piastres contenues dans les sacs, transportés de la Casauba, à son comptoir et provenant des deniers de Bacri que comme mandataire de Busnach;

Qu'il ne résulte pas qu'il les ait reçues frauduleusement;

Qu'il appert au contraire qu'elles lui ont été remises ostensiblement et avec l'approbation au moins tacite du Khaznagy;

Que cette approbation du Khaznagy, premier ministre du souverain, qui exerçait alors à Alger l'autorité suprême, doit être considérée comme une autorisation suffisante du paiement fait à Hamdan pour Busnach, paiement contre lequel Bacri n'a pas réclamé, lors ni depuis jusqu'à l'occupation française;

Que l'on ne saurait contester aujourd'hui la validité de cette autorisation, sans revenir sur un fait consommé et agiter ainsi des questions qui tendraient à troubler les droits acquis et à jeter la perturbation dans la société;

Qu'en conséquence le paiement fait pour Busnach à Hamdan, qui justifie d'ailleurs de son mandat, par sa correspondance, ne peut être attaqué, quant au droit qu'avait Hamdan de recevoir, et que ledit Hamdan n'encourt d'autre responsabilité, pour ce paiement, que celle résultant à l'égard de son mandat de sa qualité de mandataire.

Que l'action qui pourrait compéter, au surplus, à Bacri dans les cas où le paiement aurait été indûment fait, suivant ce principe de droit et d'équité, consacré par l'article 1235 du Code civil français, savoir : *que ce qui a été payé sans être dû est sujet à répétition;* ne saurait lui compéter, contre Hamdan, qui n'a agi que comme mandataire, mais seulement contre Busnach auquel le paiement a été réellement fait;

Attendu, en outre, que le jugement du vingt

décembre, dont excipe Bellard n'a été que préparatoirement rendu ; qu'il l'a été, sans préjudicier à aucuns des droits et moyens respectifs des parties ; qu'il n'a fait que disposer d'un délai de trois mois fixé, après lequel, faute par l'une ou l'autre des parties d'avoir mis Busnach en cause, il serait passé outre au jugement définitif ;

Que dès lors la question débattue, aujourd'hui, entre Bellard et Hamdan, ne se trouve en rien jugée par ce jugement ;

Par ces motifs :

Dit qu'il a été mal jugé par le jugement des Midjeles, dont est appel ;

Bien et duement appelé ;

Faisant droit aux conclusions d'Hamdan met ledit jugement au néant.

Et statuant par jugement nouveau ;

Déboute Bacri ou soit Bellard, en son lieu et place, de sa demande contre Hamdan en restitution de sept mille piastres, provenant des deniers de Bacri, et remises audit Hamdan, pour le compte de Busnach, lui réservant au surplus, ses droits et actions contre ledit Busnach.

Condamne Bellard aux dépens.

Fait et prononcé en audience publique, en la cour de justice d'Alger, les jour, mois et an que dessus, où siégeaient Messieurs Benjamin Vincent, juge, faisant fonctions de président, Jobert, juge, et Granet, juge suppléant;

Enregistré à Alger, le vingt-un novembre mil huit cent-trente-deux, folio 157, liv. 2, n. 2792, deuxième série;

Reçu cinq francs, *Signé* Garson.

Mandons et ordonnons à tous huissiers, sur ce requis, de mettre le présent à exécution ; aux procureurs du roi, près les tribunaux, d'y tenir la main ; aux commandans et officiers de la force publique, d'y prêter main-forte lorsqu'ils en seront légalement requis ; en foi de quoi le présent a été signé, en la minute, par le juge de la cour faisant fonctions de président et par le greffier,

Signés B. Vincent, J.-B. Mourgues.

Signé Aug^{te} Ferrain.

TABLE ANALYTIQUE.

                                      Pages.

Préface. 1

LIVRE PREMIER.

Chapitre Iᵉʳ.	Des Bédouins et de leur origine. . .	3
Chapitre II.	Mœurs et origine des Barabers. . .	15
Chapitre III.	Suite des mœurs et des usages des Barabers.	19
Chapitre IV.	Des habitans de la plaine, de leurs mœurs et usages.	25
Chapitre V.	De la Mitidja, et des mœurs et usages de ses habitans.	48
Chapitre VI.	Des habitans de la partie occidentale.	58

TABLE DES MATIÈRES.

Pages.

Chapitre VII.	Sur Alger.	68
Chapitre VIII.	Du gouvernement turc, et de son organisation et de son origine.	75
Chapitre IX.	De la manière d'armer les corsaires à Alger, et de la distribution des prises.	88
Chapitre X.	Du Dey, de son gouvernement et des différentes coutumes.	98
Chapitre XI.	Définition du droit des terres, et du mode de percevoir les contributions.	123
Chapitre XII.	De la décadence du gouvernement turc.	129
Chapitre XIII.	Sur l'intérieur de la régence, et de quelques observations sur Hussein-Pacha, dernier dey d'Alger.	145

LIVRE SECOND.

Chapitre Ier.	De la guerre et de ses causes.	163
Chapitre II.	Relation de l'arrivée de l'armée à Sidy Frrage.	174
Chapitre III.	Détails circonstanciés sur tout ce qui s'est passé lors de l'entrée du maréchal Bourmont à Alger.	198
Chapitre IV.	De l'occupation militaire, et des abus commis par cette occupation.	208
Chapitre V.	Sur les beys depuis l'invasion française.	214
Chapitre VI.	De l'administration du maréchal Bourmont.	220
Chapitre VII.	Sur les événemens de l'Arsenal, et sur l'occupation militaire.	228

		Pages.
Chapitre VIII.	Suite de l'occupation militaire, conduite des principaux officiers.	233
Chapitre IX.	De Mustapha Boumezrag, dey de Titery.	242
Chapitre X.	Suite de l'administration du général Clauzel, et de ses campagnes de Mediah et Belida.	245
Chapitre XI.	Sur les dotations pieuses, dites Wakfe, etc.	276
Chapitre XII.	Explication sur les possessions des Européens à Alger.	310

RÉCLAMATIONS

ET PIÈCES JUSTIFICATIVES.

Pièces N° 1.	Requête au Ministre de la guerre.	328
N° 2.	Requête au même.	352
N° 3.	Requête au Roi.	360
N° 4.	Analyse des réclamations présentées par Sidy Ibrahim Ben Mustapha Pacha.	364
N° 5.	Lettre au rapporteur du Conseil-d'État.	372
N° 6.	Lettre au même.	382
N° 7.	Requête au Roi en son Conseil-d'État.	384
N° 8.	Proclamation adressée aux Cologhlas par le général en chef de l'armée française.	417
N° 9.	Idem.	420
N° 10.	Requête adressée au Roi.	425
N° 11.	id. id. par les notables d'Alger.	427
N° 12.	Certificats constatant l'arrivée à Marseille d'un vaisseau portant des ossemens humains.	430

TABLE DES MATIÈRES.

Pages.

N° 13. Extrait du Sémaphore de Marseille, contenant une lettre d'un médecin de cette ville. 434

N° 14. Contenant la copie d'un jugement rendu en ma faveur à Alger, etc. . . . 439

FIN DU PREMIER VOLUME.

Le deuxième volume et la suite sont ajournés, et paraîtront un peu plus tard, ainsi que les dessins annoncés.

ERRATA.

Page 160, au commencement de la ligne, omis le mot *Bey*.

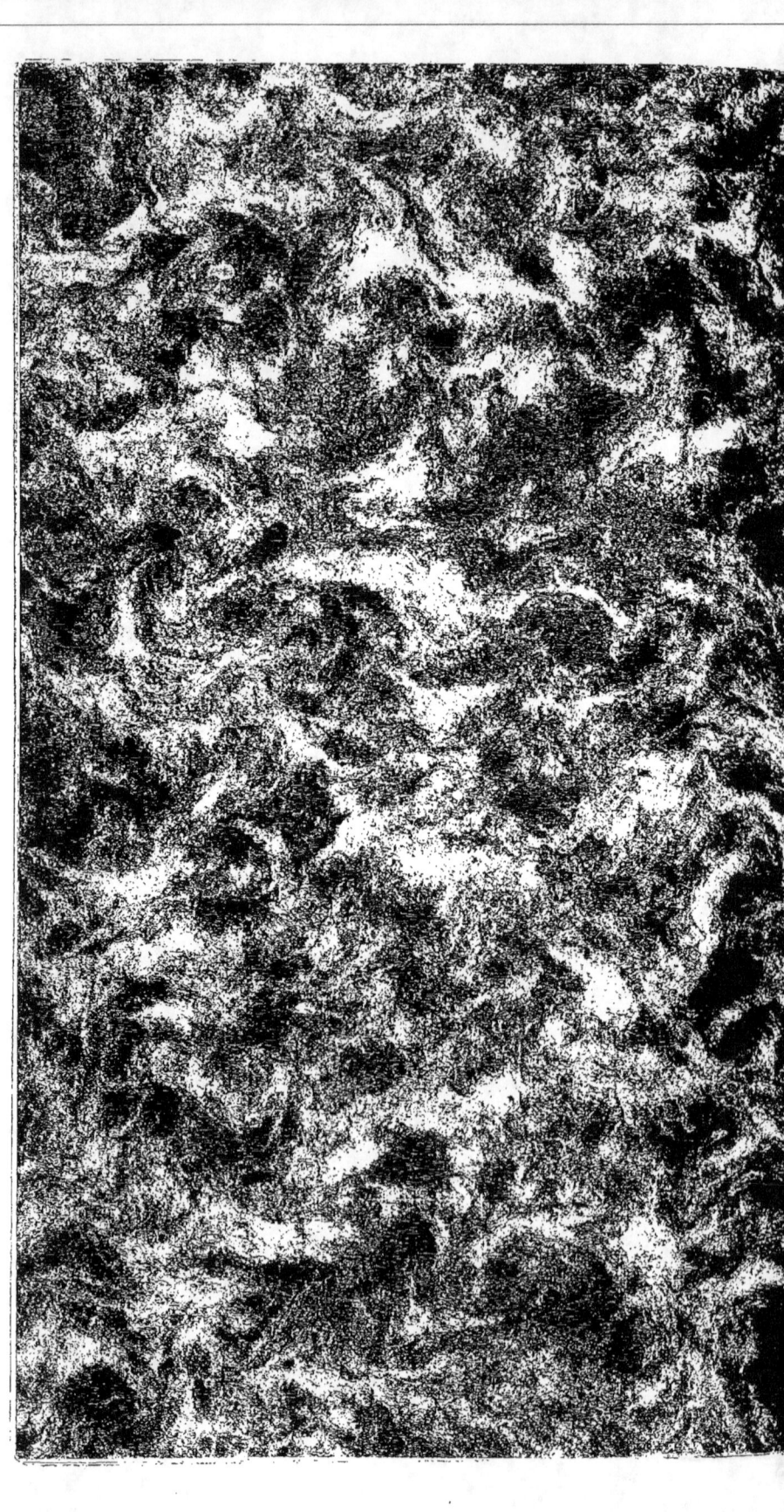

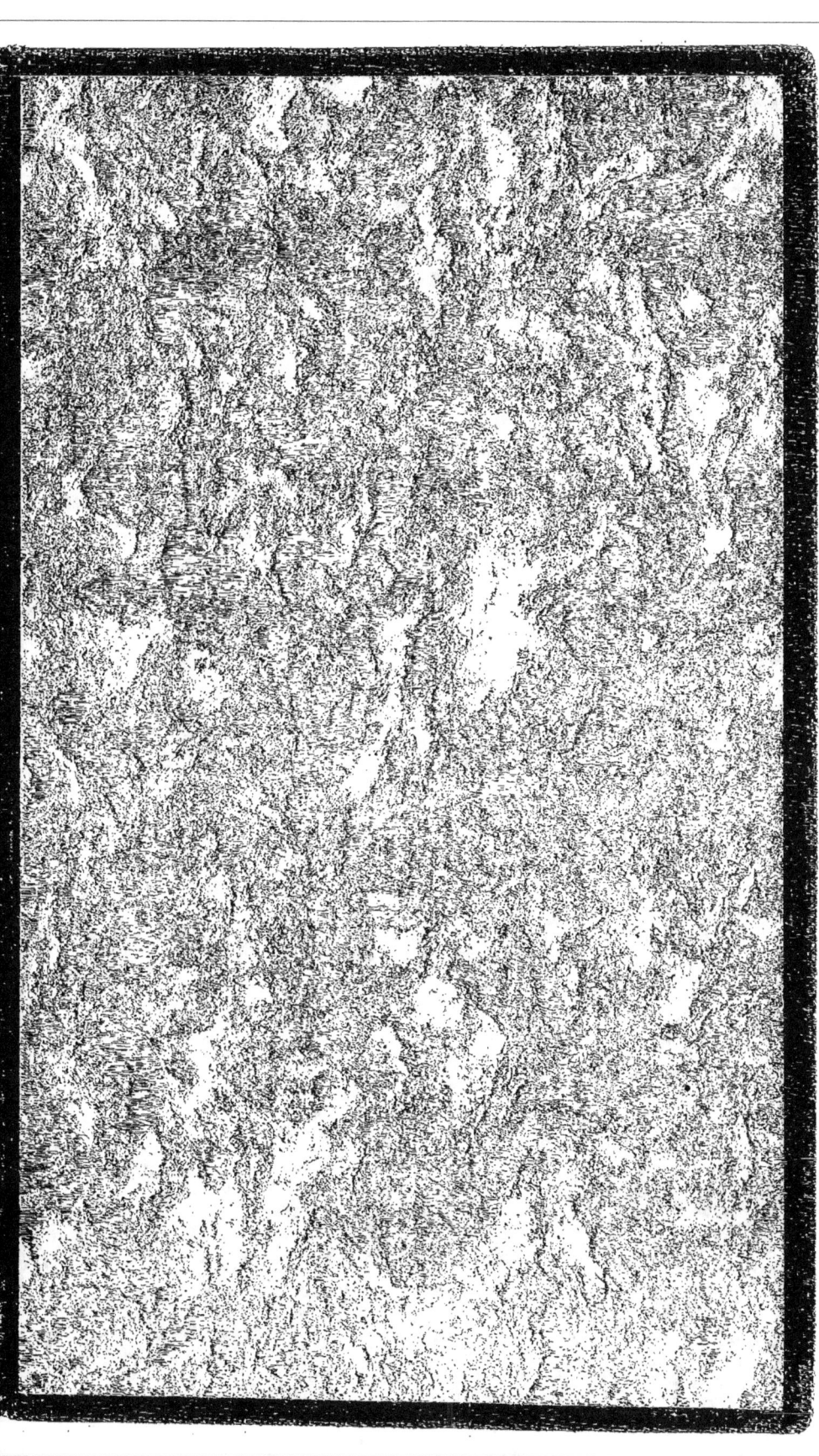

www.ingramcontent.com/pod-product-compliance
Lightning Source LLC
Chambersburg PA
CBHW050237230426
43664CB00012B/1729